循环教育

Cycle education

施祖美　著

社会科学文献出版社
SOCIAL SCIENCES ACADEMIC PRESS (CHINA)

目　录

第一章　导论

第一节　研究背景

改革开放30多年来，中国教育事业取得了举世瞩目的伟大成就，实现了由人口大国向人力资源大国的历史性转变。一是城乡免费九年制义务教育全面实现，并将农村义务教育全面纳入公共财政保障范围，到2011年底，全国所有县级行政单位已经全面普及了九年制义务教育。二是高中阶段教育加快普及。2012年我国高中阶段教育毛入学率达到85%，意味着我国目前新增劳动力绝大多数接受过高中阶段及其以上教育。三是高等教育进入大众化阶段，2012年高等教育毛入学率达到30%，各类高等教育总规模达到3325万人，位居世界第一，比世界排名第二的美国多1000多万人。四是职业教育取得突破性进展，中职在校生和高职在校生分别占高中阶段和高等教育总规模的"半壁江山"。四是教育公平迈出重大步伐，建立健全了国家教育资助体系，中等职业教育、高等教育建立奖助学金制度。总的来看，中国教育改革发展取得了显著成就，实现了由人口大国到人力资源大国的历史性转变，对促进我国经济社会发展起到了十分重要的作用。但是我们也应看到，中国教育虽然"大"但"不强"，在教育资源投入与使用方面还存在四大问题：教育经费总体投入少；教育资源地区分配不均；教育资源存在一定的闲置与浪费现象；教育资源社区共享与社会共享度低等。

一　相对于教育事业发展的实际需求，我国教育投入总量不足，人均教育资源占有量低

1. 当前我国教育经费投入和国际相比处于较低水平。有专家指出，国家财政性教育经费占国内生产总值4%的投入指标是世界衡量教育水平的基础线。据统计，在国家财政性教育投入上，目前世界平均水平为7%左右，其中发达国家达到 9% 左右，经济欠发达国家也达到 4.1%。中国早在 1993 年就提出要在 2000 年实现国家财政性教育经费占 GDP 4% 的目标，但实际实现这个目标却是在 2012 年。

由于在 1995 年国家新颁布的《教育法》中明确提出了关于保障教育经费投入的稳定增长的要求，从法律上进一步规范了教育经费的财政来源，之后 10 年的教育财政经费和预算内教育财政经费占 GDP 的比例基本呈上升的趋势。但长期来看，这两个比例的增长速度仍然相当缓慢，从未达到 3.5%。2000 年国家财政性教育经费占国内生产总值的 2.87%，2010 年为 3.66%，2011 年为 3.93%，2012 年为 4.28%。需要注意的是，即便 2012 年教育经费投入达到 GDP 的 4%，水平仍然较低，据世界银行 2001 年统计，澳大利亚、加拿大、法国、日本、英国和美国等高收入国家公共教育支出占 GDP 均值的 4.8%，而哥伦比亚、古巴、约旦、秘鲁等中低收入国家的公共教育支出占 GDP 均值的 5.6%。印度 2003 年的教育投入达到了 GDP 的 5%，而美国 2003 年教育经费占 GDP 的 7.5%，其中政府投入为 GDP 的 5.7%。由此可见我国教育投入与其他国家相比存在较大的差距。

2. 政府财力与担负的教育责任不匹配。1994 年分税制改革后，各级政府的教育事权划分格局并没有随财力结构的变化做根本性调整，一些财力薄弱的县级政府无力承担法律规定的教育责任，《教育法》有关教育经费的要求在一些地区落实得不好，不少地区没有足额征收教育费附加。

3. 社会资金投入教育的水平偏低。2008 年我国非财政性教育经费占教育总经费的 27.9%，但其中学杂费等收入占 23.2%，社会捐赠仅占 0.7%，民办教育投入只占 0.5%。社会投入教育水平偏低，这和政策鼓励不够有直接关系。

教育经费投入的不足，制约了我国教育事业的发展。义务教育经费这几年虽有较大增长，但目前保障还是低水平的。全国许多学校校舍紧张，普通初中大班额比例偏高。相当数量的中小学教学设备达不到国家规定的基本标准。高中阶段教育近年来发展速度较快，但因无明确的经费投入分担机制，许多地方的政府投入只够基本保障教职工工资，2008 年全国普高、中职预算内投入的比例仅分别为 52.3%、55.8%。高等教育在连年扩招和办学要求不断提高的双重压力下，原有办学条件已难以满足需要。一些地方高校由于生均拨款标准低，运转困难。公办高中、中等职业学校、高等学校负债现象比较严重。

二　我国教育资源配置不均衡，存在地区与城乡差异，这主要表现在城乡、区域、校际、群体的"四大教育差距"

从城乡看，农村教育仍然薄弱，政府教育资源投入量较少，主要表现在九年制义务教育阶段，如农村中小学校舍都得要求乡村两级自己解决。从区域看，中西部地区教育发展相对滞后，这主要与地方经济发展水平有关，导致该地区地方财政收入有限，其对教育的投入无法与东部发达地区相比。从学校看，不同学校间水平相差较大，这主要表现在经费与师资配备上，使学校教育水平差距较大。在中小学教育阶段，出现的择校现象，就是教育资源分配不均导致的结果。在高等教育中，有"985"高校、"211"高校与普通高校的区别。从群体看，特殊群体教育保障水平还不高，这主要是由于不同阶层的家庭对于教育的经济投入存在差别，导致一些经济收入水平偏低的家庭无法接受比较好的教育，造成阶层的固化。

以义务教育在东部、中部、西部的差距为例，教育经费支出东部显著高于中西部，西部略高于中部，东西部生均教育事业费支出相比，小学为 2.43:1，初中为 2.62:1；东西部生均公用经费支出相比，小学为 2.54:1，初中为 2.03:1；从办学条件来看，生均教学仪器设备值东西部相比，小学为 2.57:1，初中为 1.32:1，东中部相比，小学为 4.82:1，初中为 1.69:1；从师资队伍来看，东中部地区教师队伍素质高于西部，中小学骨干教师比例明显高于西部，东中部比为 1.24:1，东西部比为 3.73:1，并且东部地区比中西部地区更为重视教师培训，教师人均培训次数东中部比小学为 2.33:1，初中为 1.53:1，东西部比小学为 3.49:1，初中为 2.15:1。[①] 同时，教育资源配置不均衡是城乡收入差距日益扩大的重要原因之一。农村教育资源配置不足，学校设备差、师资力量差，导致农村学生受教育程度不高，又缺少专门的职业技术教育培训，只能从事简单的体力劳动，因此，社会垂直流动渠道实际上对他们是关闭的，这就不可避免地出现了恶性循环：教育资源配置的不平等→接受教育机构的不平等→就业的不平等→收入的不平等→生活的不平等→下一代的不平等……久而久之，形成了社会阶层的固定化、凝固化，形成了职业的世袭化。

---

① 刘芳、史亚娟：《我国义务教育县域均衡持续推进　城乡间教育经费支出水平比较均衡校际差距值得关注——中国教育发展系列报告》，《中国教育报》2012 年 6 月 5 日。

根据 2012 年度中国主要城市公众教育公平感调查，多数公众积极评价近 3 年来教育公平改善的状况，但仍有 26.7% 的公众对彻底治理"择校热"缺乏信心，有 24.3% 的公众不相信教育能够改变命运[①]。择校问题的根源在于义务教育发展不均衡，优质教育资源不足。"能够改变命运"语境下的教育显然是指大学教育，曾经的大学教育是精英教育，可以获得一系列难得的稀缺资源，在就业市场中的教育精英往往成为稀缺人才。而随着大学扩招、教育产业化、就业市场化，大学教育由精英教育向大众化教育转变，原本附加在教育上的利益和福利被剥离了。过去的那些"好处"早已不存在，大学生已经遍地都是。从成本上看，高昂的学费、数年的时间、不确定的未来；从收益上看，大学生就业难、薪酬低、收入有限。当教育不能达到人们的心理预期和不能实现效用最大化的时候，教育改变人生命运的作用就不可避免地受到质疑。但是，根据调查显示，学历越高，收入平均水平也就越高，大学本科学历的人均收入是小学学历的 3 倍以上，是从未上过学人员的 9 倍。从这项调查来看，"教育改变命运"的结论并没有因为时代变迁而改变。但是超过两成的公众不相信"教育改变命运"，折射出的其实是公众对于教育公平、社会公平的信心缺失，其根本原因是随着社会竞争的日趋激烈，教育改变命运的显著度下降、周期性加长；但更为重要的是，长期以来公共财政投入在城乡之间失衡、教育资源在地区间分配不均，在很大程度上影响了教育公平的实现。为此，十八大报告指出要"大力促进教育公平，合理配置教育资源"，强调"让每个孩子都能成为有用之才"。这就要求各级政府要加强农村特别是偏远地区的农村教育，加强中西部特别是贫困地区的教育，保障特殊群体特别是流动人口子女平等受教育的权利，并且加快推进城乡一体化和公共服务均等化，大力消除教育资源分配不公的问题，着力缩小教育差距，进一步推动教育公平。

三　我国城镇化推进过程中出现了农村教育资源闲置和浪费的现象，呈现出教育资源的相对"富余"与绝对匮乏的状况

在全国人口出生率下降、生源总量逐年减少的大背景下，择校加剧了条件薄弱学校生源的流失。城镇化过程中的人口迁徙，成为部分农村学校

---

① 杨东平主编《教育蓝皮书：中国教育发展报告（2013）》，社会科学文献出版社，2013。

出现"空巢"现象的主要原因，从而导致部分教育资源利用效率降低，甚至闲置浪费的情况。受学龄人口总量下降以及流向城市现象的加剧等因素的影响，农村学校数量不断减少，且校舍老化现象加剧，闲置校园校舍增多，农村教育资源浪费较为严重。据统计，全国农村小学在校生数从 2000 年的 8503.7 万人降至 2009 年的 5655.5 万人，10 年间绝对数量减少 2848 万人，全国农村小学（含教学点）数量由 2000 年的 59.8 万所（个）降至 2009 年的 30.5 万所（个），10 年间共撤并减少 29.3 万所（个）。预计今后 20 年内，全国每年约有 1200 万农村人口要转移到城镇地区，义务教育阶段农民工随迁子女人数将保持增长态势，我国农村中小学数量仍会进一步减少。全国农村小学（含教学点）校舍建筑面积由 2005 年的 38477.6 万平方米降至 2009 年的 35121.8 万平方米，共减少 3355.8 万平方米，全国农村小学学校占地面积从 2005 年的 309 万亩降至 2009 年的 267 万亩，共减少 42 万亩，其中不少校园校舍属于"整校"被调整撤并，导致相当部分的教育资产处于闲置、沉淀状态。目前大部分闲置校舍属于砖混结构，由于校舍历时较长，部分建筑质量都达不到现行的抗震要求，安全隐患较为严重，再加上长期闲置缺少管理和维护，年久失修，校舍老化现象加剧。① 大批农村中小学校舍闲置浪费，是目前我国农村义务教育发展中出现的新问题，是经济社会发展、人口结构变化和城镇化进程带来的新情况。在资源环境约束越来越强化的今天，庞大的闲置校产是非常宝贵的资源，这些资源的确权、处置和利用工作应引起高度重视。

在农村人口加快向城市转移的过程中，城镇公办中小学校出现人满为患的现象，有的县城学校部分班级学生人数多达八九十人。近年来异军突起的城镇私立学校更成了生源的"抽水机"，导致农村中小学生源加快流失，使学校难以生存。但同时，大中城市公办小学借口本地生源多，不愿招收进城务工人员子弟，导致这部分群体在大中城市读书困难。

四　我国教育资源的共享度不高，主要表现在中小学教育资源与社区共享度低，大学城教育资源共享度也较低，背离当初发展大学城的初衷

当前提倡构建学习型社会，要发展终身教育与社区教育，无论终身教

---

① 教育部：《中国教育统计年鉴》（2001～2010），人民教育出版社，2010。

育还是社区教育，都遇到社区教育资源短缺的问题，但同时社区所在的中小学校教育资源却不愿与社区共享，妨碍学习型社会的构建。受长期的计划经济体制的影响，中小学教育资源一直处于封闭或半封闭状态，有一些学校比较愿意接受资源共享的理念，愿意向社区开放学校的教育资源，但由于存在经费、安全以及双方责任协调困难等问题，所以资源共享迈出的步伐不大。因此，急需政府出面进行社区教育资源整合，加快社区与学校结对共建的步伐。即中小学校的操场、图书馆、阅览室、电脑房等设施，在确保学校教育教学秩序不受影响的前提下，根据社区教育需求和学校条件的许可，向社区开放。用于居民（包括在校学生）有组织地进行形式多样的文体活动、社区学校上课、办讲座等。

我国高校一向画地为牢，单位所有制不仅表现在干部教师的编制与工作上，而且表现在学生的学籍及其所受的教育上。这与现代高等教育的要求格格不入。大学城为教育资源共享提供了最合适的路径，可是要突破现存瓶颈，不但取决于高校过度行政化问题的消除，更取决于高校教职员工思想观念的更新，尤其是高校领导思想的解放。与隶属关系、行政级别等问题相比，无形的意识对教育资源共享的限制更严重。开放办学、互通有无、资源共享、优势互补是我国建立现代高等教育体系不能回避的重大课题，在现行体制下，政府应当通过政策、行政、资助等措施，积极作为，推动高校开放办学，主动建构协同教育体系。

综上所述，现阶段我国教育资源配置既存在教育机会不公平问题，又存在教育资源配置效率低下的问题，在这种两难的现实面前，怎样决策才能体现教育机会公平，如何才能提高教育资源利用效率，这是加快推进中国教育事业科学发展所必须面对的重大课题。

近年来，教育改革一直是全国上下备受关注的话题。针对教育资源存在的投入与使用问题，如增加向农村与中西部地区教育经费的投入、发展远程教育、提高大学城教育资源共享度、建设节约型校园……不同的改革措施都指向一个目标：提高教育资源的利用效率，促进全民教育水平的提升。因此，研究教育资源的利用率具有非常重要的现实意义与实践价值，同时也具有丰富的理论价值与学术价值。基于这个目的，本书提出循环教育的理念，旨在提高教育资源的利用率与社会共享水平，推进教育资源的均衡配置，促进全民教育水平的提升。目前有关循环教育的理论与实践还处于探索阶段，需要研究其理论与实践办法，以及实施的范围，推进机制与社会政策等诸多问题的解决。

第二节　循环教育的概念界定

　　循环教育理念是借鉴循环经济（Cyclic Economy）的理论与实践提出的。中国经济在发展过程中也存在利用效率不高，环境污染等问题。针对此问题，中国经济学界引进西方循环经济理论，以提高资源的利用效率。循环经济的基本原则是 3R，即减量化（Reduce）、再利用（Reuse）、再循环（Recycle）等。循环教育就是从教育资源的利用效率出发，同时兼顾教育资源的公平配置，通过利用行政手段、社会动员与技术手段，减少教育资源的浪费，提升教育资源的使用效率，促进中国社会教育水平的提升与教育事业的公平发展。从广义上说，循环教育是指节约使用并充分利用各种教育资源的教育活动；从狭义上说，循环教育是指以教育资源配置为切入点，利用行政手段、社会动员与技术手段，确保教育资源配置均衡、教育机会均等，提升教育资源的配置效率和使用效率，促进中国教育事业的公平发展与社会教育水平的提升。

一　循环经济的启示

　　循环经济的思想萌芽可以追溯到环境保护兴起的 60 年代。1962 年美国生态学家蕾切尔·卡逊发表了《寂静的春天》，指出生物界以及人类所面临的危险。"循环经济"一词，首先由美国经济学家 K. 波尔丁提出，主要指在人、自然资源和科学技术的大系统内，在资源投入、企业生产、产品消费及其废弃的全过程中，把传统的依赖资源消耗的线形增长经济，转变为依靠生态型资源循环来发展的经济。20 世纪 90 年代之后，发展知识经济和循环经济成为国际社会的两大趋势。我国从 20 世纪 90 年代起引入了关于循环经济的思想。此后对于循环经济的理论研究和实践不断深入。为将循环经济发展战略落到实处，2008 年 8 月第十一届全国人民代表大会常务委员会第四次会议制定并通过《中华人民共和国循环经济促进法》，自 2009 年 1 月 1 日起施行。

　　循环经济就是在物质的循环、再生、利用的基础上发展经济，是一种建立在资源回收和循环再利用基础上的经济发展模式。其原则是资源使用的减量化、再利用、资源化再循环。其生产的基本特征是低消耗、低排放、高效率。

循环经济是以资源的高效利用和循环利用为目标，以"减量化、再利用、资源化"为原则，以物质闭路循环和能量梯次使用为特征，按照自然生态系统物质循环和能量流动方式运行的经济模式。它要求运用生态学规律来指导人类社会的经济活动，其目的是通过资源的高效和循环利用，实现污染的低排放甚至零排放，保护环境，实现社会、经济与环境的可持续发展。循环经济是把清洁生产和废弃物的综合利用融为一体的经济，本质上是一种生态经济，它要求运用生态学规律来指导人类社会的经济活动。

传统经济是"资源—产品—废弃物"的单向直线过程，创造的财富越多，消耗的资源和产生的废弃物就越多，对环境资源的负面影响也就越大。循环经济则以尽可能小的资源消耗和环境成本，获得尽可能大的经济和社会效益，从而使经济系统与自然生态系统的物质循环过程相互和谐，促进资源永续利用。因此，循环经济是对"大量生产、大量消费、大量废弃"的传统经济模式的根本变革。其基本特征是：在资源开采环节，要大力提高资源的综合开发和回收利用率。在资源消耗环节，要大力提高资源的利用效率。在废弃物产生环节，要大力开展资源综合利用。在再生资源产生环节，要大力回收和循环利用各种废旧资源。在社会消费环节，要大力提倡绿色消费。

从资源流动的组织层面，循环经济可以从企业、生产基地等经济实体内部的小循环，产业集中区域内企业之间、产业之间的中循环，包括生产、生活领域的整个社会的大循环三个层面来展开。即企业小循环、区域中循环和社会大循环三个层面来展开。

1. 以企业内部的物质循环为基础，构筑企业、生产基地等经济实体内部的小循环。企业、生产基地等经济实体是经济发展的微观主体，是经济活动的最小细胞。依靠科技进步，充分发挥企业的能动性和创造性，以提高资源能源的利用效率、减少废物排放为主要目的，构建循环经济微观建设体系。

2. 以产业集中区内的物质循环为载体，构筑企业之间、产业之间、生产区域之间的中循环。以生态园区在一定地域范围内的推广和应用为主要形式，通过产业的合理组织，在产业的纵向、横向上建立企业间能流、物流的集成和资源的循环利用，重点在废物交换、资源综合利用，以实现园区内生产的污染物低排放甚至"零排放"，形成循环型产业集群，或是循环经济区，实现资源在不同企业之间和不同产业之间的充分利用，建立以二次资源的再利用和再循环为重要组成部分的循环经济产业体系。

3. 以整个社会的物质循环为着眼点，构筑包括生产、生活领域的整个社会的大循环。统筹城乡发展、统筹生产生活，通过建立城镇、城乡之间、人类社会与自然环境之间循环经济圈，在整个社会内部建立生产与消费的物质能量大循环，其中包括了生产、消费和回收利用，构筑符合循环经济的社会体系，建设资源节约型、环境友好型社会，实现经济效益、社会效益和生态效益的最大化。

从资源利用的技术层面看，这主要是从资源的高效利用、循环利用和废弃物的无害化处理三条技术路径去实现。资源的高效利用主要依靠科技进步和制度创新，提高资源的利用水平和单位要素的产出率。资源循环再利用主要是通过构筑资源循环利用产业链，建立起生产和生活中可再生利用资源的循环利用通道，达到资源的有效利用，减少向自然资源的索取，在与自然和谐循环中促进经济社会的发展。废弃物的无害化排放，主要通过对废弃物的无害化处理，减少生产和生活活动对生态环境的影响。

二　教育资源及构成

教育资源是人类社会的重要资源之一。教育资源包括自有教育活动和教育历史以来，在长期的文明进化和教育实践中所创造积累的教育知识、教育经验、教育技能、教育资产、教育费用、教育制度、教育品牌、教育人格、教育理念、教育设施以及教育领域内外人际关系的总和。千百年来，教育资源伴随着教育实践，不断积累着、扩展着、丰富着自身精神的和物质的内涵，成为我们今天的教育事业得以生存和发展的基础和土壤。

教育资源的分类方法有多种，按其归属性质和管理层次区分，可分为国家资源、地方资源和个人资源；按其办学层次区分，可分为基础教育资源和高等教育资源；按其构成状态区分，可分为固定资源和流动资源；按其知识层次区分，可分为品牌资源、师资资源和生源资源；按其政策导向区分，可分为计划资源和市场资源，等等。

制度作为教育资源，它既可以是市场导向的，以充分发挥市场机制在其他教育资源配置中的基础性作用；也可以是计划导向的，使市场机制在教育资源配置中难以有所作为。古往今来，在各个不同的历史发展时期，人们因各自所处时代的社会制度、意识形态和物质生活水平的不同，对于教育资源的属性、价值、用途、利用方法和实现途径等有着各自不同的认识。新资源观认为，在知识经济条件下对某种资源利用的时候，必须充分利用科学技术知识来考虑利用资源的层次问题，在对不同种类的资源进行不同层次的利用的时候，又必须考虑地区配置和综合利用问题。教育资源作为公共资源的一种，受教育者（公众）始终是受益主体。因此，自有教育历史以来，教育资源便承载着人类理想和社会公德，被视为厚德的载体。教育资源是公共社会资源和市场经济资源的混合体。教育资源在具备其他公共社会资源所具有的属性和功能的同时，也具备其他市场经济资源所具有的属性和功能。市场配置教育资源，就是按照市场运作规则，将教育资源的经营、管理、收益等权利，以制度的形式明确赋予教育主体——学校以及各类教育培训机构。

教育资源的构成，有其自身的规律和特点。教育资源除具备社会资源的一般性特点外，还具有以下几方面的特点：

1. 以体现公益性为核心价值的公共性。教育资源的公益性是指公众受益的特性。公众受益是教育资源最为集中的体现。教育是一项公益性事业，这是人们对教育的利益属性和价值特征的基本判断，事实上也是人们从利益归属和资源配置等方面对教育运行规律的基本概括。维护教育的公益性是我国宪法和法律赋予各级政府、社会组织和每个公民的责任和义务。国家和政府的责任，是在制定涉及教育的法律法规时，要在保证公正公平的前提下，首先考虑以教育资源的投入使用方式来确保其公益性。教育资源的公益性的实现，是教育本质的根本体现，也是教育资源的核心价值所在。

2. 受市场价值规律支配的产业性。教育的产业属性是与工业经济的发展、知识经济的出现，以及教育内容和教育模式的变化紧密相关的。同时，也应看到教育是一个复杂的社会结构群体，具有多重性、类别性、动态性和交错性。教育的属性并不是单一的，它既有传统观念的社会公益属性，也具有产业属性，但两者并不对立。教育资源的产业性是教育的物质属性的客观特征。

3. 志存高远的理想性。教育本身就是一项寄希望于未来的事业。教育理念、教育方针和教育价值观念，通常直接体现着现实的人生理想和追求。教育是一种期待：教育者对受教育者的期待，社会对人的发展的期待。而期待本身就是对理想的憧憬；或者说，教育就是对理想的追求。中国春秋时代的教育家孔子提倡"好仁不好学，其蔽也愚；好知不好学，其蔽也荡；好信不好学，其蔽也贼；好直不好学，其蔽也绞；好勇不好学，其蔽也乱；好刚不好学，其蔽也狂"的教育道德修养。战国时代的教育家孟子推崇"富贵不能淫，贫贱不能移，威武不能屈"的大丈夫浩然之气。唐朝教育家韩愈倡导"博爱之谓仁，行而宜之之谓义，由是而之焉之谓道，足乎己无待于外之谓德"的德育主张，以及近代教育家陶行知为中国教育"捧着一颗心来，不带半根草去"的无私奉献精神，无不闪烁着教育理想的光芒。

4. 一脉相承的继承性。和所有的资源积累一样，教育资源也不是现代人独有的发明创造，是伴随着教育的传承，一代一代继承而来，是古今中外教育实践经验的总结和许多先行者教育理论思维的结晶。所不同的是，教育资源的继承总是带有鲜明的公共性和崇高的社会理想性色彩。教育资源的继承多以社会化公共产品为载体，以精神文化成果为体现，最终为实现教育自身价值服务。教育资源，是人类精神财富的核心所在。

5. 分布空间的差异性。教育资源的差异性是由于社会经济发展的不平衡造成的教育资源分布的不平衡、管理体制和供给方式的差异、社会对人才需求的信息不对称等原因形成的。教育资源的差异普遍存在于人类教育的各个层面，构成了教育行为过程和效果的差异。在我国，教育资源的地区和城乡差异，是教育发展的一个突出矛盾，也是中国教育差异性的具体体现。教育投入的差异，教育环境及条件的差异，生均教育经费的差异，教师收入的差异，师资水平及教学质量的差异等，说到底，都是教育资源的差异。这种差异在地区和城乡之间明显地、普遍地存在着，直接影响着教育的整体平衡发展，是制约国家教育战略实施的关键因素。

6. 构成因素的流动性。教育资源的构成因素的多元性和复杂性决定了教育资源本身的不稳定性。其中有人的因素，也有物的因素，还有政策导向和社会经济条件发展变化的因素等。教育资源流动性主要表现在：教师资源的流动、学生资源的流动和经费资源的流动等方面。

三　循环教育的内涵

循环的意思是指往复回旋，事物周而复始地运动或变化。教育是指施教者对受教者的教导培育。对教育体制而言，它包括教育资源与受教育对象两个部分。循环教育，从字面上看，可以说是往复回旋的教导培育，或者可以理解为，教导培育周而复始的运动或变化。这里涉及被教育对象与教育资源的循环。本书更多讨论教育资源的循环利用问题，而不是关于教育对象的不断教育问题。有关教育对象的循环教育问题，终身教育理论已经有很多讨论，但关于教育资源的循环利用问题则讨论得较少，这也是本书的创新所在。

循环教育就是提高教育资源的利用效率，以解决教育资源短缺问题，为发展全民终身教育与构建学习型社会服务。教育资源主要是指教学设施资源，如教材、实验器材、校舍、教学体育设施等，以及师资。教育资源在利用时存在时间差与空间差，因此可以供不同群体重复使用。依托现代信息技术手段，教学资源可以变成电子介质，可以实现重复利用而不会被损耗，从而实现社会共享，以解决教育资源供给不足的问题。因此，循环教育就是提高教育资源的利用效率，使教育资源利用效率最大化，以减少教育资源不必要的浪费，促进全民终身教育与学习型社会的发展。

1. 循环教育的三原则

循环教育强调提升教育资源的利用率，促进社会公平，其遵循的原则有三点：再利用、免费共享、循环调配。再利用原则要求对教材、教学仪器设备、实验器材、课桌椅、餐桌椅、学生床等基础设施的循环再利用。旧电脑、桌椅等可以捐给边远学校使用，这也是循环利用的一种方式。教育资源再利用是资源节约与加强环保的重要措施，这对于培养中小学生勤俭节约的品质和环保意识，具有十分重要的意义。

教育资源是由公共财政投入，所以在使用上应当贯彻免费共享的原则。如图书馆资源、学校体育设施可以与社区共享。教学影像资料可以在互联网上实现共享。属于政府投入的教育资源应当免费共享。免费共享原则要求属于政府投入的教育资源应当做到校级、城乡、不同区域、不同群体之间的无偿共同使用。例如，图书馆资源、学校体育设施可以与社区共享；教学文字影像资料可以在互联网上实现共享等。

目前在我国高等教育中最为普遍的一种资源共享方式就是大学城的兴建。大学城是教育资源优化配置、硬件资源与软件资源共享的园地。不同类型的高校在大学城里办学，不仅可以共享水、电、道路、建筑等基础设施，体育、休闲、娱乐的场所，图书信息等资料，以及生活后勤服务设施等硬件资源，而且同样可以共享软件资源——高素质的教师可以轮流到几所大学执教，学生可以走进其他大学的课堂选修自己喜爱的课程。大学城内这种资源的共享能有效实现教育资源的优化配置，避免各自办学的资源重复配置，以提高资源利用效率和办学效益。

教育资源循环配置。循环调配原则主要针对当前地区教育水平差异较大的问题提出，其中主要是师资力量差别大，针对此问题，就要求教育行政部门从社会公平角度出发，从教师录用与流动、教师收入校际均衡、职称职务评优等方面建立科学有效的师资管理机制，同时还要加强区域间、城乡间、校际间教育的合作与交流，开展定期支教、送教下乡，强校弱校结对帮扶等活动。针对中国教育的城乡差别、地区差别，城市与发达地区的优质师资完全可以采取到农村或边远地区支持，每两年或三年轮岗一次。退休的教师也可以到农村与边远地区支教。

2. 循环教育实施的三大空间

从教育资源循环利用的实施空间来说，即从资源流动的组织层面来看，主要包括三大空间领域：学校内部的小循环，社区中循环与社会大循环。学校内部的小循环，实施地点在学校，如学校图书资料、实验器材等可以重复使用，特别是学生手中的教材也可以重复使用。社区中循环，其实施空间在社区，如教育资源是由公共财政投入，在使用上应当贯彻免费共享的原则。学校图书馆资源、学校体育设施可以与社区共享。另外，属于政府投入的教育资源应当免费共享。由于地区教育资源存在城乡配置不均的现象，优质的教育资源都集中在城镇地区，从教育均衡发展角度，教育资源应当向农村地区倾斜。社会大循环，其实施空间是跨地区的。中国存在严重的地区发展差异，特别是西部地区发展相对落后，国民教育也不例外。因此，发达地区要支持落后地区教育的发展，如向西部地区捐赠图书资料与实验器材。教育资料可以在互联网上实现共享，利用广播、电视与互联网发展远程教育，这也是循环教育实施的重要空间。

四 发展循环教育的意义

1. 促进教育资源利用效率的提高

我国教育经费每年投入量现约占 GDP 的 4%，已接近世界平均水平，但若从人均教育经费占有量来看，我国仍远远低于世界平均水平。尽管近来教育经费投入量在不断增加，但教育资源利用仍存在效率不高与地区分配不平均等问题。教育的循环也意味着教育资源的有效利用，资源的有效利用有利于促进经济的发展。无论是教学器材的再利用、校舍资源的再利用、教学资源的社区共享、教育资源的互联网共享、师资配置的循环流动，这都大大节约了教育成本，让不多的教育资金能更好地被利用。而且循环教育使更多的人能接受教育，接受更好的教育，从而提高了全民的整体素质（包括知识素养和德育素养），人们整体素质的提升有利于技术的进步和整个社会的发展。

2. 促进教育资源的均衡配置

教育资源配置的不公平是当前社会上普遍存在的现象，尤其是城乡差距显著。农村中小学的撤并政策更是将教育问题推向了风口浪尖，其中很重要的一点就是教育资源配置问题，所有好的教育资源，不论是教师人才还是硬件设施都在城区学校，农村能负担起学费的家庭都将孩子送到力所能及的好学校中去。而在农村，大部分家庭勉强能支撑孩子在附近的学校就读，但是农村学校条件艰苦，工资待遇又差，教学任务又艰巨，导致教育人才的极度缺乏。同时，农村条件本身就差，缺少经费，因此硬件设施也跟不上。通过教育资源的循环利用可以有效提高利用率，节省开支，将教育经费真正用在教学的需求上。

3. 促进全民终身教育与社区教育的发展

当前发展终身教育与社区教育都面临着教育资源紧张，不能满足社区居民教育需求的问题。在发展社区教育中，所需社会资源包括显性的资源和隐性的资源。显性的资源是指社区内的物力、人力和财力资源，隐性的资源指社区管理效能、文化建设、归属感，以及社区参与度与凝聚力，社区教育中的人际关系网络等。但是，社区教育体制的不完善，运行机制的不流畅，造成社区资源特别是社区中小学教育资源的大量闲置或浪费，加上社区教育从数量到能力上都不能满足社区需求，造成目前的社区教育不可能满足每个社区、每个居民的现实需求，不可能保证社区教育的均衡发展，导致社区教育管理的二元矛盾，使社区教育难以形成规模，也难以做大做好。同时，社区教育项目单一或社区教育活动脱离学习的实际需要，不能满足居民学习的愿望，造成居民参与的积极性不高，凝聚力低，隐性的资源不能有效开发和利用（见图 1-1）。

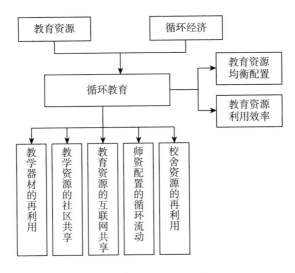

图 1 - 1 循环教育概念

第三节 相关研究回顾与本书研究思路

循环教育问题涉及经济学、社会学与管理学等多门学科的知识。本书将从经济学的效率视角，社会学的公平视角对我国教育资源利用效率、公平配置问题进行探讨，以促进国民教育水平的提升，特别是终身教育与社区教育事业的发展。

一 相关研究回顾

关于落实循环教育发展理念，提高教育资源利用率与共享水平，目前多是将两项研究分开，前者主要是从建设节约型学校的角度出发；后者则是从提高教育资源社会共享水平出发。

许多论文认为，我国正面临着日益严峻的资源短缺形势，资源的稀缺性要求建设资源节约型社会。目前高等教育资源的严重不足，影响高等教育的教学质量，制约着高校的发展。提高教育资源利用率，降低办学成本，减少人、财、物的浪费，建设节约型高校，是我国高等教育可持续发展的必由之路。

教育部在"十一五"计划中曾提出要按照建设节约型社会的目标和建设节约型学校，就要积极推进技术进步，提高资源利用率。这里的资源不仅仅是指教育资源，而且是指广义的学校发展所需要的各种资源。教育部的相关文件指出，建设节约型学校要以提高资源利用效率为核心，以节能、节水、节材、节地等资源综合利用为重点，大力加强资源的循环利用。要加强制度建设，深入推进管理体制和运行机制改革。要坚持以改革促发展，统筹整合校内资源，努力降低办学成本，在课堂教学、实验教学、行政办公、公共服务、基建、科研和后勤等各个方面的管理体制和运行机制上深入推进改革，要建立有利于节约的制约和激励机制，建立以严格、科学、合理的成本核算为基础的各项管理制度，把节约指标列入校内各部门实绩考核评价体系之中。要加强节能节约资源新技术的运用和研究开发。有条件的高校要加强节能节约资源新技术的开发，在科研规划、课题安排、科研经费等方面给予支持。教育部将对重大资源节约技术的开发、产业化示范项目提供支持和加大协调力度。

教育部要求，在学校日常工作中要加强节约管理。学校各项办学活动都要精打细算，厉行节约。坚决反对追求不必要的高标准，坚决反对讲排场、比阔气、铺张浪费。要大力加强对水、电、气和教室、实验室、学生食堂、宿舍等公共场所的使用和管理，挖掘各种资源的使用潜力，不断提高资源的使用效率。

教育资源共享是指在一定的地域内，教育部门对其拥有的资源打破现有界限，实行共同享用。它不仅包括师资共享，而且包括教学仪器、设备的共享和教育信息的共享等多种形式和内容。教育资源共享主要有教育环境资源共享、教育信息资源共享和教育人力资源共享。提高教育资源共享水平，研究主要涉及教育资源的网络虚拟空间共享、大学城教育资源共享以及学校与社区共享教育资源等。

教育资源网络共享是实现跨地域共享的有效办法。随着通信技术的不断发展，教育的信息化也随之飞速前进，网络环境下教育资源的共建共享已经在世界各国陆续开展。国外的网络教育资源共享，尤其是美国、加拿大、英国、澳大利亚等国，其发展已经具备相当规模。

教育资源还可以通过区域教学联合体来实现。区域教育联合体可分为区域内教学联合体和区际教学联合体两大类，其中，区域内教学联合体又有大学城模式和同城高校联合模式两种主要类型；区际教学联合体也可分为跨区域高校共同培养模式和校外一体化实践教学模式两种基本类型。具体操作措施有以下几种。

1. 允许跨校选修、辅修，实行真正意义上的学分制。实施跨校选课是建设大学城区域教学联合体的基本途径之一。为了让大学城内的学生都有机会享受到优质的教育资源，应当允许学生跨校选课。跨校选课必须在学分互相承认的基础上进行。所有跨校课程在网上公布，学生在网上向开课学校申报，经过学校审查后确定选课名单。这种开放式的学分管理体系，将给予学生充分的自由学习空间。

2. 建立大学城师资中心，实行教师资源共享。优秀教师跨校兼课是实现优质教育资源共享的重要途径。应打破教师一校所有制和只能为本校服务的旧体制、旧观念，积极建立教师人才资源共享机制。高校之间可互聘教师、开设名师讲座。进行骨干教师教学交流，提倡教有余力的优秀教师、骨干教师跨校授课。在联合体的教师互聘制度趋于成熟后，可建立新进师资用人新机制，即建立大学城的师资中心。

3. 实行图书馆、实验室等物力资源共享。实现图书馆的资源共享，首先要做到图书馆书籍的整合，利用计算机网络实现共享。高校图书馆之间、图书馆与各院系资料室之间采用"通借通阅通还"，同时为学生办理"通用借书证"。各高校实验室资源共享也是首先进行资源整合，建立管理数据库。

4. 以课程建设为中心，整合大学城内的专业和学科。教育资源共享从学生跨校选课和教师跨校兼课起步，但真正意义上的共享应当体现在大学城内各校专业和学科的整合上，以课程建设为中心，实现学科优势互补，提高教学质量。

二 本书研究的总体思路与理论视角

我国人均教育资源存在投入不足、人均教育资源占有量低、教育资源空间分布严重不均衡、地区与城乡存在差异的问题，除此之外，我国现有教育资源还存在利用效率低和浪费的情况。如何提升资源利用效率，对促进中国教育发展具有非常重要的意义。受循环经济理论的启发，本文在此提出循环教育的理论，认为通过资源再利用、资源共享、资源循环配置三原则可以提升中国教育资源的利用率，增加教育资源配置的公平性。教育资源主要是指教学设施资源，如教材、实验器材、校舍、教学体育设施等，另外是师资。

本书研究总体思路是先提出问题，然后提出指导理论，再到对实证对策的研究。在提出问题和循环教育理论后，在指导理论选择上，主要以教育公平理论为指导，以提高教育资源的利用效率，促进教育资源的公平分配。目前在学术界用循环教育理论来统领提高教育资源利用率以及促进教育资源的公平配置的研究还不多见，这也是本书重要的创新。在此基础上，归纳国外在发展循环教育方面的先进经验，作为中国发展循环教育的借鉴。接着探讨循环教育与终身教育与社区教育的关系，指出发展循环教育可为终身教育与社区教育解决教育资源短缺的问题，促进教育资源利用效率的提高。在实证对策方面，主要分教学器材的再利用、校舍资源的再利用、教学资源的社区共享、教育资源的互联网共享以及师资配置的循环流动等内容。最后的总结，着重探讨发展循环教育所需要的行政、社会与市场三种机制以及推进循环教育理念与实践所需要的技术支持等。

本书主要研究教育资源的利用率与社区共享问题，其中，既考虑到教育资源的利用效率问题，也考虑到教育公平问题。因此，涉及的相关理论主要是循环经济理论与教育公平理论。循环教育理论上节已做介绍，在此主要介绍教育公平理论。

所谓教育公平，是指国家对教育资源进行配置时所依据的合理性的规范或原则。这里所说的"合理"是指要符合社会整体的发展和稳定，符合社会成员的个体发展和需要，并从两者的辩证关系出发来统一配置教育资源。教育公平包括三个层次：一是确保人人都享有平等的受教育的权利和义务；二是提供相对平等的受教育的机会和条件；三是教育成功的机会和教育效果的相对均等，即每个学生接受同等水平的教育后能达到的最基本的标准，包括学生的学业成绩的实质性公平及教育质量公平、目标层面上的平等。其中，"确保人人都有受教育的机会"是前提和基础，"提供相对平等的受教育机会和条件"是进一步的要求，也是"教育成功机会"和"教育效果相对均等"的前提。而通常，这三个层次被概括为：起点公平、过程公平和结果公平。

公平、平等是人类的永恒追求，教育公平是社会公平的起点和核心，其实质是人们在教育领域中对全社会的教育权利和教育资源做出公平的分配，而教育资源配置公平与否直接关系到教育公平的实现程度。教育资源配置就是将有限的教育资源在各级各类教育之间、各地区和各学校之间进行分配。教育资源公平配置的实质是在教育机会均等原则的支配下，资源配置主体通过制定与调整相关的教育政策和法律制度来进行教育资源调配，为教育系统内部各组成部分或不同子系统提供均衡的教育资源，使教育资源需求与供给达到相对公平的状态，并最终落实到受教育者个体对教育资源的使用上，实现教育资源效益最大化。教育资源配置包括质（即资源配置效益）与量（即资源配置数量）两个方面。

如何促进教育资源的公平分配，主要对策有以下几个方面。

1. 通过合理的制度安排和政策调整来促进教育资源配置的公平性。从根本上来说，教育资源配置公平性的实现，有赖于社会经济文化的发展，但社会经济文化发展水平是一个长期的发展过程，因此，在现阶段我国经济文化发展水平有限的条件下，通过合理的制度安排和政策制定来促进教育资源配置的公平，是现实和首要的选择。具体包括：（1）加大教育投入，特别是对农村基础教育的投入力度。加大中央和省级财政对农村义务教育的支持力度，提高基础教育的投入比例，进一步落实九年义务制教育。（2）完善支付转移制度和优惠政策，加大对经济落后地区的教育支持，缩小城乡之间、地区之间、不同社会阶层之间的差距，使资源配置合理化。（3）制定面向弱势群体子女教育的优惠政策。国家多年来一直实施的"对口扶贫支教工程""希望工程""春雷计划""世界银行贷款项目"已经使贫困地区农民的子女成为最大的受益者，对此应该坚持推进。对流动人口子女的教育，在管理上应建立机动灵活的入学体制；对贫困家庭的子女，政府要在确保他们获得教育机会的前提下，减免部分甚至全部学费。此外，在非义务教育阶段，要完善各级各类学校的贷、奖、助学金等制度，确保受教育者从形式公平向实质公平迈进。（4）改革高考招生制度。优化全国高校的布局，改变我国高校分布不平衡的状态，处理好考试公平和区域公平的关系。要制定相对合理、规范的收费标准，等等。

2. 合理地公平地配置不同教育阶段的教育资源。不同教育阶段具有不同的教育特性和要求，教育不公平的实际情况也各有差异。因此，不同的教育阶段应体现出不同的教育资源配置的公平要求：（1）在义务教育阶段实施"均衡发展"的方针，体现义务教育以公平为主的价值属性。它包括三个层面，即区域之间的均衡发展、区域内部学校之间的均衡发展和群体之间的均衡发展，特别应当关注弱势群体的教育问题。义务教育均衡主要体现为小学教育质量、初中教育机会和教育质量的均衡，后者包括师资水平、办学条件、教育经费等若干方面，主要体现为教育资源的均衡配置。（2）在高中阶段，要缩小高中入学机会在城乡、地区及阶层的分布差距和高中生均经费的地区分布差距，消除重点与非重点学校的差距所导致的教育不公。在我国大多数地区，高中教育属于非义务教育，但普通高中或职业高中的确具有社会分层功能，是教育公平状况的一种度量，因此我们在实行普通高中、职业高中的分流和能力本位的选拔性制度的同时，必须重视教育资源配置的公平性，努力缩小高中阶段现存的教育差异以及教育不公平。（3）高等教育阶段应遵循以能力为本的教育机会公平竞争的公平准则。当前，影响这种公平性的主要因素包括高校招生考试和录取制度，高中教育的数量、结构和教育质量，高等学校收费标准、就业状况等。高等教育阶段的教育机会均等问题集中在入学机会上。这就需要我们对教育政策、规划、管理体制、投资、教育资源配置等进行改革完善，为高等教育公平竞争提供制度保证与公平的教育机会平台。

3. 实践循环教育理念，提高教育资源的利用率与共享水平。本书提出循环教育的理论，认为通过教育资源再利用、教育资源共享、教育资源循环配置三原则可以提升中国教育资源的利用率，增加教育资源配置的公平性。

四　本书研究方法

本书在写作过程中具体采用的方法包括：一是文献资料法，利用图书馆、档案馆及互联网等广泛查阅相关文献资料，加以分析与研究。二是文本分析法，以党的十八大报告、《国家中长期教育改革和发展规划纲要（2010～2020）》《国家教育事业发展"十二五"规划》等权威文本为研究对象，通过分析研究法律文本，深刻理解精神实质，分析其中关于教育事业发展的相关规定及具体要求。三是实地调查法，为更好地了解福建省循环教育发展的真实现状，在省内选择能体现城市教育、农村教育、农民工子弟学校发展的约10所中小学校进行现场观察和询问。四是访谈法，共选择20名专家学者、知名企业家及教育、财政及发改委等相关部门的政府工作人员，针对福建省教育事业发展的相关问题分别进行约半小时的访谈，并根据情况，召开两到三次小型座谈会。五是案例分析法，对国内外循环教育发展成功的典型案例进行持续追踪调查，进行剖析，深入研究，总结经验。六是比较研究法，比较研究欧洲、美国、日本等循环教育发展的做法与特点，总结成功经验，以资借鉴。七是统计分析法，统计2001～2012年国内公共财政预算人均教育经费支出、教师、校舍与远程教育等教育资源总量及其教育资源配置情况，并与发达国家对比，分析我国循环教育的发展空间。八是分析归纳法，研究分析查阅的文献资料，归纳总结其研究内容并合理分类，根据比较研究及案例分析的结果，总结归纳国内外循环教育中较成功的做法和经验。

1. 注重理论分析与实证分析相结合。理论分析注重对研究对象的理性分析，实证分析注重对研究对象的客观分析。本书将从资源配置均衡与效率的角度探讨循环教育问题，既要从经济学的效率视角、社会学的公平视角、管理学的交易成本视角等方面进行全面的研究，又要通过实证分析，对我国教育资源配置过程中的难点问题进行具体分析，力图提出具有实践指导意义的有效对策。

2. 注重定性分析与定量分析相结合。定量分析是对经济社会活动进行数量分析方法的总称，是对经济社会活动描述的量化和精确化。定量分析是定性分析的基础和前提，定量分析有利于对各种变量的把握，为宏观上进行定性分析提供可能。而定性分析能减少定量分析的复杂性，更好地把握循环教育的运行态势，包括与之相关的经济、社会与制度之间的相互关系。因此，在我国循环教育的研究中，要善于把定性分析与定量分析有机结合起来。

3. 注重静态分析与动态分析相结合。静态分析是指考察研究对象在某一时间点上的现象和规律。动态分析是指考察研究对象随着时间的推移所显示出的各种发展、演变规律。本书以循环教育为研究对象，研究本身是一个动态的过程，无论是理论分析还是实证分析，无论是定性分析还是定量分析，都必须在一个动态的过程中进行考察，这样才能科学地把握我国循环教育的趋势。

五　全书各章主要内容简介

本书整体结构分为九章，各章主要内容如下。

第一章，导论。该章主要介绍本书的选题背景、概念的解释、理论视角和研究方法、基本思路和主要内容、文献综述与评价等。

第二章，国外与中国台湾地区循环教育发展状况。通过对发达国家和主要发展中国家循环教育研究的一般性综述，摸清循环教育理论和政策的研究动态。从制定循环教育相关法律政策、多渠道筹措经费、充分利用市场机制和激励机制三个方面概述国外循环教育的政策实践，总结国外特别是欧美日发达国家循环教育政策实践对我国的启示等。

第三章，终身教育、循环教育与社区教育。终身教育和社区教育都是当下强调的群体教育的形式。终身教育突破了传统的学校教育，将社会各部门、各单位的教育资源整合起来，动员家庭、社会组织、企业和社区为终身教育提供平台和途径。建设终身教育社会，必须推进循环教育，提高教育资源的利用率与教育资源的公平配置，让更多的人享有更多更好的教育资源，拥有更多更好的教育机会，而落实循环教育与终身教育的最佳空间是社区。

第四章，教学器材资源的循环再利用。教学器材资源是教学资源的重要构成部分。我国学校教学器材资源也存在利用效率低等问题。该章主要从教材资源循环利用和实验器材循环利用两个方面探讨此问题。

第五章，闲置校舍资源的再利用。随着福建省中小学教育资源的重新配置，农村孩子开始集中到乡镇中小学就读，越来越多的农村校舍开始闲置。对于闲置的农村中小学校园校舍，建筑质量较好，产权属于国有资产的，应优先用于教育事业，如调整用于学前教育、职业教育、勤工俭学、实训基地、教师周转用房等；教育系统不再使用的闲置校园校舍，根据其使用特点，可调整用于农村公益性事业；对已明确产权归属，且不适合用于教育等农村公益事业的闲置校园校舍，可以依法置换、变卖、出租，所得收益根据闲置校园校舍的产权归属进行分配。对不能采用上述三种方式处置的闲置校园校舍，其土地和房屋资产属国有的，由县（市、区）政府依法收回，属农村集体所有的，由农村集体经济组织收回。

第六章，学校教育资源的社区共享。目前各地正在探索的中小学教育资源与社区共享的制度，也许能帮助解决社区居民休闲空间不足等问题。即中小学校的操场、图书馆、阅览室、电脑房等设施，在确保学校教育教学秩序不受影响的前提下，根据社区教育需求和学校条件的许可，向社区开放，用于居民（包括在校学生）有组织地进行形式多样的文体活动、社区学校上课及开会、办讲座等。

第七章，教育资源的互联网共享。不断扩大教育资源共享范围一直是我们追求的梦想，从印刷术发明，人们得以用纸张作教育资源的载体，使知识传播更加便利。19 世纪以来，从广播、电视，再到当代互联网技术的发明使用，教育资源共享的载体不断创新，共享空间也越来越大，其中最主要的应用就是开放远程教育以及教育资源的网络共享机制。

　　第八章，师资配置的循环流动。随着教育差距尤其是城乡教育差距日益悬殊且进一步扩大，缩小城乡教育差距，促进基础教育均衡发展越来越成为人们关注的焦点。消除教育差距必须从教育资源配置上着手，其中师资均衡配置非常重要，而教育资源均衡配置的关键应当是推动师资在城乡之间的有序流动。

　　第九章，循环教育的推进机制和支撑体系。循环教育的推进机制包括行政机制、社会机制与市场机制，需要政府、社会与企业共同参与；循环教育的支撑体系包括国家政策和法律法规的支撑、社会管理和监督的支撑以及技术支撑三个方面。

第二章　国外与中国台湾地区
循环教育发展概况

　　随着终身教育、社区教育，以及构建学习型社会的教育理念的广泛传播，世界各国都在本土进行循环教育的政策实践，西方发达国家在提高教育资源利用率方面已探索出很多成功的经验与方法。本章主要对国外及我国台湾地区的循环教育现状进行综述和比较研究，以期为中国大陆地区循环教育的发展提供经验借鉴。

第一节　发达国家的经验

一　美国发展循环教育的现状

1. 高校教育资源实现共享

　　在高等教育大众化的时代背景下，如何通过共享提高资源利用率变得十分关键。美国作为世界教育大国在高等学校资源共享方面积累了许多先进的经验，他们主要通过以下三种形式实现高校资源的共享。

　　（1）通过高校联盟形式实现资源共享。美国高等学校有着联盟的传统，综合性大学、文理学院、私立学校以及社区学院等各型各类的高等学校间都存在着不同形式的联盟。美国各型各类的高等学校之间通过松散的联盟，在教师资源、课程资源、学生资源、图书资源、网络资源、硬件资源等方面实现最大限度的共享。另外，目前美国一些全州范围的联盟也正在各州内的大学和社区学院之间形成。这种类型的联盟可以使各州的大学间共享各种教育资源。

　　（2）通过开放式资源实现资源共享。在知识社会中，开放式教育资源是改善教育和学习政策的关键性因素。麻省理工学院宣布从2001年春季开始推行开放式课程项目，在互联网上逐步公开所有本科生和研究生课程内容，供全世界求知者免费使用。此举在世界上掀起了一股知识共享的大潮。美国以及越来越多的其他国家的大学或机构也都纷纷加入到了这场知识共享热潮中。另一个相关的项目是得克萨斯州赖斯大学的联通（Connexions）。这是一个网上知识库，收藏由教师创建的课程材料，并可以为其他教师所使用。通过开放式教育资源共享，世界各地的教育者和学者同时加入到了一个世界性的学习型群体中，大家都一同公开、自由地分享知识与交流思想，并从中获益。

（3）通过远程教育模式实现资源共享。前节已提及，在此不再赘述。

综上所述，美国的高校通过制度建设、组织管理以及技术保障，构建了完整顺畅的教育资源共享体系，值得我国借鉴。

2. 义务教育阶段的师资循环流动

教师流动不仅影响学校的教师构成和学校组织的稳定，大范围的教师流动还会影响整个教师群体的地域构成和教师资格水平。

（1）区域流动。美国政府和相关机构采取了多种举措，力图通过补充教师资源来解决"教师留住危机"（Teacher Retention Crisis），推动教师的均衡流动与合理调配。美国2001年的《不让一个孩子掉队》的法案提出设立"全国教师流动委员会"（National Panel on Teacher Mobility）来专门负责对各州教师流动进行定期调查与评估，并制定相关政策，以促进全国境内优秀教师的有效流动，为优秀教师创造机会，合理调配他们的工作岗位，尤其鼓励教师向师资短缺、难以吸引或留住教师的州流动。美国"德维特·华莱士读者文摘基金"（Dewitt Wallace-Reader's Digest Fund）从1989年起就提供大量资金发起"通向教师之路"项目（Pathways to Teaching Careers Program）来帮助师资短缺的经济欠发达地区和农村地区培养、聘任并留住愿意去那里从教的优质教师。由温迪·科普（Wendy Kopp）于1990年创办的美国非政府组织"为美国而教"（Teach for America），多年来通过短期集训、一对一的在职培训以及网络培训，使一批有志于改变教育不公现状的人们成长为优秀教师，满足了欠发达和边远地区对师资的大量需求。

（2）校际流动。美国大学的教师兼职制也是师资流动的一种重要方式，它是指美国研究型大学聘请校外学者来本校定期或不定期地讲课或从事科研活动的一种重要制度。美国研究型大学原则上允许大学教师进行兼职活动，对此持"有条件的支持和鼓励"的态度，同时也愿意接收临时研究员从事教学与科研工作。如美国《耶鲁大学教师手册》明确规定,大学教师根据自身研究兴趣和专业发展可以到其他大学兼职从事短期的教学学术研究活动。美国研究型大学实行教师兼职制,既解决了大学内部师资力量不足的问题,又拓展了大学教师的学术视野,加强了大学教师校际间的学术交流,同时,让大学教师在这种宽松的环境中做出去留选择,以实现大学教师队伍规范与合理的流动。

3. 中小学教材的循环使用

美国中小学教材随桌椅一起编号,课本属于学校的财产,不属于学生。学生们会有规律地换座位,但课本是放在座位上不挪位置的,更不可以带出学校。学生若需要课后复习,可根据需求购买学生学习用书。由于美国中小学教材与我国最大的区别是"分科不分册",所以教材通常都很厚,需要投入很大成本。例如,波顿的化学课本就是把高中化学的全部教学内容编在一起,像大型工具书一样,多达1000多页。教材都是彩色印刷,纸张优质,不易破损。由于课本多年循环使用,使得这些高成本的教科书既没有给学生家庭造成负担,也没给政府带来财政压力。更重要的是,教材循环使用,对节省木材资源具有重要意义,既能从小培养孩子们节省资源和保护环境的意识,还有利于生态环境的改善。

4. 便捷的社区学院

美国的社区学院已有上百年的历史。20世纪美国的城市化、工业化和经济高速发展对人才的需求推动了社区学院的发展。"二战"后,很多退伍兵返回校园读书,使得社区学院和成人教育开始兴盛。60年代,"婴儿潮"一代也大量涌入社区学院;70年代,越战退伍兵也曾是社区学院的重要生源;80年代后,社区大学又加强了和社区以及当地中学的互动。到20世纪80年代中期,全美有社区学院1231所,其中公立的1049所,私立的182所,占美国高等学校总数的38%。学院在校生数4487928人,占美国大学生总数的36.8%,而每年的毕业生则达全美高校毕业生总数的一半。通过几十年的不断发展,美国的社区学院成长为一支扎根基层的重要教育力量,其主要任务包括大学预备教育、职业技术教育、成人继续教育、补救性教育、社区教育。

美国的社区学院在发展循环教育方面主要具备以下几点优势:

(1)交通便利。社区学院是地方性的高等教育机构,它一般开办在人口相对集中的、有一定规模的社区中。交通便利和方便走读使得学生的就学成本大为降低。例如在移民群体中很有名气的纽约皇后区社区学院、纽约长岛商学院等，均设在地铁重要站点附近。

（2）学费便宜。社区学院的学费较为低廉，通常学生只付学费和各种专业课程所需费用的1/3或以下，其余2/3左右的经费来自州政府或地方政府。家境不好的学生，可以借助来自外部的各种补助完成学业。以法拉盛某商学院为例，移民和失业者可以得到纽约州政府和纽约市政府各约一万美元的经费补助，基本可满足两年大学专科的全部费用。

（3）面向大众。美国社区学院面对的是社区各界立体式的教育需求，它对大众开放，没有入学考试的要求。任何一个高中毕业生或相同学历的人都可以入学。社区学院的草根性使其具备厚实的生源基础，避免沦为昙花一现、不可持续的"短命"教育机构。

（4）办学灵活。社区学院的课程设置时间灵活、地点多样。每一门课的上课时间都分上午、下午和晚上三个时段，学生可以一次选一门课或几门课，他们可以读一学期或读一年。如因工作无法抽出时间，学生可以选择暂时性停读，并可根据个人需要，随时来读或随时停读。与正规教育不同，属于实践技能教育的社区学院并不要求出勤率、考试等各种形式，因为对此种教育有效性的唯一可行的检验，就是在实践中获得成功。

（5）课程设置服务当地。在州政府所规定的范围内，各社区学院可开设各种对本学区有价值的课程和科目。其区别于正规大学的学术导向，这种突出地方特色的区域导向使得社区学院培养出的学生能更好地服务当地，正所谓"就地取材、因地制宜"。

（6）小班教学。社区学院通常采取小班教学，规模不超过30人，有时一个教授只教十几个学生。这些都保障了高流动性下社区学院的办学质量和学习效率。

（7）终身辅导。美国是最早推行终身教育的国家之一。其中，社区学院扮演了重要的角色，大量的成年人和失业者在这里得以找到学习的新起点。除此之外，学院的毕业生无论是在工作中抑或是在四年正规大学中遇到撰写论文等其他相关学业问题时，都可以免费享受社区学院的教育资源。

（8）管理规范化、运作市场化。美国联邦政府和国会通过立法引导各地的社区教育，而社区学院的办学经费主要来自联邦政府、州政府以及当地税收。负责对社区学院内部进行管理的董事会，则是由学院服务区内的居民选举产生。这样一套自上而下的管理保障体系使美国社区学院的发展"有法可依、有钱可用、有章可循"。

5. 发达的远程教育

美国的远程教育起步于 20 世纪 80 年代初，具有起步早、应用广泛、注重实用且效率较高等特点。随着网络时代的到来，美国的网上成人学校、网上教学显示出强大的生命力。网络教育打破了传统的学校教育理念，它超越在场和即时的限制，使学生可以根据自己的时间自由地安排学习，给面临工学矛盾、家务拖累、资金不足、流动性大等困扰的成人学习者，尤其是妇女提供了接触优质学习资源的机会，也为中小学课程提供了更多的补充和支持，有力地促进了成人教育的发展。在网络教育领域，成立于 1977 年的电化教育委员会（简称 ITC）是一支重要的推动力量，其成员包括美国和加拿大近 600 个教育机构和院校，旨在通过先进的网络技术提供资讯与学习资源，拓展和提升远程学习者的学习水平。美国的远程教育的发展还得益于以下几点。

（1）规模大、覆盖广。美国的远程教育机构——国际科技大学（简称 NTU）开展的现代远程教育，在以美国国内学生为招生主体的同时，也在其他国家和地区招生，如北美洲、亚洲、澳大利亚等，体现出现代远程教育开放性的特点。

（2）充分应用现代科技手段。在远程教育的竞争中，"技术供应"至关重要。20 世纪 80 年代出现的教育电视定点通信业务（ITFS），可以为美国的高等院校开展远程教育带来便利。美国的远程教育普遍采用录像带、光盘、互联网、卫星转入服务器等现代科技，从形式到内容，完全实现现代化教学，大大提高了教与学的双重效率。

（3）与高校密切配合。远程教育机构向美国高校聘请名师，并将授课酬劳交给受聘教师所在高校，即使受聘教师获得丰厚的待遇，又调动了高校的积极性。

二 英国

1. 完整的社区教育体系

英国的社区教育涵盖范围很广，包括学生完成义务教育阶段后所接受的以社区为单位的全日制和非全日制教育，以及各类闲暇教育、有组织的文化训练和娱乐活动。英国的社区教育具有以下特点。

（1）政府主导。英国政府积极采取措施促进社区教育的发展。1998年的《学习时代》绿皮书曾提出，"要建立学习化社会，使不同阶层、不同背景的人都能有继续学习和终身学习的机会"；2000年《学习与技能法》的颁布，整合了政府与民间组织的资源，扩大了财政资助的额度；2006年英国政府教育与技能部发表《继续教育——提高技能并改善生活机会》白皮书，提出社区教育是政府为每个人带来社会公平和经济繁荣的关键。这些法律都有效保障了英国社区教育的发展。

（2）充分利用社区资源。英国早期的社区学院利用具有良好的烹饪、裁缝、工艺等技能教育设备的近代中学开办，是一种结合中等学校、青年中心和成人教育的机构。社区学院白天是一所中学，晚上则提供给青年和成人使用，作为休闲、聚会和进修的场所，使学校的教育资源得到充分使用。如今，社区学院在全英国得到了广泛发展。

（3）教育氛围。英国社区教育十分重视学习的氛围，充分利用中小学校、博物馆、青少年活动中心、教堂、公园等设学习点，为了便于学生学习，在每个授课地点都配有各种字典、学习参考书、资格认证考试大纲等学习资料，除此之外，社区中心还配置休息室，学生可以在里面休息、进餐。

（4）社区学习网络化。社区内部的各级各类成人学校、非成人学校及各种教育机构，尽管各自独立，但通过社区学习网络，可以使它们的教育资源得以充分共享。除此之外，社区内的教育机构还积极寻找对外合作，不仅使内部资源得到最优化配置，还能最大限度地吸纳社区外部资源。

（5）教育咨询个性化。英国城市闹市区的教育活动中心或资源中心等都可以为学习者提供教育信息、咨询和经济服务。它们承担了教育机构或资源与个体学习者之间的中介功能，通过向学习者提供信息和咨询服务，实现学习者和教育机会的匹配。另外，社区还建有学习交流站，为学习者提供学习交流服务。

2. 构建学习型社会

随着知识经济的不断发展，近年来，英国的就业形式逐渐发生变化：工作的技术含量越来越高，工作变换的频率越来越快。在这种就业形式下，英国人对不断更新个人知识和技能的需求越来越高。这一系列的社会结构背景促使英国将构建学习型社会确立为政府的施政目标。

继续教育基金会扩大参与委员会于1997年发布了《学习工程：扩大

对继续教育的参与》的报告，指出学习是经济社会发展及稳定的关键，继续教育对建立一个永久自我学习的社会有独特贡献；英国高等教育委员会提出了一个系列报告——《学习社会的高等教育》，提出在人生的各个阶段，学习都能提高生活质量；英国继续教育和终身学习咨询委员会鲍勃·弗莱耶撰写了题为《为 21 世纪而学习》的报告，该报告提出把终身学习作为一种面向所有人的学习文化来加以发展和建设。

1998 年，英国政府发布《学习的时代》绿皮书，强调建立面向所有人的终身学习体系的迫切性；扩大高等教育和继续教育的规模；给予成人文盲更多的帮助；建立更有包容性的证书体系，等等。

2000 年，英国政府颁布《学习与技能法》，目的是在迈向学习型社会的过程中，积极推进终身学习，提升国家竞争力。《学习与技能法》包括 156 个部分、11 个附件，包括"学习及技能顾问委员会"的司职政策、经费、评鉴等相关事宜，成立"成人学习视察团"负责访问、视察、评鉴的工作，建立"个人学习账户"等内容。

3. 建立产业大学（University for Industry）

建立充分运用信息技术优势的"产业大学"，最早出于英国的一个思想库"公共政策研究所"。这一建议得到了英国政府的支持。英国政府为建立产业大学投入了 5000 万英镑，2000 年，产业大学正式建成并开始招生运作。产业大学不是传统意义上的大学，而是一种开发和推行开放和远程学习的组织。产业大学旨在为英国和其他国家提供全员（从幼儿到老人）、全程（从学前教育到研究生教育）、全方位（普通教育、专业教育、职业教育、技术教育、语言教育和各种培训）的互动、个别化的网络教育。为了配合产业大学的运作，政府设立了全国电话热线提供学习指导，并建立了全国学习网络。产业大学作为一种比较新的教育组织方式，一方面通过企业营销手段和现代化传媒充分开发学习市场，形成规模经营的效应；另一方面又将各种教育提供者聚集在一起，使它们成为更加完善、连贯而有效的整体，使教育资源得到最大限度的利用和开发。这种新的教育组织方式大大减少了教育成本，降低了学习费用，使更多的人能够承受起学习费用，并参与到学习中去。

4. 开放大学

开放大学是英国 20 世纪 60 年代后期发展起来的一种成人教育机构。它利用远程教育的方式向成人提供高等教育课程，使更多的英国民众获得了接受高等教育的机会。英国开放大学是英国远程教育的成功典范，也是全球远程教育学习仿效的对象。英国远程教育的核心价值是：终身学习、以学生为中心和全球化，即为满足人们终身学习的需要提供方便，以灵活多样的入学方式、入学地点、专业设置和灵活完成学业的方式、低廉的费用等优点，受到越来越多的英国和海外求学群体的普遍欢迎。

（1）时间分配。开放大学采用远距离教育方式，在课程设置上，学生需要将70%的时间用于自学，10%的时间用于讨论，10%的时间收看或收听广播电视节目，另有10%的时间为作业、实习和考试时间。

（2）学习方式。英国开放大学建有总部、区域中心和学习中心，学生可参加脱产的住校学习，也可采取不脱产的业余方式学习。大学随时按社会需求调整课程，并采取灵活多样的教学方式，结合函授、电视、广播、计算机网络等技术，以学分制和自由选课制供学生自主选择。

（3）教材设计。英国设计、编写、出版和发行适合远程教育的高质量的教材：按单元组成教学内容，以模块结构组成多媒体教材，以教学包的形式发给学生；组成由学科教师，以及教学法、心理学、教育技术、编辑设计、广播电视制作、考试等方面的专家构成的课程组共同完成教材的编写任务；采用活页教材的形式，实现教学的更新与充实；还建立了一套完善的教材需求调查、设计、编写、制作、征订、发行、销售系统，并且采用产业化的运作方式。

5. 教材循环使用

在英国，教科书循环使用均是自觉自愿，政府并没有任何硬性规定，尽管如此，为了节约纸张、保护环境、降低教学成本，英国中小学普遍实行教材（课本）再利用。在英国的小学，教科书只在教师授课时发给学生，下课后收回并存放在学校里，不让孩子们带回家，教科书因而不易受损。如学生做家庭作业时需要使用教科书，学校可免费为学生复印相关教学内容。随着环保意识的增强，教科书回收再利用在英国已经渐渐成为一种传统。不但普通学校参与其中，就连包括中文学校在内的周末学校也坚持这项工作，同时，地方政府也会对学校书籍纸张的回收提供方便，比如莱斯特郡议会就为当地学校提供了各种纸张回收的免费服务。

6. 政府推动教师流动

为充分发挥教师的自主性，政府发起教师流动实践项目以改善区域师资匮乏的现状，积极推动教师资源的优化配置。英国政府于2009年提出

"金手铐"（Golden Handcuff）计划，为到薄弱学校任教 3 年的教师额外支付一万英镑的奖金，这相当于一位新入职教师年工资（20267 英镑）的一半，约为教师平均年工资（35000 英镑）的1/3。同时还将其评为"优秀教师"或为其提供"高级技能教师"职称，该计划加强了这些教师的教学领导力训练和课堂实践训练，有利于增强其教学和辅导能力。

三 法国

1. 国家远程教育发展情况

法国国家远程教育中心（简称 CNED，Centre National d'Enseignment à Distance）成立于 1939 年，直属法国的教育部。CNED 是一个专门从事远程教育的公立教育机构。CNED 在全法国，按专业功能（而不是按行政管辖地域）设置有 8 个分院（见图 2 - 1），并在全国按学生分布情况设置有 130 个教学接收站（也称为教学辅导站）。

法国国家远程教育
中心（CNED）

- Institut de Grenoble 分院——→酒店、旅游、体育、工业
- Lille 分院——→公务员考试、法学高等教育、官员培训
- Lyon 分院——→秘书、会计；卫生、医药；商业
- Poitiers 分院——→中专、成人外语、工业级服务业培训
- Rennes 分院——→中学、生物技术
- Rouen 分院——→中等教育、资料、广告
- Toulouse 分院——→小学教育、中小学师资培训
- Vanves 分院——→大学教师聘用考试

图 2 - 1　法国国家远程教育中心各分院及其专业功能

CNED 开展小学、中学、成人职业技能培训和与高校合作进行某些课程的远程教育，CNED 也和法国的大企业合作对企业员工开展企业所需要的实用技术培训。CNED 的所有培训课程，只颁发相应的证书，而不颁发文凭。

CNED 开展的高等远程教育是对传统高校教育的补充，学生可以注册 CNED 的高等教育课程，但是要获得高校的文凭必须到相应的高校注册，并参加注册高校的考试才能拿到文凭。为此，CNED 已经与部分高校签订了合作协议，并计划与教育部签订与所有高校的合作协议。学生可以到与 CNED 签订合作协议的高校注册，参加其考试取得相应的文凭。因此，CNED 与法国 80 多所公立高校之间是一种合作而不竞争的关系，但一些私

立的机构或私立大学可以与 CNED 开展远程教育、远程培训方面的竞争。

自 1939 成立到 1999 年，CNED 大约培训了 800 万人次的学员。1999年，注册 CNED 的学生合计有 40 万人，其中约 13 万人为中小学学生，8万人为计划将来能够从事中小学教师的人员。CNED 对于所有的培训项目均采用收费的方式，平均每一个培训项目收费约为 1400 法郎。

2. 地区教育均衡发展

为了实现地区间教育的均衡发展，法国政府对全国的学校布局进行了调整，对学校的数量、位置和规模进行系统规划，确定学校的招生区域，使学生就近入学并禁止择校。针对地区之间和学校之间教学质量的差异，法国政府还建立"优先教学区"，对薄弱学校进行扶持，如增拨经费、增派教师等，并对处于社会不利地位的学生投入关注和支持，这些扶持手段在地区达到国家规定标准后将会终止。该政策的主要目的是在一些地区有效开展强化教育，从而最终使那些地区的孩子能平等地融入整个社会，重点是使生活在教育薄弱地区学生的学习成绩得到明显提高，尤其是有针对性地提高来自社会底层孩子的学业水平。

目前法国共有 558 个"教育优先区"，主要集中在大中城市的郊区。在"教育优先区"内就学的中小学生有 112 万人，约占全国中小学生总人数的 9%。

在师资配置上，给予"教育优先区"内的所有中小学教师以特别津贴，该项津贴计入教师工资，由国民教育部支付。这项政策的实施使得"教育优先区"教师的质量得到提高，数量有所增加，大大缩小了法国不同社区之间的师资差异，使整个基础教育的师资配置趋向平衡。

法国的"教育优先区"的设立，有效地解决了法国处境不利社区学校的教育质量与儿童失学问题，确实保障了来自弱势群体家庭学生的学习权利，推动和深化了教育公平，提高了法国中等教育的质量。

四　日本循环教育发展现状

1. 立法保障循环教育发展

日本是人多地少的国家，人均拥有的可利用资源较少。在教育方面，日本非常注重提高教育资源的利用效率与解决教育公平的问题，在发展社区教育、教材与废弃校舍再利用、校园与社区共享，以及中小学师资循环配置方面都有专门的法规。因此，立法保障是日本教育体制实施循环教育的基本特征之一。

日本社区教育的成功运行主要在于运用法律保证其对基础设施的提供。1945 年日本发布了《有关振兴社会教育的通知》。1947 年颁布的《教育基本法》第七条"社会教育"一项明确规定：国家及地方公共团体必须鼓励家庭教育以及工作场所和其他社会进行的教育活动；国家及地方公共团体必须以设置图书馆、博物馆、公民馆、利用学校设施或以其他适当的方式来努力推广教育活动。该法律还规定：家庭教育以及在劳动岗位和其他社会场所进行的教育，国家和地方公共团体应该予以奖励。此后日本又陆续制定了《社会教育法》(1949)、《图书馆法》(1950) 和《博物馆法》(1951) 三部基本确立日本社会教育初期框架的法律。这些法律明确规定：公民馆、图书馆、博物馆等基本社会教育设施应从地区教育经费中拨款建造，供居民免费使用；确定市民参与社会教育委员会的制度，保障社会教育团体的自主办学权，以及确立学校教育与社会教育的关系等一系列规定。近年来，日本还制定了《特定非营利活动促进法》(1998)、《男女共同参与社会基本法》(1999)，为社会教育的发展继续注入新的活力。"公民馆"是日本最具代表性的社区教育综合设施，作为普及民主主义、搞活地区文化生活、振兴地区产业、提高居民教养、增进健康、陶冶情操、充实社会福利等各种活动的基地。

2. 教育资源再利用

日本农村地区中小学在当地城镇、街道社区文化建设中发挥了巨大的作用，学校不仅是农村地区最贴近民众的公共教育设施，也是社区居民的活动设施和文化设施，同时还是自然灾害发生时民众的避难场所。由于学校在日本农村地区具有特殊的意义和地位，因此，对撤并后的旧学校如何进行再利用，使其继续发挥作用就成为撤点并校后的重要问题。日本对闲置教室、校舍的利用作出法律规定。一旦出现校舍资源闲置的情况，首先在各市、县、村教育委员会内成立"闲置教室活用计划策划规定委员会"（临时名称），确定教室利用的基本方针和利用方式。利用教室时要求不只是简单地将闲置教室挪作他用，而是要重新对学校进行整体认识，以适应需要。利用闲置教室和校舍时应考虑优先顺序，首先考虑仍然将其作为学校设施使用。例如，将其辟为儿童学习和生活的空间、教师进行上课准备的空间、管理空间、学校向社会开放的空间等。如果一所学校有较多的闲置教室，可考虑将学校撤销，积极地将校舍改造成社会教育设施。日本公立中小学校舍如果挪作他用，原则上需要文部科学大臣的批准并缴纳一定费用。但是为了简化手续，对建成 10 年以上的学校设施，可以免费转为公用，不需缴纳费用。有时，闲置校舍的再利用可能需要较大规模的改造，这些资金则根据校舍用途由不同部门提供。据文部省关于"旧学校及其再利用情况"的调查显示，撤点并校后 70% 的旧学校得到了有效的再利用，其中大多数旧学校被改建成社区教育及体育活动场所，也有一部分用作老人福利院等。此外，有的地方政府还与企业合作，将旧学校改造为当地特产加工企业，以增加当地经济收入和解决劳动力就业问题。还有些地方，根据当地的实际需要，将废弃校舍改造为信息远程工作中心，这项工作可得到总务省的支持，主要目的是为当地村民尤其是高龄者和残疾人提供信息通信系统。

通过对日本处理闲置校舍资源做法的介绍，我们可以看到，将闲置校舍资源转化为社会教育设施在日本已成为一种固定的模式。

3. 中小学教师的轮岗制度

由于教师在日本属于公务员序列，必须服从国家的调配，全国教师都强制实行轮岗制度。日本采取了一系列的措施来实现城乡教师资源的均衡配置。如日本法律规定：一个教师在同一所学校连续工作不得超过 5 年；校长任期两年，连任者需在校际之间轮换。日本的"定期流动制"在促进教师素质提高、合理配置人力资源、保持学校间均衡发展等方面起到了很大的作用，是一个比较成熟而且能够较大限度地实现教师资源均衡配置的方法。由于交换都在本地范围内的学校之间进行，教师还可根据自身情况申请目标学校。所以，教师轮换制度并不会给教师的生活带来太大的影响。而校长轮换制度更是有利于教育思想和教育理念的更新，有利于学校的教育改革。除了定期在本区域城乡之间开展教师轮换之外，日本还有一些在不同区域之间进行的跨区域教师交流项目。通过这些项目，可以让不同地区之间的教师进行切磋交流，也有利于地区之间教育资源的平衡。同时，日本非常重视提高并保障教师的待遇。在教育财政预算中，教师工资所占的比例最大，目前大约占到 80%。在日本，教师为特殊公务员，其工资高于普通公务员的工资标准。这种强制的行政制度，让全国学生都受益，特别是对偏僻地区薄弱学校状况的改善，作用更为显著。

4. 远程教育与开放大学

在日本义务教育阶段之后，在所有教育层次上都有开放远程教育的学习形式。在高中教育阶段，开放远程教育有公立、私立两种学校。按照法律条例，自1948年，在47个行政管辖区内，每一个地区都必须提供公立（对学生采取最低收费）高中函授教育。起初，这些函授学校是由正规高中扩展而成，学生一般是返回学校的成年人，他们为了满足个人发展的愿望或者为了就业，需要高中文凭。最近，日本建立了具有单一模式的开放远程教育的高中。比如在福冈，1977年建立了博多青松高中。确定最低入学水平的入学测试是很容易的，其水平适当低于普通高中，所以这些学校可以被称为开放教育学校。

日本法律允许私立学校办高中开放远程教育。例如，在福冈，除了一所公立学校外，还有三所私立学校，其中一所是全国连锁办学分校。一些私立学校可以盈利为目的办学，一些学校可在教学标准方面比公立学校严格或宽松一些。

在中学后教育的层次上，日本法律允许开放远程教育招收在校学习的学生和在校外学习的学生。校内学习的学生在正规学院（开设2~3年课程）注册，或者在大学（开设4~5年课程）注册。校外学习的学生不用到校上课，而是通过电子媒体进行交流。自1998年，这些单一模式的网络学院一般是近期才建立的。目前，有32个大专院校或系部提供开放远程教育学分课程，其中有18个院校提供网络课程，其中包括10个学院、22个大学。

日本的正规学校也对社会开放，各种综合性大学、短期大学、业余大学及名目繁多的专业技术学校遍布全国。在学校假期及普通节假日，有不少学校向公众开放，给学校周围的一般居民利用学校各种设施的机会，并由学校的教职员在这种场合向一般市民传授各种知识，这是日本实施社会教育的又一种途径。

第二节 发展中国家及中国台湾地区的经验

一 发展中国家的循环教育

1. 实行学校合并

20世纪80年代，世界上大多数发展中国家的教育体系都面临着巨大的挑战。一方面，这些国家由于本国和世界范围的经济大萧条，国家财政吃紧；另一方面，由于人口急剧增加以及人们对提高教育质量的呼声越来越高,广大发展中国家必须满足不断增长的教育需求。为应对财政紧张状况下的教育数量和质量上的需求,这些国家政府积极寻求改革措施以促进教育发展,学校合并政策正是这些改革措施中的一种。学校合并最先被拉美国家广泛推行,如哥伦比亚、秘鲁等国;而后在其他发展中国家,包括斯里兰卡、缅甸、印度、尼日利亚、巴布亚新几内亚、菲律宾以及泰国,学校合并措施也被引入,成为发展中国家重要的教育改革举措。各国依据学区内中心学校拥有的资源数量,设计了学校间资源共享的不同模式,保证所有学校都能享用到优质的教育资源,对促进教育均衡发展和教育公平发挥了重要作用。

图2-2是学校间资源共享的最理想模式,图中学校A代表"中心"学校机构,而且它是周围"卫星"学校(B~F)的领导者。图中的单向箭头联系着中心学校和卫星学校,表明中心学校向它们出借优质教育资源;虚线双向箭头联系着各个卫星学校,表明这些学校共享教育资源。

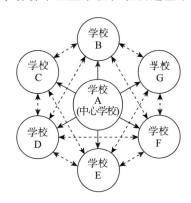

图2-2 教育资源共享的理想模式

2. 多模式开展远程教育

发展中国家多采用单一院校模式和多重系统模式开展远程教育。单一院校模式是指主要由开放大学这类单一模式的院校来实施远程高等教育。以单一院校模式开展开放与远程教育的国家分布很广,亚洲有印度、印度尼西亚、泰国、马来西亚、巴基斯坦、斯里兰卡等英联邦国家以及伊朗、土耳其和韩国等,还有拉丁美洲的哥斯达黎加和委内瑞拉等国。多重系统模式是指在同一个国家中并存着多种模式的开放与远程教育系统,即既有独立设置、专门开展远程教育的院校,又有举办开放与远程教育的传统院校。众所周知,我国既有传统高等学校举办的函授教育和现代远程教育,又有国家专门建立的广播电视大学开展的远程教育，还有作为国家考试制度的高等教育自学考试。

3. 政府办学为主，鼓励社会各界参与

在发展中国家，公立学校是农村学校教育的主体，由于政府支持力度加大，公立学校在不断改进。但从总体上看，政府举办的农村学校还只具有了初步的教育条件，尚不能满足全社会各类人群的需要。所以，各国政府并不包揽农村教育，而是鼓励社会各界积极参与。

（1）哥伦比亚。哥伦比亚全国咖啡种植者联盟与政府、大学、筹款机构、非政府组织保持合作，组成理事会参与兴办农村教育。私营部门投资教育并不是为了慈善，在它们举办的学校和教育机构里，课程包括咖啡、信息技术与食品安全等相关科目。

（2）孟加拉国。为调动基层办学积极性，鼓励社区筹集资金，孟加拉国规定：如果基层社区筹集到一定的办学经费，地方政府则支持其同样额度的资金。

（3）柬埔寨。柬埔寨教育部指出，要扩大社区参与，以保证所有学生入学，调动社会支教资源，监督教师出勤情况。

4. 学校教育为主，兼取多种办学形式

发展中国家教育的主体是学校教育，它为职业技术培训和扫盲教育提供了必要支撑。除此之外，各国还提倡多种形式办学。拉美19个国家启动了"信心与快乐"（Fev Alegria）项目。这是在全纳教育理念引领下的多种形式办学，包括正规教育、非正规教育、广播教育、教师培训等。这个项目自1955年创办以来，非常关注残疾儿童和贫困学生，帮助他们接受教育，完成学业。复式教学则是亚太发展中国家高度关注并津津乐道的教学形式。越南、老挝、泰国、蒙古国、印尼、巴布亚新几内亚的专家认为，针对偏远地区学生分散、缺乏教师的情况，复式教学不失为提高就学率的重要措施。

好的教育不光是资源上的投入，还包括对改善学校和教学的鼓励措施。基于学校的管理，在过去的10年里，成了很多发展中国家的流行做法。基于学校的管理方法，就是给学校以充分的办学自主权，激发其办学积极性。很明显，选择、竞争、诉求可以影响教育改革的实践，绩效机制有利于调动教育改革的积极性。

5. 建设儿童友好型学校

发展中国家重视制定农村学校的办学标准，要求利益相关者为达到此标准而共同努力。在国际机构的倡导下，儿童友好型学校（Child Friendly School）的标准成了一些国家农村学校的基本目标要求。儿童友好型学校的提法如同环境友好型城市、资源节约型经济、用户友好型界面一样，在很多国家已经比较流行。儿童友好型学校主要有 7 个办学目标：鼓励儿童在学校和社区的参与；注重儿童的健康和福祉；确保学生安全；鼓励全勤，遵守纪律；保证儿童取得良好学业成绩；提升师德水平和育人动机；动员社区支持教育。

6. 重视教育性别平等

全民教育六大目标中推进女童教育、实现性别平等是最为重要的方面。促进性别平等就要加强女童教育，在这一方面，亚太发展中国家还要走很长的路。制约女童入学的原因很多，主要包括三个方面的因素：一是家庭因素。多数是因家境贫寒无法承担就学开销，且认为送男孩上学日后回报会多于女孩。二是学校因素。部分教育工作者对待女生不公正，校内缺乏必备的女生专业设施等。三是个体因素。不少女生既要做家务，又要上学，难以兼顾。

近年来，亚太各发展中国家对性别平等的问题开始重视，采取了一些政策措施。例如，专门对女童提供经济支持；为女生提供够用、适用的学校卫生设施；在农村地区多聘女教师；多做家长工作；提倡在边远民族地区用母语授课，减少女童学习压力，等等。

二　台湾地区的循环教育

近年来，随着产业结构的调整和科技的进步，我国台湾地区经济发展迅速。解除党禁、废除戒严及开放报禁等措施加快了区域民主化进程。在经济发展、政治民主和社会稳定的背景下，台湾地区的文化建设取得了较大进步，循环教育得到一定的发展，这主要体现在社区教育与终身教育的发展上，也体现在废弃中小学校舍的再利用上。

1. 社区教育与终身教育

在终身学习理念的推动下，台湾地区社区教育根据终身学习的发展趋势，鼓励民间组织的参与，形成多元的学习渠道。另外，通过社区大学的支持、社教馆所属社教站的投入、社区总体的营造，建构完善的社区教育体系，达到提升地方经济、凝聚社会意识、促进个人自我实现的目标。

　　台湾地区社区大学的兴起，主要来自民间教改人士的倡导，并与当时社区总体营造的推动、终身学习运动的兴起有密切的关系。1994年，台湾地区热衷教改的人士对当时高等教育的僵化、专制，主张设立社区大学，吸引社区人士就读，打破传统的"文凭主义"。这些主张得到社会各界的积极回应。之后"政府"与民间合作开展"社区总体营造"运动，激发了社会民众改善社区环境与提升生活品质的意识，也促进了社区大学的兴起。1997年《迈向学习社会白皮书》的发表及开展"终身学习年"活动等，也加速了社区大学的发展，特别是2002年"终身学习法"的制定，使社区大学的建立有了法律依据。

　　台湾社区大学均由"直辖市"或县（市）"政府"设立，采取"公办民营"方式。所谓公办民营，系由当地"政府"设立，提供场所并补助其部分经费；学校的实际经营，则委托高等院校、依法登记的财团法人或公益团法人办理。目前多数社区大学设在中学或大学内，由主管机关负责协调场地。社区大学的课程包括学术课程、社区课程及生活艺能课程。师资并无最低的条件限制，凡具有该学科专门知识或实务经验者均可任教。学校行政组织单纯、灵活而具有弹性，人员设置也极为精简，颇能发挥机动互补的功能。社区大学的特色主要体现在：（1）兼具高等教育及成人教育性质；（2）以满足民众终身学习需求为主；（3）教育目标旨在培养现代公民应具有的能力；（4）入学资格及入学方式均具有弹性，学员无入学资格限制，入学采用报名方式，不必考试或选拔，符合全民教育及终身教育的理念；（5）无修业年限的规定，符合终身教育的理想；（6）不分学系，课程的修习具有弹性。

　　近年来，台湾地区民间组织蓬勃发展，分布在不同的地区、阶层，与社区民众关系密切，为社区民众提供学习机会，是社区教育体系的重要环节。台湾教育行政当局主管的教育基金会总数达632个，基金总额约为新台币440亿元，加上文建会、省"政府""直辖市"及县（市）"政府"主管的文教基金会，共计1685个，基金总额多达新台币550亿元。因为其性质为文教基金会，所以，业务及活动范围以文化和教育为主，所规划安排的系列学习活动也能贴近社区民众的需求。

　　台湾地区的民间组织绝大多数属地方团体，它们更能领会地方民众的学习需求。这些民间组织所提供的内容，包括新知、保健、休闲、自我成长、婚姻、亲子教养、家人相处沟通、人际关系、社会现况分析、国际形势发展等；所采行的方式也极为多样化，包括研习、讲座、读书会、工作坊、观摩、考察、亲子活动、网络学习、远距教学、旅游学习等，针对不同的对象，采取不同的方式。众多民间组织形成了广泛的社区学习网络，对台湾社会的进步与发展起到了积极的作用。

简而言之，台湾社区教育体系的特点是：（1）与社区学习结合，植根社区，以提升社区生活品质为目的；（2）成员来自社区，结合当地行政当局，共同关心社区事务；（3）成员皆为志工，由志工服务社区，形成投身志工的风气，促进志工社会的建立；（4）政府投入经费少、收益大、成效高，促进民间资源的有效应用；（5）为社区培养人才，成为培育基层领导及执行人才的摇篮。

2. 废弃校园再利用

随着台湾逐渐进入"高龄少子女化"社会，小学新生入学人数普遍下降，偏远地区学校的人数更是逐年减少，学校面临裁撤。为此，台湾地方"政府"于2009年推出"推动中小学活化校园空间与发展特色学校"的计划，对闲置校舍重新利用。闲置校舍再利用原则包括：校地产权未归还所有者的，应明确制定归还程序；如校舍仍在使用，应公开信息；有安全隐患且使用年限已久的校舍，建议拆除。各县市教育管理机构应实地调查，每年定期报告闲置校舍数量及使用情况，将闲置校舍完整数据在网上公布，以便寻求愿意使用的单位。对于闲置校舍再利用的成功案例，举办观摩会介绍经验。

最新调查显示，台湾自20世纪80年代至2010年的30年间，各县市因学校撤并而产生的闲置校园共有250多所，其中经帮扶实现再利用的有200多所。利用途径包括改建成观光休闲场所、社会福利机构、社区文教场所、机关团体办公场所等。据台湾教育主管部门统计，活化方式以作为观光休闲用途居多，占36.97%；提供给机关团体使用或学校自行维护的，占31.9%；此外，作为文教用途如托儿所使用、童军露营区等占19.33%；10.08%土地归还地主或建筑物已不堪使用的报废拆除；另有2.52%作为赡养中心等社会福利机构使用。

第三章 终身教育、社区教育与循环教育

终身教育和社区教育都是当下强调的全民教育的形式。终身教育强调终身学习，终身接受教育，即一个人要在家庭、学校、社会（大众传媒）、同伴群体中不断接受教育。从不断接受教育而言，这也是一种循环教育。社区教育是指居民在社区就能够得到各种学习机会，以提升居民素质与社区建设水平，因此，发展社区教育必须要有丰富开放的社区教育资源体系。循环教育主张提高教育资源利用效率，对于社区来说，要增强社区教育资源的共享性，以促进社区教育的发展水平。

第一节 终身教育与循环教育

20世纪以来，终身教育的概念已日益深入人心，几乎每个重视教育的国家都提出了相关的教育政策并颁布了相关的措施。顾名思义，终身教育并非几百年来传统教育的简单延续，而是为了应对这个日新月异的社会。

一 终身教育的基本内涵

终身有一生、一辈子或度过一生的意思。教育有教导培育、施教者对受教者的教导培育的意思。所以终身教育可以解释为"一种一生一辈子都在接受教导培育"，现代终身教育体系包括学龄前的教育、学龄期接受的各类教育、大学毕业后的继续教育以及各种各样不同类型的成人教育，等等。

在当今知识大爆炸的时代，信息频繁地更新换代，要享受新的文明生活，创造新的文明生活，只有不断地学习，不断地更新知识，才能跟上时代的步伐。若只依赖学校教育将无法更新知识，为了适应人生发展所需，只有针对自己的需求进行再学习。终身教育除了满足社会中个体工作和生

存的需要外，还重视教育在塑造人格、培养个性、注重个人潜能的开发和个体价值的实现中的作用。

1. 终身教育与终生教育的比较

终生和终身都有一生、一辈子的意思。但两者的侧重点不一样，终身教育侧重点是在终身教育理念的指导下提倡的学习观念，认为每个个体在不同的人生阶段中都应该有适合他的教育方式，是人所受的不同教育类型的综合。而终生教育的侧重点则是强调教育是一个在生活中学习的过程。我国现代终生教育思想的先驱陶行知认为"生活即教育"，生活与教育是同一过程。终生教育应该是各种正式与非正式教育的总和。从这里也可以看出，终身教育和终生教育在概念上互有重叠，都认为是社会生活中各种教育方式的综合。

2. 关于终身教育的理解

一般认为，"终身教育"这一教育学的术语的正式提出，是由法国著名的教育思想家保罗·郎格朗最先在 1965 年联合国教科文组织召开的"第二届促进成人教育国际委员会"的会议上提出。他认为，"教育不能只停留在儿童期和青年期，而是应该在人的有生之年得到持续的发展；教育方法也应该根据个人和社会的需要，不断地改善和进步"。进而，"新的教育理念是，人类不论在任何时候、任何地方生活，都有自我教育、自我教授、自我发展的要求。在这种新的教育理念之上，学校教育、社会教育等等的教育活动必须去除至今为止固有的与理念不相符的形式上的壁垒和障碍"。[①] 在这个基础上，联合国教科文组织组织编写的研究报告《学会生存》深刻指出："教育要面向整个社会成员"，受教育的时间也不应该再局限于"某一特定的年龄"，而是面向"个人终身的发展方向"。这使得终身教育思想进一步系统化和理论化，并标志着现代终身教育思想的形成，开启了 20 世纪以来对传统教育观念的革命性变革。

1994 年在罗马举行的"首届世界终身学习会议"所采纳的定义是："终身学习是 21 世纪的生存概念"，"是通过一个不断的支持过程来发挥人类的潜能，它激励并使人们有权利去获得他们终身所需要的全部知识、价值、技能与理解，并在任何任务、情况和环境中有信心、有创造地、愉快地应用它们"。

---

① 〔法〕保罗·郎格朗：《终身教育引论》，中国对外翻译出版公司，1985，第 43 页。

1996 年，国际 21 世纪教育委员会向联合国教科文组织提交了报告《教育——财富蕴藏其中》，该报告明确指出：终身教育的概念是进入 21 世纪的关键所在；终身教育建立在"学会知识、学会做事、学会共同生活、学会生存"四个支柱的基础上。该报告标志着终身教育理论体系的最终形成。

在众多终身教育理论的研究中，保罗·郎格朗的终身教育思想可谓起着奠基性作用，深刻地影响了新时期终身教育的发展演变。

保罗·郎格朗认为，终身教育所意味的，并不是一个具体的实体，而是泛指某种思想或原则，或者说是某种一系列的关系与研究方法。概括而言，即指人的一生的教育与个人及社会生活全体的教育的总和。

概括总结保罗·郎格朗的主要著作不难看出其教育思想主要有以下五个方面：（1）社会要为人的一生提供教育机会；（2）各级各类教育的实施必须协调和统合；（3）小学、中学、大学及其地区性的社会教育措施、文化中心所发挥的教育功能，政府和社会应予以支持和鼓励；（4）政府和社会应对本国公民有关劳动日的调整、教育休假、文化休假等措施的实施起促进作用；（5）为了对以往的教育观念做根本的改变，应使终身教育的理念渗透到教育的各个领域。郎格朗反复强调教育应该贯穿人的一生，政府、社会都有责任和义务为促进终身教育（学习）体系的构建提供帮助或指引。

目前，学界关于终身教育的定义主要有两种说法："人在一生中所需要的知识、技术，包括学习态度等应该如何被开发和运用的全过程"，"终身学习强调的基本特征是'有意义的学习'，而其学习场所也不限于家庭、学校、文化中心或企业等。大凡被个人或集团可以加以利用的一切教育设施及资源都应被包含在内"。[①]

对于终身教育比较普遍的看法是："人们在一生中所受到的各种培养的总和"，它指开始于人的生命之初，终止于人的生命之末，包括人发展的各个阶段及各个方面的教育活动。既包括纵向的一个人从婴儿到老年期各个不同发展阶段所受到的各级各类教育，也包括横向的从学校、家庭、社会各个不同领域受到的教育，其最终目的在于"维持和改善个人社会生活的质量"。

---

① Elisabeth Cailet. Education permanente et formation desadultes, 1988, Paris.

归纳国内外一些比较有代表性的观点，从中可以看出，尽管有各种各样的不尽相同的解释，但其内涵都有某些共同的特征：（1）终身教育的对象是所有人，全体社会成员都是教育的对象；（2）终身教育是一种思想或理念，它的意义和范围投射在三个概念上——终身、教育、生活；（3）终身教育是贯穿人的一生，包括人生的各个阶段——婴幼儿、青少年、中年、老年等一个人一生的生命周期的教育历程；（4）它的方式途径和涵盖面具有多样性；（5）对个人或集体有所提升，终身教育的活动除了传授知识外，往往会与社会的文化活动与个人的实际生活环境、个人的教育需求的满足联系在一起，它是建立在民主化、普及化的教育理念上，它的最终目的就是提高人的整体素质和生活质量，促进社会的发展和进步，建立学习化社会，因此，终身教育的实践有助于个人或集体素质的提升。

综上所述，我们可以说终身教育是致力于为所有人提供学习的机会，教育机构不再局限于传统的学习机构。因此，可以说终身教育是一个人在一生中所受到的各种教育的总和，其核心思想是学习应该贯穿人的一生，从幼儿教育到老年教育，都被纳入终身教育。终身教育包括所有形式的教育，如学校教育、家庭教育、社会教育、网络教育、成人教育、职业教育、继续教育、业余教育等以及各种层次的教育，是一种全纳教育。它强调人的一生中需要持续不断地接受教育，在不断适应社会发展需要的同时，也提高自身的内在素质，共同推动社会的和谐、发展和进步，共同创造人类的文明。

二　终身教育的特点

1. 终身性。终身教育的首要特征就是终身性，即从呱呱坠地的婴儿到垂垂暮年，教育都应该在人类生活中发挥重要作用。现代社会知识更新速度更快，科学技术发展更迅猛，人们在过去几年所学的知识在迅速被淘汰和更新，这就要求人们必须不断地学习与再学习。不断更新和补充自己的知识，才能立于这个日新月异的社会而不被时代的洪流淹没。在这种不断学习和再学习的驱动之下，是否掌握有效的学习方法，在海量的信息面前是否有选择和判断的能力，显得至关重要。另外，起着社会导向作用的政府，也要积极发挥其作用。除了宣扬终身教育思想，大力普及终身教育之外，更应当开展各种形式的教育，使广大人民在这个知识的时代激流勇进。

2. 自觉性。终身教育的自觉性是针对一个人在成长过程中所需要的教育而言。它通常是指人们的主体自我意识的自我选择的结果，不带有任何外在的强制性。其根本理念是提倡自觉学习，学习成为一种乐趣，成为一种丰富业余生活的重要方式，这深深地契合了学习型社会所强调的："学习的最终目标就是使自身的'贤、乐、善'得到完美的体现。在这里，独立自主的学习活动与'人生真正价值的转换'的目标是联系在一起的，因而它是一个充满愉快、活力和快乐的过程。"① 根据个人的兴趣、爱好、发展等需要，自由地选择学习内容，自由地运用学习方法，这才是教育的真谛。

3. 平等性。终身教育的目标是改革长久以来存在于教育领域之中的"锁闭与僵硬的""以学校教育为中心的""封闭型的教育制度"，期待建立有活力的、现代化的、有弹性的"开放型教育制度"。在这种目标之下，教育对象也不再局限于青少年学生，即将出生的婴儿、在职的中年人、退休后的老年人等，不论性别、年龄、种族，在本人的意愿和社会的有机引导下，都可以依据自己的兴趣和志向，平等地接受教育。终身教育为所有人提供各种学习机会，以促使贯穿人的一生的教育成为可能，从而实现人的自由而全面的发展。

4. 普遍性。在平等性的基础上，每个人都应接受终身教育，人人都有受教育的权利。传统上，人们将教育局限在学校教育这一形态上，认为在学校进行的教育才是真正的教育，教育对象也以青少年为主，在学校学业完成之时，也同时宣告教育终了。而现代终身教育则完全打破了这一传统落后的思想，终身教育渗透到社会的各个层面，强调学校、家庭、社会等所有具有教育性质的机构都应该成为终身教育实施的平台，社会中普遍存在的事物都可以成为其教育的内容和形式，都具有教育属性。正如郎格朗提出的："社会应对每个人所处的学校、家庭、工厂或训练机构等不同场所，以及对于他们在不同的阶段所接受的教育过程进行统合及协调而做出的努力予以必要的援助。"不论是口口相传的非正规教育，还是建立学校开始的正规教育，都属于终身教育。终身教育囊括各级各类各种形式的教育，包括各种正规的、非正规的和不正规的教育形态，各种学历、非学历教育都成为其重要内容。终身教育提倡的学习内容不应以个人的职业或专

---

① 吴遵民：《走出"学习型社会"理解误区——兼论哈钦斯"学习社会"思想的本质与特征》，《上海交通大学学报》（社会科学版）2003年第6期，第75～79页。

业为限制，广泛的教养教育、道德教育、体育以及一切现代学问等都应包括在必须学习之列。因而，在终身教育时代，人人、事事、处处、时时都在进行教育。

5. 多样性。终身教育的形式和途径都是多样的。它追求专业和自我实现的整合和协调统一，包括学校教育、家庭教育、社会教育、网络教育、成人教育、职业教育、继续教育、业余教育等各种层次的教育，是一种全纳教育。这些教育里还包括职业所需的技能知识、品德修养、智力开发、审美打扮等素养。

6. 开放性。终身教育的教育并不只是局限在教室内，这是一种开放式的教育。它相对于传统的学校教育而言，任何人可以在任何的时间和空间内学习，没有时间、地点、区域的限制。终身教育的开放性，允许更多的人得到他们想享受到的学习，留给他们相当多的空间根据自己的兴趣爱好或者需求来施展和拓展自己的才能，去思考自己真正需要的是什么。

7. 灵活性。每个人都有自己的人生，每个人一生所追求的生活也不尽相同。因此，终身教育的内容和方式也是灵活多样的。"当人们谈起教育问题时，头脑中总是在考虑那四周围墙的校园，整齐划一的教室，按部就班的课堂教学和天真幼稚的儿童们。"① 很明显地可以看出这是一种将教育局限于学校之内、青少年之间的狭隘的教育观念，它束缚了教育研究的视野。终身教育打破了原有教育中不合理的规定和限制，它的学习是有弹性的。它尊重每个人的个性和独立性，重视个体的自主选择和自主发展。在不同的学习形式和途径、时间和地点、进度和方法等方面可以因材施教、因人而异。学生可以自由安排自己的学习，尽可能地减少学习的障碍，最大限度地发挥学生学习的积极性和创造性。

三 终身教育的作用

1. 促进人的发展与完善

终身教育对教育有了全新的认识和理解，它是以人的发展为核心的，真正体现了以人为本的思想。人具有主观能动性和自主选择性，从出生开始，就渐渐地被社会化而成为一个健全的、适应社会的人。每个人都有追求发展与完善自我的理想，教育就是实现这一理想的重要而有效果的途

---

① 乔冰、张德祥：《终身教育论》，辽宁教育出版社，1992，第35页。

径。然而，传统的学校教育不足以实现这一理想，只有通过一生不断地接受教育，不断地自主学习才能实现。

终身教育首先是在为实现高质量的生存境遇而学习。现代社会是一个高速发展的竞争的社会，一个人只有保持生存的警觉性，坚信知识改变命运的真理，通过终身教育，经过不断的学习过程，才能不断地强化个体的竞争能力，才能促进自我的发展与完善，并在争取高质量生存境遇的竞争中立于不败之地。

作为社会主体的人，是社会物质财富与精神财富的创造者，是推动社会发展的力量，只有围绕人这一主体开展的终身教育，才是真正促进人的发展与完善的教育。终身教育是通过培养人们终身学习的态度，使学习成为一种修身养性的手段，在学习过程中愉悦身心，净化心灵，这才是终身教育最终的追求。

2. 促进社会的文明与进步

自人类社会产生以来，随着社会生产力的发展，社会正一步步地朝着文明与进步的方向前进。然而，社会的文明与进步不是单纯地指物质文明的突破，而是更进一步表现为精神文明的发展与进步。只有作为国家软实力的精神文明得到发展，并提高社会的人文价值和素质，才能更深刻地促进生产力的发展。然而，社会精神文明的发展与进步靠的是教育与学习。我们要改变将学校视为唯一教育机构的陈旧思想，使教育超越学校教育的局限，进而扩展到人类社会生活的整个空间。人们只有不断地完善和发展终身教育，养成终身学习的习惯，才能提高全人类素质，造就社会的文明与进步。

3. 促进学习型社会的建设

学习型社会的核心内涵就是全民学习、终身学习，它是以不断地学习作为社会发展的根本动力。在信息大爆炸的现代社会，如果个体不加强学习，提高学习能力，必将落后于社会的发展。在建设学习型社会中，应当加强每个个体的学习能力，面对信息大潮的冲击，积极主动地学习知识，这是现代社会对人的学习能力的基本要求。正如美国学者赫钦斯在《学习社会》一书中所说："每一个公民享有在任何情况下都可以自由取得学习、训练和培养自己的各种手段。"的确，教育和学习不仅是一种义务，更是一种对社会的责任。法国学者埃德加·富尔也提出："教育不再是某些杰出人才的特权或某一特定年龄的特殊活动，而是越出了传统教育的规定界限，在时间和空间上，正日益朝着包括个人终身和整个社会成员的方向发展。"因此，学习型社会是人类社会进步发展的必然趋势，学习型社会将拥有更强的竞争力。在终身教育的影响下，学习将成为人民的基本需要，成为一种社会风气，成为一种基本的生活方式。学习不仅是人们获得和提高物质生活水平的保障，也是人们的精神归宿。学习将使人们更加充实地生活，体验生命的意义。通过学习，不断创新，增强社会发展的动力，同时也增加了社会内部的活力，提高了社会的竞争力。

总而言之，终身教育是实现学习型社会的必然途径。在创建终身教育体制的同时，必须完善学习型社会的建设，促进学习型社会的形成。不断地学习将成为人类的基本需求，成为一种社会群体的习惯，成为全体人类的生活方式。通过终身教育理念的倡导，激发起人们学习的热情与积极性，形成人人爱学习的社会氛围，这将成为 21 世纪的潮流。

四 终身教育与循环教育的关系

1. 终身教育是关注人的循环教育

终身教育是指一个人的一生所受到的所有教育，它侧重于个人。具体而言，它是包括纵向的从胎儿时期起到婴幼儿时期，再经历青少年期、中年期直到老年期的一个人一生在各个阶段所接受的教育，或者是包括横向的家庭教育、学校教育、社会教育在内的各种正规的、非正规的教育形态。从教育实施的空间与时间来看，终身教育实施的空间（或横向教育）有：家庭教育、学校教育、社会教育等；终身教育实施的时间（或称纵向教育）则是指人的一生自出生到死亡所接受的教育。由此看来，终身教育是关注人的循环教育，人的一生是不断接受教育的过程，反复接受各种形式的教育，这本身也是一种循环教育的表现形态。不过，本书更多地关注教育资源，而不是关注教育客体的教育情况。

终身教育不会因为学校教育的结束而终止，有限的人生应与无限的教育联结在一起，而且对此应给予制度上的保障，并强调对教育权利的终身保障。终身教育思想以学习者为中心，强调个体学习的自主性与主动性，循环教育是通过统筹协调各级各类教育形态，通过提供丰富多样的教育机会，惠及各类群体，尤其是对经济相对落后的地区，通过循环教育促进教育资源的循环流动。这可以让更多的师资人才、退休教师到乡村支教，也可以将城区学校更新下来的但还能很好使用的硬件设施再送到条件相对艰苦的学校继续使用。这是实现学习者自由学习的重要途径，也是实现终身教育的重要手段。循环教育的统筹实施，要求打通原有的普通教育、成人教育、职业教育之间的屏障，并实现与各种社会教育的沟通，形成立体的教育网络。循环教育强调社会教育，指出具有教育性质的社会机构都应提供教育，都应成为终身教育的载体。如企业作为社会经济发展的主力军，其企业教育作为成人教育的重要形态之一，表明了参与终身教育组织化过程的主体之一的企业不仅是生产和劳动的场所，也应成为学习的重要场所。又如人们聚居生活的社区，其具有学校、家庭等多种教育主体无法比拟的优势，是开展循环教育及终身教育的重要载体，应通过开展社区教育促进终身教育的发展。

2. 教育资源的循环利用为终身教育提供了平台

终身教育提倡教育的终身性，它的对象是全体社会成员，这就大大增加了教育的财政压力。但循环教育提倡的是整个社会大环境下的教育循环，其中包括"软件"储备：首先，现在国家规定的教师退休年龄是比较早的，一般退休教师在退休的时候身体还比较健康，这就可以让他们继续从事老年教育，而且他们也可以在老年大学里学习他们感兴趣的课程，退休教师也可以到农村与边远地区支教。这样既可以避免突然退休带来的孤独感，也可以推动终身教育事业的开展。其次，针对中国教育的城乡差别、地区差别，城市中与发达地区的优质师资完全可以到农村或边远地区支持当地的教育事业，采取每两年或三年轮岗一次。一般可采取教师下乡支教或者是学校之间互派教师相互学习，也可以通过梯度调节来支援教育，不仅可以使退休教师得到锻炼，而且可以使更多人受到教育。最后，通过教学资源的社区共享，可以大大地节约人力、物力与财力，还能提升相对落后地区的教育质量和水平，在节约资本的前提下，提升了落后地区的总体文化素质水平。除此之外，在硬件设施的循环利用上，可以做好包括教学器材、校舍等设施的循环利用，以及课本教材、实验器材的循环再利用。目前教材的使用是一次性的，考完试就当作废纸处理了，其实大部分教材还是可以留给下一届学生继续使用的，有的同学的教材甚至学期结束时还是崭新的，这是一种浪费的行为。同时实验器材也可以再利用，如旧电脑、桌椅等也可以捐给边远学校使用。

总而言之，终身教育的理念是就个体受教育而言的，而循环教育的理念是就实施社会教育而言的。终身教育与循环教育相辅相成，均需要通过依托社区教育相连接，只有终身教育和循环教育在社区中同时落到实处和协调发展，才能真正建立起学习型社会。

第二节 社区教育与循环教育

社区教育是指居民在社区就能够得到各种学习机会，以利于提升居民素质与社区建设水平，因此，发展社区教育必须要有丰富开放的社区教育资源体系。社区教育资源一般来说可分为两大类：显性教育资源与隐性教育资源。前者即为社区内的各级各类学校、培训机构、教育场所等，另外还包括公共场所、文化站、图书馆、医疗站、宣传窗等；隐性教育资源即为社区意识、社区归属感、良好的社区氛围、社区互助等。循环教育主张提高教育资源利用效率，对于社区来说，要增强社区教育资源的共享性，以促进社区教育的发展水平。

一 社区教育的内涵及本质

我国的社区教育兴起于20世纪80年代中期，经过30多年的发展，社区教育的理论与实践框架已基本成型。一般认为，社区教育即在一定区域内利用各种教育资源，开展的旨在提高社区全体成员整体素质和生活质量，服务区域经济建设和社会发展的教育活动。社区教育是实现终身教育的重要形式和建立学习化社会的基础，这种教育形式体现了教育发展与社区经济社会发展之间的动态平衡，发展社区教育成为教育发展的重要方向和目标，也成为推动社会发展的重要途径和手段。

2006年颁发的《社区服务指南第3部分：文化、教育、体育服务》（中华人民共和国标准）定义的社区教育的内涵是："在社区中，开发、利用各种教育资源，以社区全体成员为对象，开展旨在提高成员素质和生活质量，促进成员的全面发展和社区可持续发展的教育活动。"由此看来，社区教育是面向社区所有年龄的人群而开展的，由在正规学校系统之外开展社会、娱乐、文化与教育等方面活动的部门所进行的、旨在促进社区生活的活动。全国社区教育可分三类：第一类是以一所学校为中心，连接所在社区的部分工厂、事业单位与政府部门共同组成的社区教育委员会；第二类是以社区为中心，由街道办事处或区级政府牵头，社区教育机构等企业单位共同参与组建的机构；第三类是以工业区或农业县为地域的社区教育，旨在加强企业、农村未来劳动者素质的培养和社区文化建设的机构。

发展社区教育要以社区为本。是指社区教育应以社区发展为本位，应是一种社区发展的行为。在计划经济背景下，社区教育是政府教育体系的衍生，其实质是一种政府行为。随着市场经济体制和政社分开机制的实行，社区逐步成为一定空间范畴内的社会生活的共同体，从而要求社区教育回归为社区发展行为，与社区发展同步进行。具体而言，社区教育应立足社区、服务社区，为促进社区发展服务，将为社区可持续发展服务作为社区教育的出发点和归宿。

发展社区教育要以社区居民的终身发展为本。生长在社区中的人，发展离不开社区，社区成为个体发展的载体，同时，人的发展也是社区发展的主导因素和最终目标。社区教育以促进社区人的终身发展为目标，通过社区教育活动，提高社区居民的知识和文化素养，开发居民的潜能，使其能够自我发展，服务社区与社会，实现个人价值与社会价值的双赢。

二 国外社区教育概况

严格的"社区教育"一词是 20 世纪初由美国人德威（Deway）提出的，美国作为世界上最发达的国家，有着世界上最完善的社区学院系统，它凝结着美国社区教育的基本特色，建立了充满生机和活力的人才机制。社区学院有着与传统的正规大学不同的教育职能，它是一种非正规的社会教育服务系统，其最根本的责任在于根据国家经济和社会发展趋势对劳动力市场及其技能开发的需要做出反应，是工作场所人力资源开发的主要提供者。

美国社区学院面对的是社区各界立体式的教育需求，普遍具备职业技术教育、补偿教育、非学历教育，大学转学教育和普通教育五大职能。职业技术教育比重最大，主修职业技术学科的学生占全体社区学院学生的一半以上；补偿教育在提高成人基础文化程度、扫除功能性文盲方面起着重要作用；大学转学教育是为有志进大学深造成才者开辟的通道；社区非学历教育是指那些不计学分、不发文凭、不授学位的教育服务，内容包罗万象；普通教育的目标主要是使学生获得行使公民权利与义务的能力，培养独立思考和解决问题的能力。

日本社会教育与社区教育的概念相似，日本是将其作为终身教育的主要方式来认识界定的。1949 年颁布的《社会教育法》把社会教育定义为：

除《学校教育法》所规定的学校教育活动之外，面对社会上全体成员所实施的有组织的教育活动。实际上它是以终身教育为宗旨，按成人前期、成人期、高龄期划分，在人的不同年龄阶段，通过社会教育产生多种教育机能；以推进国民的社会教育活动为目的而设置的教育机构，依托各种专门设施开展一切有组织有计划的学习活动及广播电视教育活动。

北欧民众教育即社区教育，北欧地区（包括冰岛、丹麦、挪威、瑞典和芬兰五国）既是世界上经济高度发达的地区，也是最早开展社区教育的地区，它们强调通过教育的力量，使社区民众自觉地、自主地参与改善社区政治、经济、文化生活的过程。丹麦民众教育家柯隆威于1844年在丹麦名叫罗亭（Rodding）的乡村成立了世界上第一所民众中学，他提出用教育的力量来激发民族精神，促进民族自强，进而达到改善人民生活的目的，用人文主义的精神来弥补人民受教育太少的缺陷，强调把民众中学办成"面向生活的学校"，他的办学思想和传统，深刻地影响了北欧教育和北欧的发展进程。

国外社区教育的主要组织形式有北欧的民众学校和学习小组，美国的社区学院，日本的"公民馆"。民众学校分为民众中学和民众大学，民众中学是一种实施成人普通文化教育的机构，包括成人中等普通教育、成人中等职业教育，以及少量的中学后成人教育，该机构不需要入学资格证明，不设入学和结业考试，学生最终可获得继续升入高等学校深造的资格。民众大学是以实施成人高等教育为主，兼施成人普通教育的社区成人教育机构。学习小组是一个自主学习单位，拥有自己的教师和领导，采取自学和研讨的学习方式，自定科目、内容和教材，无统一模式，并可申请政府补贴。

三　中国的社区教育与循环教育的关系

社区教育的基本特征在于社区能够时时处处为社区成员提供学习机会，是一个没有学习障碍的社区，因此必须要有丰富开放的社区教育资源体系，而倡导社区教育资源共享是开展循环教育的重要方面。

社区教育资源一般来说可分为两大类：显性教育资源和隐性教育资源。显性教育资源即社区内的各级各类学校、培训机构、教育场所，以及社区内的公共场所、文化站、图书馆、医疗站、宣传窗等；隐性的教育资源即为社区意识、社区归属感、良好的社区氛围、社区互助等。社区内的显性教育资源是社区教育活动中的主阵地，所以必须重视这些显性教育资源的对社区开放，才能使社区教育资源得到充分利用和共享，服务社区的教育需要。社区学校教育资源向社区开放的有关规定是社区教育资源共享的一个重要举措，地方政府要明确开放学校设施的时间，并向全社会公告。各校应确定开放设施的管理人员，并公布管理人员名单和活动细则，管理人员应做好活动记录，及时清场和检查。学校教育设施的开放为推进全员参与社区教育活动提供了方便的活动场所。

据福建省教育厅官网报道，在2007年9月初，福建省泉州市丰泽区第二实验小学与当地社区圣湖社区居委会签订共建协议，双方通过彼此向社区居民和学校师生开放公共文化教育场所，以实现"资源共享"。丰泽区第二实验小学为丰泽区直属小学，学校坐落于环境优美、配套齐全的国家级绿色社区——泉州圣湖社区，学校设施完善，办学质量优良。向社区居民、学校师生开放的公共文化教育场所包括运动场所、阅览室、报栏、文艺舞台等。学校操场在规定时间内面向社区居民开放；学校定期选派优秀教师为社区居民作专题文化辅导；学校选送优秀文艺节目参加社区组织的文化活动或代表社区参加市、区级比赛等。社区选派优秀居民代表担任学校的校外辅导员，加强对学生思想道德教育和科学文化教育；定期举办家庭教育讲座，提高居民的家教水平；定期举办公益性专题宣传教育活动，引导学生做文明守法的好公民；为学校的社区居民家长提供定时接送、保洁等家政服务，解决家长的后顾之忧。双方签订共建协议，将使社区居民、学校师生在实现"资源共享"中达到"双赢"。

在开展社区教育工作中，我们也认识到，只有盘活、整合社区教育资源，才能实现资源共享；也只有夯实了社区教育资源，才能满足社区教育多元化的需要。因此，为了保证社区教育工作的有序进行，社区学校建立了必要的制度，用以规范和确保教育资源共享。所以只要用心挖掘，合理使用，充分发挥其功能，社区的教育资源将可以发挥巨大的作用。

第三节　福建省村级社区学习中心构建案例

一　构建乡村社区学习中心的背景

村级社区学习中心是建立在乡村社区，为社区全体村民提供学习科学文化知识，提高村民文化素质的场所，它是终身教育与社区教育落实到农村社区的平台。标准的社区学习中心应当拥有图书室、报刊阅览室、网吧、培训活动室、村史陈列室等，除向村民提供图书报刊阅览之外，还提供上网、信息咨询、专题培训与村情村史展示等服务。简易的社区学习中心是指拥有图书室，图书数量不少于 2000 册，阅览室面积不少于 20 平方米。中等规模的学习中心在图书室之外，还应当有电脑室，提供上网服务。各地村级社区学习中心构建模式有多种方式，有的依托乡镇文化站，有的依托乡村中小学，还有的依托村委会与村老年协会。

自 2005 年，在政府号召与民间机构支持下，福建省各地陆续建立起以农家书屋为核心的乡村社区学习中心。如福建省政府教育系统关心下一代工作委员会、中共福建省委文明办、福建省读书援助协会等政府部门与民间组织至今已在全省建立了"爱心图书室（馆）"3000 个，读书援助示范县 8 个，总计捐书 500 万册，解决了 280 万农村中小学生在课外阅读中存在的图书短缺的困难。① 省级财政还给每个行政村文化协管员下拨每人每月 100 元劳务报酬。福建省人民政府在 2011 年发布的《福建省"十二五"文化改革发展专项规划》提出建设文化强省的发展战略，计划到 2015 年，建成比较完备的省、市、县（区）、乡（镇）、行政村五级公共文化服务体系，实现"县有博物馆、图书馆、文化馆、数字电影院、剧院"，"乡镇有综合文化站""社区有文化活动中心""村有文化活动室、农家书屋"。据本课题组估计，至 2011 年底，全省建成的农家书屋有将近 5000 家，全省行政村约有 60% 拥有乡村图书室。由此看来，到 2015 年村村有农家书屋的计划基本上能实现。

当前福建省农村社区终身教育与村级社区学习中心已有一定的发展规模，亟须总结经验，概括出发展模式，发现问题并解决问题，为下一步农村社区教育发展打基础。模式是指某种事物的标准形式或使人可以照着做的标准样式。模式确立了，开展农村社区教育的套路就清楚了。因此，有必要对各种村级社区学习中心的发展模式进行典型的案例调查研究，以促进乡村图书室可持续发展。

---

① 高建进：《大爱无痕，书香有情——福建省"捐书助学献爱心"工程纪实》，《光明日报》2009 年 4 月 8 日。

二 村级社区学习中心构建的典型案例及存在的问题

构建村级农村社区学习中心要依托已有的各类组织机构，通过社区居民的参与、机构的支持、民间组织负责等方式共建村级社区学习中心，解决学习中心活动过程中所需要的场所、经费、管理问题。本课题组通过近几年在福建乡村田野调查搜集到的一些构建乡村社区学习中心的案例，经整理归纳分析，将其分成以下五种构建模式。

1. 以乡镇文化站作为村级社区学习中心。乡镇文化站通常由政府拨款，经费较为充足，设施齐全，可以改造成为村民读书看报和进行农业技术培训的村级社区学习中心。乡镇文化站可以就近辐射多个村落社区，成为村级社区学习中心发展的榜样。2007 年福建启动的为民办实事重点项目——每年百个乡镇综合文化站改造完善工程，为乡镇文化站配置图书室与电脑室。① 由此，一些乡镇文化站得到升级改造，这也可以视为地方政府发展社区终身教育工作中的重要举措。

典型案例：以南平市延平区的樟湖镇文化站为例。樟湖镇文化站位于樟湖镇政府驻地，该地有连为一体的四个行政村，文化站图书室藏书近两万册，另有报刊十多种，除此之外文化站还有阅览室（兼培训室）、网吧、棋牌室、乒乓球与桌球室，另外还有镇史展览室等。除图书是免费借阅外，其余活动都收费，带有商业经营性质。文化站学习中心经费主要来自镇政府，另外还有营业性收入作补充。由于集镇居民人口众多，中小学也在集镇上，因此学习中心读者较多。

2. 以驻村中小学校图书（馆）室为依托的村级社区学习中心。该中心通过村校合建图书阅览室，并免费向村民开放的形式，解决村民"读书看报难"的问题，这种方式能有效地发挥教育系统在农村地区终身教育工作中的优势。这种类型的社区学习中心主要采取村委会与学校共建筹资，同时，也得到热心公益事业的村民的资助，由于储藏图书较多，管理规范，中心使用效果较好。

典型案例：闽侯县青口镇青圃中心小学图书室。青圃村落社区拥有连为一体的六个行政村，户籍人口近 2 万，中心小学有学生 400 多名。在青

① 苏功庭、蔡茂楷：《文化新风吹拂八闽新农村——福建大力加强农村文化建设纪实》，《农民日报》2008 年 11 月 29 日第 5 版。

口镇政府推动下，中心小学通过自购与外部捐助建立起乡村图书室，拥有图书 1 万多册，常年订阅 20 多种报刊，还设有电子阅览室，有两台电脑可以阅读电子图书或上互联网，另外还配有打印机与扫描仪。学校老师兼图书管理员，图书借阅实行图书软件管理。图书室除满足对学生开放外，还为青圃六村村民提供借阅服务。面向村民开放两年来，已为村民办理借书证近 100 本。

3. 以村庄老年协会为依托的村级社区学习中心。这一类型显示了民间社会团体在农村地区终身教育中的支持作用。福建乡村基本上村村都有老年协会。老年协会活动场所大多设立在村庙或祠堂中，经费由老年协会、村委会或热心公益事业的村民、海外华侨资助。老年协会活动场所内大多配备有线电视、VCD 机、报纸杂志、麻将等。某些老年协会下面还有读书会、由村庄妇女组成的腰鼓队、中老年男性村民组成的十番吹乐队，以及青壮年男性组成的龙舟队等，为丰富村民的业余文化生活提供服务。①

典型案例：龙岩市永定县高陂镇北山村老人协会的读书社。龙岩市永定县高陂镇北山村老人协会较活跃，为了丰富村民的业余文化生活，在2000年该村老人协会在永定县电力公司协助下及本村籍作家张胜友的支持下建立了一个读书社，目前该读书社拥有图书近 3000 册，另订有报刊 2 份。老人协会活动室还有电视机、VCD 机等设备，村民来此还可以看电视、聊天。读书社经费来源主要靠村委会拨款与社会捐助。读书社在老人馆的外墙上设有光荣榜，内容有"成才""公德"（布施）、"尊老爱幼"（含孝子贤媳）、"荣誉"（如参军、受奖）、"致富"等榜样，这些榜样分别展示北山村村民在读书成才、社会工作与生活方面的典型，用以扩大先进村民积极的影响。②

福建乡村老年协会活动中心往往设在村庙与祠堂里。随着现代农业的发展与生活水平的提高，福建省农民闲暇时间增多，但很多农民在闲暇时间中却参与打麻将、购买地下六合彩等不健康的娱乐休闲活动，农村老年协会活动馆、村庙与祠堂等公共生活空间成为麻将馆、赌博场所的很多。③这种情况亟须扭转，基层政府部门应加强引导，将这类场所改造为村级社

---

① 甘满堂：《乡村草根组织与社区公共生活》，《福建行政学院学报》2008 年第 1 期。

② 廖建林：《老年人协会与村级社区学习中心构建——以永定县北山村老年人协会为例》，福州大学社会学系 2009 届本科毕业论文。

③ 甘满堂：《海峡西岸和谐社会建设》，海风出版社，2008，第 288 页。

区学习中心，引导村民多读书、多看报，参加积极向上的休闲娱乐活动，为提高村民科学文化素质服务，为乡风文明建设服务。

4. 以村委会为依托的图书室，此类图书室多由外界捐助。村委会办公楼中，管理员也是村委会成员。这是村委会响应上级号召而建立的，这在目前农村具有一定的普遍性。

典型案例：尚干镇洋中村村委会在村委办公楼建立了图书室，通过接受捐助与自购，拥有3000多册图书。村委会还将村两委订阅的报刊放在图书室中供村民借阅，并委派村文书担任管理员。经费来源主要是由村委会负责解决。图书采取现场阅读方式，不提供外借服务，图书室内还有规章制度，这是中共闽侯县委宣传部与县文明办统一为全县农家书屋定做的。

5. 以私人图书馆为依托的村级社区学习中心。本课题组在调研过程中还发现富裕起来的村民多自办图书馆，并免费向村民开放，福建沿海多数县市都能找到这样的案例。

典型案例：闽侯县南通镇帮道村通洲图书馆。2004年，帮道村退休教师郑瑞贞女士利用丈夫开办企业获得的利润以及家族捐资，创办了私人图书馆——通洲图书馆，内设电子图书室、藏书室、书画室、阅览区等，现有各类藏书10万多册和10多台电脑。图书馆每天免费向村民开放，已为村民办理借书证300多本。郑瑞贞创办图书馆的初衷是想改变村民闲暇时赌博的恶习，以及中小学生迷恋电脑游戏的现状，目前已收到一定成效。图书馆每年都投入2万多元用于添置新书、订阅报刊，另外，他们还自费每月出资550元聘请人照看图书馆。郑瑞贞老师的个人行为也感动了周边的人，一些单位与个人也赠送书籍以丰富馆藏。

在调研过程中，本课题组还发现福建民间捐助图书室现象已蔚然成风，如在福州地区侨乡长乐、福清与马尾等地，闽南侨乡晋江、石狮、南安等地，海外华侨积极捐助乡镇社会公益事业，捐建乡村图书室成为时尚。在闽南侨乡南安市梅山镇蓉中村有座国家一级图书馆——李成智公众图书馆，它由爱国华侨李成智独资捐建，馆舍建筑面积3000多平方米，藏书12万册，辐射周边10多个乡村。南安市蓉中村也成为全国乡村文化建设的模范村。

在以上五种村级社区学习中心中，乡镇文化站学习功能最齐备，是标准的农村社区学习中心，但乡镇文化站服务辐射范围通常是集镇以及周边乡村，远离集镇的乡村则难以享受到乡镇文化站的服务。老年协会与村委会所办学习中心相对简易，但利用效率不同，老年协会创办的学习中心利用率相对较高。在构建村级社区学习中心的过程中，依托民间力量是较好的解决方式，比较容易解决资金、场所与管理问题。因此，创建村级社区学习中心应当动员多种社会力量的参与，而不是政府包办。课题组在实地调研过程中，发现许多村级社区学习中心存在重建设、轻利用等问题，各方捐赠或订购的图书报刊成为摆设，严重影响图书室正常效用的发挥。通过采访及与有关政府主管部门交流，发现以"农家书屋"为核心的村级社区学习中心主要有以下四个方面问题，影响村级社区学习中心的持续发展。

1. 乡村图书室利用率普遍偏低。图书室管理依托单位不同，利用率也不一样。在乡镇文化站、村小学与私人图书馆（室）中图书利用率较高，有专职或兼职人员做图书管理员，每天都能对村民开放。因村老年活动中心也是社区公共活动中心，聘请有文化的老年人做管理员，开放有保证，图书利用率也较高。而建在村委会办公楼内的图书室因开放时间少而利用率低，一般只有上级检查时才对外开放，动员村民前来借书装门面，平时都将书锁在柜子里。我们在考察时发现，村委会图书室的图书外表看来都很新，显然很少被借阅。目前乡村图书室读者群体主要是中小学生，其次是中老年男性，青年读者较少。

2. 乡村图书室图书总量低，实用性的农业科技图书更少。多数农家书屋图书只有 2000 册左右，对于总量超过 2000 人的村庄来说，人均不到一册，其中适合农民阅读的书更少。现在乡村图书室大部分图书来自城市有关机构的捐赠，以致出现言情、武侠小说等休闲图书过多，与农业生产相关的图书偏少等问题。因乡村图书室经费有限，新增图书严重依赖外部捐赠，导致新书年增长量非常低，农民想借阅农业生产与养殖类的科技书籍很难。有些图书室只有图书，没有期刊报纸可供借阅。

3. 图书管理手段落后，多数图书管理员没有图书管理经验。一些乡村图书室没有做到图书编码登记和分类存放，使村民查找图书很不方便；有的因借阅时没有及时登记，造成图书丢失，为防止图书丢失，有的图书室就采取只阅不借的管理办法，使村民借阅十分不便。

4. 图书室经费短缺。按最低标准要求，维持一间乡村图书室年经费需要 5000 多元，其中包括最基本的新书采购费、报刊订阅费、管理员工资补贴费与电费等。现在省级财政对农村文化协管员（图书管理员）每月有100 元补贴，其他日常开支需要村委会负担。如果村财务拮据，则会导致村图书室无法订阅报刊，增购新书。[①]

三 村级社区学习中心持续发展的对策

构建村级社区学习中心是农村社区教育发展的重要工作，也是促进社会主义新农村文化建设的重要举措。在政府号召与民间机构支持下，福建省各乡村依托镇文化站、中小学、老年协会以及村委会等组织机构建立起以农家书屋为核心的乡村社区学习中心。在建设过程中也存在一些问题，必须予以解决，要做到既重视前期的建设工作，也重视日常的管理，以促进乡村学习中心的可持续发展。

1. 乡村图书室要维持正常的运营，需要落实日常管理所需要的场所、人员、资金等问题。笔者认为依托乡村中小学与村老年协会都是较好的托管模式。村校共建图书室，可以增加图书的使用率。由于学校图书室管理较正规，有条件的社区学习中心可以建在中小学校中，在满足学生需要的同时，也向村民开放。如果村级社区没有小学，依托在老年协会中管理也较好，这是因为老年协会场地面积较大，又是村民休闲娱乐中心，所以建立在村委会的图书室最好移交老年协会管理，图书室也应搬到老人馆（老年协会活动场所），按每月 100 元补助给老人，这样效果最好。老年馆是乡村公共活动的中心，还有电视、棋牌等娱乐设施，两者相结合，综合效益会更明显。现在农村老人馆都是麻将馆，如果将图书室建立在老人馆中，能有效引导村民形成读书看报的习惯，自觉抵制赌博等不良行为。

2. 做好图书采购与日常借阅管理工作。乡村图书室在添新图书前，要事前调查，掌握村民需求，把农民想看、爱看的图书购置进来，使乡村图书室成为提高农民文化素质与科技素质、促进农村经济发展、推动村民发家致富的知识殿堂。在当前的"文化、科技、卫生三下乡"活动中，有些地方政府组织县市区图书馆、企事业单位下基层，为基层图书室送书，这是好现象，应当加以推广，但需要注意的是，所送的书籍应当适合农民需要，不要将城市图书市场上的滞销书都搬到农村去，应当多捐赠与农民生产与生活相关的图书。在捐赠纸质图书之余，还应当鼓励捐赠电脑与电子图书，做到每个乡村图书室配备一台电脑，最好能上互联网。针对众多乡村图书室没有订阅报纸杂志的现状，建议村委会订阅的报纸杂志可以与乡

---

① 甘满堂：《如何让农家书屋常飘书香》，《福建日报》2011 年 4 月 1 日第 10 版。

村图书室共享，村干部在读完之后可以移交村图书室，供广大村民借阅。

县级图书馆、乡镇文化站等应加强对乡村图书室日常运营的指导，包括指导图书定购、培训乡村图书管理员等。图书管理也应采用电脑信息化管理，以提高图书管理效率。乡村图书室要采取灵活多样的管理方式，如开展与农业生产和农民生活相关的专题读书会，以吸引农民走进图书室，提高图书的利用率，使乡村图书室真正成为提高农民文化素质与科技素质、促进农村经济发展、推动村民发家致富的知识殿堂。

3. 多方筹集资金，加大对农村图书室经费支持的力度。针对乡村图书室经费紧缺的问题，县（市）乡（镇）两级政府应从发展农村文化教育事业的角度，确保每年都购进一定数量的新书，确保日常有维护经费，有专人从事图书管理工作。村级图书室的日常维护经费主要来自村集体与富裕村民的捐助。对于经济不发达的乡村，县级财政应当给予稳定的支持，确保乡村图书室可持续发展。

构建村级社区学习中心是农村社区教育发展的重要工作，各地方可以根据本村民间组织与机构发展情况，因地制宜，克服困难，选择比较适合本村实际情况的发展模式，推动村级社区学习中心的构建，丰富村民业余文化生活，提高村民的科学与文化素质，促进农村社区终身教育事业的持续发展，为社会主义新农村建设服务。

第四章 教学器材资源的循环再利用

所谓教学资源，是指一切为达到教学目标可以利用的资源，通常包括教材、案例、影视、图片、课件等，也包括教师资源、教具、基础设施等。从广义上讲，教学资源可以指在教学过程中被教学者利用的一切要素，包括支撑教学的和为教学服务的人、财、物、信息等。从狭义上讲，教学资源（学习资源）主要包括教学材料、教学环境及教学后援系统。我国的教育资源目前存在利用效率低、资源浪费的情况。提升资源利用效率对于促进我国教育事业的发展具有非常重要的意义。本章针对教学器材在循环教育原则下的再利用进行探讨，主要分为教材循环利用和实验器材循环利用两个部分。

第一节 教材的循环利用

一 教材循环的必要性

凡是有利于学习者增长知识或发展技能的材料都可称之为教材，它主要是指供课堂教学使用的资料，例如课本、教师编写的材料等。从广义角度看，教材指课堂上和课堂外教师和学生使用的所有教学材料，比如课本、练习册、活动册、故事书以及配套读物、音像带等。教师自己编写或设计的材料、计算机网络上使用的学习材料等都可称之为教学材料，教学材料的形式没有特别限定，不必限定于装订成册或正式出版的书本。狭义上的教材即教科书，教科书是课程教学的核心教学材料。教科书的循环使用是当前教材改革中的一个热议话题。

教科书的制作无疑是巨大的资源消耗。目前，每生产1吨文化纸，就要采用20多棵树，需要消耗100吨净水、600度电、1.2吨煤和300公斤化工原料，同时产生高浓度污水300吨。有关资料显示，2004年，我国造纸工业排放废水 32 亿吨，占全国工业废水排放总量的 18% 左右。而我国在校中小学生约 2.2 亿人，按每人每学期课本平均重 1500 克计算，每年的教科书用纸要消耗 1800 万棵树龄为 20~40 年的大树、5.28 亿吨纯净水、633.6 万吨煤、158.4 万吨化工原料[①]。值得关注的是，我国每年的树木总量在减少，每年用于制造再生纸浆的废纸，还要从国外进口。

课堂一日不可无书，教科书是学生日常学习的必需品。据新闻出版总署公布的数据显示，2005 年全国出版的图书、期刊、报纸总印张为 2231.67 亿印张，折合用纸量 524.45 万吨，与上年相比用纸量增长 7.9%。其中课本用纸占总量的 11.38%。教学用书与上年相比总印数增长 123.01%，总印张增长 122.52%，总定价增长 164%。然而，4858 种教学用书中，初版教学用书仅 1676 种，其余均为重版、重印书籍，约占总种数的 3/4[②]。

我国领土面积广阔，物产资源总量丰富，与此同时，我国也是拥有 13 亿人的人口大国，资源的人均占有率很低。据相关资料显示，我国人均森林占有面积为 0.128 公顷，仅为世界人均占有量的 21%，我国人均森林储蓄量为 9.048 立方米，相当于世界人均占有量的 12.5%。若我们能对教材进行循环再利用，以五年为例，仅此就可节约 528 万吨文化纸，相当于节省了 300 万亩木材、5.28 亿吨纯净水和 633.6 万吨煤。可见，教材的循环再利用势在必行，其对资源和能源的节省及合理利用有着重要意义[③]。

随着"建立资源节约型国民经济体系和资源节约型社会"这一战略目标的提出。节约资源、减少浪费成为国民普遍关注的问题。在 2007 年的"两会"上，教材的循环使用也再次提上了议程。推行教材循环使用是贯彻节约教育、建设节约型社会的具体举措，也是维护生态环境、保持经济可持续发展的措施之一。在教育物质资源的管理中，典型的符合循环经济理论的资源节约就是学生课本的循环利用问题。通过上述数据可见，我国的循环教育具有更大的价值。

---

① 周发清、闫禹涵、王茹、冉佳炫：《对我国中小学教材循环使用的思考》，《管理学家》2010 年第 9 期，第 235 页。

② 李倩、隆梦琦、徐悦、晏阳：《我国高校学生二手书回收循环利用研究——基于易班的网络渠道》，《教育学论坛》2013 年第 32 期。

③ 李倩、隆梦琦、徐悦、晏阳：《我国高校学生二手书回收循环利用研究——基于易班的网络渠道》，《教育学论坛》2013 年第 32 期。

从国家角度而言，它遵循了循环经济的要旨和科学发展观的精神，不仅减轻了国家财政的经费压力，提高了教育经费的使用效率，同时也有利于避免或减少教材垄断发行过程中出现的腐败行为。

从家庭角度而言，教材循环利用可减轻家庭的经济负担，学生书本费用的进一步减少，对有学龄期儿童的家庭尤其是贫困家庭的减负具有重大意义，从而保证了更多的孩子能够接受更好的教育。而且此举也有利于缩小城乡教育资源的不均衡。

从环保角度而言，教材的循环再利用，有利于节约资源，为我国的环保事业做出贡献，有利于改善生态环境，减少污染，这是一项功在当代、利在千秋的走可持续发展道路的事业。通过教材的循环利用，可以有效地保护森林树木的生长。在环保意识的提升方面，不仅能够让孩子们从小培养起珍惜资源、有效利用资源的意识，懂得珍惜书本、爱护书本，而且通过孩子的带动作用，可以有效地影响其周围更多的人。

二 教材循环使用的国外经验

国外实施教材循环制度使用已有多年，从其教材循环的实践可以看出，建立教材循环相关的制度保障，课本的循环利用不但可以节约大量的资金和造纸资源，而且能够培养学生节约资源的良好品质。在美国、德国、英国、加拿大等国，教育资源循环使用制度已实施多年并已形成传统，成为实现节约资源与环境保护的重要途径。

在国外，教材循环使用通常采取 3~5 年全面更新一次的做法，在这期间，所有教材都要循环使用。中小学生平时不得在教材上涂画，也不可以将教材带回家，如果学生把自己使用的教材损坏了，需要按照一定比例赔偿，因此学生使用教材时都会小心爱护。特殊情况下，教科书可以以租借的形式带回家使用，但需交付一定的租金。每个学期结束时，老师都需要对所有的教材进行回收和修复整理，对于小的破损自行进行修补，个别破损较严重的教材，学校会向相关部门申请经费购买新教材替换。一个循环期结束后，学校就会淘汰旧教材而代之以新购买的教材，旧教材全部被当作废纸进行回收处理[①]。在一些发达国家，教材循环使用多年，各国也有

---

① 国外是怎样让教材循环利用起的，http://www.edulife.com.cn/Archiver/shownews-30717.html。

自身一套比较成熟的教材循环使用制度。

在美国，教材采取公有制，是由政府免费提供，属于学校的共有财产，学生不可以将教材带出学校。教科书随课桌椅一起编号，不允许学生随意涂写。学生用书都是从学校借的，学期结束后归还学校。上课期间学生会有规律地换座位，但是课本放在座位上不挪位。美国的教材都包装印刷精美，纸张采取铜版纸，厚重结实，经过几届学生使用后还是整洁如新。正因如此，循环使用课本的制度早已在美国各州得到推广。目前美国中小学课本的平均使用寿命是 5 年，有些州甚至达到 8 年以上。由于中小学教材不可以带出学校，学生需要进行课外学习时，可以根据需要自行购买教材出版社出版的学生学习用书。对于出版社来说，每年学生学习用书的销售是一宗很大的生意，也是对教材出版收益的重要补充。由于学校每 3 ~ 5 年更新一次教材，因此出版社对于教材的出版也是以 3 ~ 5 年为期。同时为了保证学校对破损教材更新的需要，出版社也会按一定的比例保持库存[1]。

英国采取的是教材自愿回收制度。英国的教育体制为教材循环使用提供了条件。在英国，教育部门只大致规定一些学生需要掌握的知识，没有严格的教学大纲。因此，中小学并没有系统统一的教材，教学内容自由度较大，是由任课老师自主安排。英国的各个中学则会自行编写不同的教材。对教材的循环使用，政府不做硬性规定，各学校自愿进行此项活动，许多学校和学生家长主动出谋划策，提出他们认为回收课本最有效的方法，有效地促进了课本的循环使用[2]。

在澳大利亚采取的是教材借阅制度，学生入学时要拿着老师给的书目和自己的借书卡到学校图书馆借书，期末归还，下一届同学接着借阅。澳大利亚没有高考制度，学生根据自己的平时表现和阶段学分积累，最后按汇总成绩择优上大学，因此学生没有考试压力，也不需要带课本回家复习和收藏课本。如果循环利用的课本有修订，教师会将变化的内容以讲义的形式发给学生，或者放到校园网上供学生下载[3]。

巴西所有公立学校都实行教科书免费循环使用，并已经形成制度。开

---

① 国外是怎样让教材循环利用起的，http://www.edulife.com.cn/Archiver/shownews - 30717.html。

② 顾薪：《国外教材循环使用借鉴》，《上海教育》2006 年第 9 期。

③ 范小梅：《对中小学教材循环使用的再思考》，《教育探索》2009 年第 10 期，第 83 ~ 85 页。

学时学生从学校领取教材，平时教材可以带回家，学年结束再交还给学校，学校将教材消毒后发给下一批学生使用。校方并不要求学生做出不损坏教材的保证，而是通过教育的方式让学生养成良好的使用习惯。虽然会有丢失或损坏教材的现象发生，但所占比例很小。学校会复印损坏的书页，重新装订后再发给学生。因为循环使用教材已经形成制度，学生也习惯了使用笔记本和作业本的学习方式。[①]

三 国内经验

国外实施教材循环使用制度已经多年，已成为学校教育的一套制度。在我国，教材循环也并非新鲜事。但关于教材循环使用相关细节的讨论历时多年，仍始终是雷声大、雨点小。直到 2008 年，教育部规定，2008 年春季开学后农村中小学将循环使用教科书，该次规定纳入循环使用的教科书包括：小学的《科学》《音乐》《美术》（或《艺术》）《信息技术》；初中的《音乐》《美术》（或《艺术》）《体育与健康》《信息技术》。目前仅在成都、上海、南京等地开展了小范围、小规模的教材循环使用试验，教材循环渠道依然不畅。回收、保存、再分发制度尚未建立，其发展模式与管理机制都未成型。在高校当中，教材循环使用还停留在"跳蚤市场"的自发阶段。完全由校方组织系统性地推行教材循环使用则尚无先例。

教科书循环使用好处多多，不仅有利于减轻国家财政负担，减轻学校和家庭的经济负担，又有利于环保、节能减排，促进循环教育和节约型社会的构建。但是，在真正实施的过程中，却出现了一些不利因素。

第一，中小学教材循环使用与我国教学环境互相适应。在不同的教育体制下，或同一教育体制下的不同教学阶段，教材循环使用面临的问题都会存在明显的差异。在未来很长一段时间内，以应试教育和课堂学习相结合的教育方式还将在我国广泛存在，传统讲授式学习，使学生和老师都以教材为中心的做法还未从根本上扭转。老师在课堂上讲解课文时候，学生会把老师讲解的重点直接记录在课本上，圈点批注、做记号、写心得体会，以方便课后回家复习。"好记性不如烂笔头"是在学生中常听到的一句话，即使课上听懂了某个问题，仍要及时记录下来以备复习。

---

① 巴西：公立学校循环使用教科书 15 年来已形成制度，http://news.juren.com/200803/69030.html。

　　为了保证循环教科书的洁净，现在大部分学校硬性规定学生不能在书上做笔记，不允许弄坏弄脏教材，一下课就立即将书上交老师保管。这种规定让同学们对教材的使用产生了紧张感，担心把课本弄脏，注意力游离于课本之外。当然，也会出现做了许多笔记的教科书进行循环使用，这样本来需要由学生独立完成的作业，在有了课后答案后，使学生产生严重的依赖思想，导致学生上课不认真听讲，不积极思考问题，容易养成懒惰、散漫的学习风气。另一部分习惯课后复习的同学认为，别人用过的教科书不利于预习和总结，思维会受固有答案的影响，有一定的局限性。

　　第二，教材循环使用面临着操作流程及标准不明晰、规范缺失的问题，甚至解读相关政策容易产生隐性冲突和抵触，这必然导致教材循环使用的困难，出现前后矛盾、无所适从的状况。这也反映出教材循环使用这一政策出台的仓促，决策的科学性不够，未能形成全面统筹的支持教材循环使用的配套措施。目前，比较突出的问题有循环教科书的保管难度大和教材卫生消毒，这都尚未形成一套系统的制度模式。学校只能摸着石头过河，这无疑给学校的校务工作增加了负担，也给循环教材管理的科任老师带来很多苦恼。

　　（1）循环教材的保管难度大。一方面，国内的教科书相当容易损坏，保管起来有一定难度。国外教科书制作精良，通常是铜版纸彩色印刷，一本教材的寿命为 5~8 年。而我国目前的教科书质量达不到国外的标准，例如参加教材循环使用的音乐课课本页码少、书脊薄，所以不能采用锁线装订的方式，只能沿用现有的骑马钉装订。这种装订方式不宜长期反复翻阅，否则容易出现书页脱落现象。现行教材的印装质量远远达不到国外教科书撕不坏、泡不烂的水平，只能教材人手一册、每学期用新书。

　　另一方面，义务教育阶段的学生年龄小，自制力较差，好玩好动，很容易造成教科书的损坏。从一些学校回收的教科书来看，教科书在使用了一个学期后便严重的残缺不全，有的甚至早已遗失。

　　（2）循环教材的卫生问题让人担心。教材本身带有很多细菌，而书籍消毒必须逐页进行，这种消毒水平目前国内的大部分地区尚难达到。循环教材的消毒，部分学校用紫外线灯对书本进行照射，但循环教材的消毒频率却不甚乐观，很多学校没有执行定期对教科书进行消毒的规定，大多数学校只是达到尽量干净的程度。如此，循环教材的卫生安全就存在较大的隐患。

以一个年级 4 个班，课程一周两次且上课时人手一本教材为例，由于流感病毒在纸质表面可以存活两周，如果一位学生感冒，就有 16 位学生有被传染的风险。更麻烦的是，由于教材是在年级内横向循环，这样的传染是跨班级传染，不容易隔离控制，很容易导致流感在学校内的广泛传播。而如果像很多学校那样，将一本书同时分给 5 ~ 6 个学生看，那么传染的范围和速度更会剧增，两周内通过同一本书接触到感冒病毒的人数可能接近百人。

在推行教材循环使用之时，曾经设想的"定期消毒"，在现实中已成空谈，记者所采访的学校，都没有组织专人对大批教材消毒，有的学校甚至没有紫外线灯，根本不具备对教材进行消毒的能力[1]。

第三，循环教材使用中的相关者存在着不同的利益诉求。学校、政府、教材出版发行方、家长和学生都是影响教材循环使用的关键因素。如何在他们的利益冲突之间取得平衡，在不同层面达至融合，并形成有较强影响力和约束力的规定和政策，实现多方面的主动配合，这是教材循环使用推广中亟待解决的深层次问题。

从学校方面，推行循环教材是为了减轻学校的财政负担，但是同时也增加了学校的工作量，学校不仅需要使用循环教材的相关制度，而且要完成配套循环教材的保管、修补和消毒工作。回收后的教科书使用程度不同，新旧不同，每学期还有配备的 35% 的新教材该怎样公平地发放给学生呢？谁用新的，谁用旧的？作为老师，很难决定。如果草率行事，就会让有的孩子因此感到不公平，家长也会造成误会，有的家长则公开说："我的孩子是不能用旧书的，我宁愿出钱买书。"

从家庭方面，我国中小学校的教材都是由新华书店统一发行的，每年，中小学校的教材都会有些细微的变动。一些中、小学生不喜欢使用别人用过的旧书，家长也不愿让独生子女吃这个"亏"。循环教材虽然免去了学生的课本费，减轻了学生家长的经济负担，本应该受到广大家长的支持和鼓励，但绝大多数家长并非如此。许多家长认为，虽然从节约的角度讲，循环使用教材是好事，但现在升学的压力比较大，学生不可能不多翻看书，没了书，孩子怎么复习、预习？孩子们的自控能力本来就不强，没有教科书跟着一起"回家"，就更不知道干什么了。实际上，在一些学校，

---

[1] 宋平：《五年回首循环教材使用之惑》，《中华读书报》2010 年 12 月 15 日第 6 版。

部分学生家长要求再买一套教科书，留着自用。学生也因为无法把课本带回家，影响了回家后的延续学习。

从出版社方面，据有关人士分析，自实行计划经济起，依教材而形成的"食物链"上的出版发行方及相关利益群体，是使教材循环使用多年来仅止于纸上谈兵的最大原因。事实上，教材出版发行改革的火烧得如此猛烈，早就注定了教材出版发行者只有两个选择：涅槃或者燃成灰烬。一方面尽可能地把握住现有资源，另一方面积极开拓新的业务，这才是教材出版发行单位现实和理性的选择。

第四，教材内容及版本的快速更新，造成了教科书循环使用的困难。现在实行的课改，使教材很可能会出现今年和去年不同的情况。近年来，中小学教材平均每 3 年就要更新一次，这等于一名初中生从初一到初三毕业，他们使用过的教材便不能再被以后的学生使用。有的教材甚至在中途就要改版，例如，有些小学的六年级毕业生使用的《科学》教科书在六年中换过三次版本，而下一届学生正在使用的版本与他们的则完全不同，不同版本的教材回收后能正常循环使用吗？而毕业班到了总复习阶段，教科书又被回收，巧妇难为无米之炊，没有了教材又怎样复习呢？

新学期开学，有些学校的《科学》《音乐》《美术》《信息技术》教材，只领到了新配备的 35%，而上学期末回收的教科书是上学期的，下学期不能使用，环节的脱钩，造成了目前每两个学生、每三个学生甚至每四个学生共同使用一本教材的现象。而这几个学科又是学生一般不重视的小科，学生没有人手一本的教材，课堂教学秩序受到严重影响。

四　国内应如何实施教材循环

要想让教材循环使用这项规定走得好、走得远，必须建立在以下三个前提之下。①

第一，切断出版商与相关教育部门的利益链条。关键原因在于其中存在着巨大的经济利益。据相关资料介绍，2001~2004 年，全国教材和教辅类书籍的销售利润，为出版行业平均利润的 520%。试想，教科书、教辅用书一旦循环使用，短则两三年，多则五六年，出版社、"中间商"的利

---

① 孙广勋：《教材循环使用的三个必要》，http://dzrb.dzwww.com/dzzb/dzzb-dzgd/200801/t20080109_3147969.html。

润就无法保证了，以致一些相关部门与人士的回扣就无从谈起，因为有的教材回扣率竟高达30％。因此，实现教材循环使用，首先就要解决好出版商、学校与学生间的利益关系。

第二，必须解决好教材使用的卫生保障问题。对于教材循环使用，相信每一个人都知道其众多的好处。可是，也有一些家长与学生不时发出这样的疑问：使用过的教材卫生问题该如何解决？因此，必须要有便捷、有效的措施，来确保循环教材的卫生质量，不能让旧教材成为传播疾病的来源。

第三，应该建立教材循环使用的相关配套措施。教材循环使用，应该是一个复杂的系统工程，绝对不是一个简单的教材回收利用问题。比如，有的家长与孩子不愿意使用旧教材怎么办？有的孩子故意损坏教材，又该怎么办？再比如说，该如何解决学生在书中乱写乱画的问题？有没有很好的措施，对学生规范使用教材进行适当的奖励？如此众多的问题，都应该结合学校与学生的实际，制定出一整套合理高效的配套措施，才能够让教材循环使用落到实处。

我国是一个发展中国家，要实现中华民族伟大复兴的大计，就要以教育为本，提高全民族的整体素质。少年强则中国强，少年智则中国智。教材的循环再利用利在当代，功在千秋。在我国实行教材循环使用制度，要学习外国经验，也要符合中国国情，适合我国特有的教育方式，才能使教材循环使用工作稳步推进，切不可生搬硬套，操之过急。

（一）制定系统的专项法规管理方案。目前，教材循环使用在我国的实行是雷声大，雨点小，由于国家没有出台相关法律法规规范教材循环使用制度，导致教材循环使用制度的实施裹足不前。政府应当健全教材循环使用管理体制，使教材循环再利用做到有法可依、有法可循。另外，政府还应制订教材循环使用过程中教材采购及回收的具体办法及措施，制订教科书循环使用专项资金管理制度和具体的实施方案，对循环使用教科书的经费来源及科目等作出明确要求，相关部门对政府提供的教科书专用资金实行专人专账管理，切实做到专款专用；教材每学期末统一回收，防疫消毒后供下届学生继续使用。同时，定期或不定期对教科书循环使用情况进行检查、评估，保证教科书循环使用规范、有序地推进，以确保循环使用的效果。

（二）局部试行。在一部分地区率先试行教材的循环使用，可以使人们从心理上逐步接受此做法。试行的教材可以先从副科开始。当前我国的考试制度短时间内不可能改变，非考试科目的教材使用频率相对较低，一学期之后，由于学生翻看较少，容易保存。根据学生年龄及心理特点，结合我国的教育考试制度，建议高年级的教材先循环使用。比如，小学六年级的教材，学生使用一年就毕业了，同时他们年龄大些，会更好地爱惜课本，这部分教材循环使用比较易于实行。

（三）改进材料。现行教材的材料都是用较薄的纸张，很容易损坏。如果纸张质量得到改进，或使用可再生材料，不仅耐用，也减少了对环境的污染，条件允许的地方，还可以使用电子教材。现在许多农村地区的学校都建成了多媒体教室、微机室等，随着电脑的普及，每个家庭为自己的孩子配备一台仅供学习的电脑也是可以实现的。国家可以将义务教育阶段的课程内容固定下来，不再变更。把这些课程内容压缩到移动硬盘里面，或者建成网站，学生可以在电化教室里上课，也可以上网下载，随时学习。这样，每个学期学生都不再购买教材了。

（四）切实实施素质教育。全面实施素质教育已被写进《义务教育法》，但如今我国还是应试教育大行其道。如果高考制度不改革，应试教育便不可能取消，那么学生"啃书本"的现状也就不会得到改观。学生会把全部精力耗费死读书上面，他们的动手能力、实践创新能力将无法得到真正发展。素质教育就是为了促进学生的全面发展，只要我们切实实施了素质教育，就不会仅仅局限于对学生掌握书本知识程度的检测上，使学生整天与书本为伴，读死书，死读书。到那时，教材也就不会成为"破皮烂肉""体无完肤"了。循环使用教材也才能得以真正实行[1]。

（五）加强宣传教育。我们要加强学生文明用书的教育，可通过制作专题板报、举办晨会、举行"爱书护书，奉献爱心"的演讲比赛、召开座谈会等多种形式深入宣传循环使用教科书的意义，要求学生尽量保持课本整洁，尽量在作业本上做笔记和习题，并端正学生使用"旧书"的态度，增强学生关心他人和爱护环境的意识。

总之，教材循环使用的最终目的是好的，但需要我们广大教育工作者在实践中不断探索，从而找到切实可行的办法，既能促进教育的发展，也

---

[1]　肖超辉：关于循环使用教科书的利弊思考与建议，http://www.mc.e21.cn/item/20646.aspx。

能为经济社会的可持续发展做出应有的贡献。

第二节　实验器材的循环利用

实验器材设备是各学校中固定资产的重要组成部分，是教学、科研的重要物质基础，是实验室中主要的技术装备，是体现学校教学、科研、实验能力高低的主要标志之一。实验设备是实验教学的载体，实验仪器的精密性、完好率是实验教学顺利进行的保障。然而在实验教学中由于仪器的老化、频繁使用等因素使仪器不可避免地会出现各种故障、破损与磨损甚至损坏，或由于仪器的更新而被搁置。为了充分利用现有的设备，避免国有资产的流失和资源的浪费，除了加强日常对仪器设备的养护、维护与维修外，合理有效地利用废旧仪器为教学服务也尤为重要。

一　实验器材使用现状

中小学校理科实验室的设施设备主要包括仪器橱柜、实验桌凳、水电设施及其他通用设备。管理好实验室的设施设备，有利于提高实验室的投资效益，有利于营造洁净、整齐的科学实验氛围，有利于提供文明、安全和高效的实验教学环境。如何使用好这些仪器设备，使其价值得到充分的发挥，提高资源的利用率，促进贵重仪器设备的资源共享成为贵重仪器设备管理的关键所在。而目前在学校，由于贵重仪器的管理体制和运行机制不够健全，其在使用与管理方面普遍存在着以下几个问题①。

（1）管理体制不健全。长期以来，受传统的"本位主义"思想的影响，人们普遍认为贵重仪器设备购置者即为使用者，缺乏资源共享、统筹兼顾的观念。传统观念的束缚加上相关机制的缺乏使得实验器材设备的使用率普遍不高，多数设备仅在有限的范围内使用，甚至长期闲置，而且重复购置的现象也屡有发生。

（2）运行机制不完善。缺乏相应的实验器材信息共享平台，不能利用信息化管理手段，即使是在同一所学校中，广大师生也不能充分了解本校的仪器设备资源，尤其是贵重仪器设备的基本情况、分布状况和共享信

---

① 王睿、饶星、李琰：《高校贵重仪器网络化管理模式的构建与实践》，《实验技术与理》2011年第12期，第209~210页。

息。这样的局面导致贵重仪器设备信息闭塞，仪器使用率低下，资源利用度有限。

（3）缺乏相应的培训和激励机制。在设备管理人员群体中，高水平实验技术人员不足，设备共享程度低，很难实现实验器材设备的有偿使用，其运行维护经费有限。缺乏高水平的技术人才，缺少足够的经费支持，人力财力均不足，贵重仪器设备购置后的使用、维护、维修工作做得不尽如人意，致使贵重仪器设备不能很好地发挥其自身价值。因此，为做好高校贵重仪器设备管理工作，除了强化购置前的论证工作，对仪器设备的操作使用人员进行从严管理以外，更应当转变管理思路，利用现代化的信息管理手段，建立起新型的实验器材设备资源共享平台，构建起网络化管理的新模式，改进管理手段，完善运行机制，才能从根本上提高高校贵重仪器设备的使用效益，实现资源有效共享。

（4）废旧实验器材没有得到妥善处理。每一个实验室的器材管理中都会遇到废旧实验器材处理的问题，有的是实验器材长期使用后老化，有的则是器材更新换代后遗留下来的老器材。由于实验室管理人员没有采取循环利用的办法，老旧器材通常都会被丢弃。其实，废旧器材也是宝，若是管理人员能开动脑筋，将能最大限度地开发废旧器材的利用价值，提高学校实验器材的使用效率。

二 实验器材如何循环再利用

实现学校实验器材的循环再利用将能提高实验仪器和器材的利用率，节省实验费用，实施实验课循环教学，提高实验教学质量和专业人员的业务水平。

1. 建立一套完善的实验器材管理维护准则。实验室里的仪器品种繁多、规格各异、使用频繁，要管理好实验室内各种仪器，就应从编制仪器添置计划、采购、到货验收、建档、建账、分类存放到保管、维修等各环节都做到缜密处理，按照一定的规章制度办事，才能繁而不乱、忙而不疏、有条不紊，才能有利于实验教学的进行。只有从体制和机制上对贵重仪器设备的管理模式进行改革，才能建立起适应新形势的网络化管理模式。

2. 加强实验技术队伍的建设。提高技术人员其自身素质是由于贵重仪器设备其自身的独特性，对操作人员的要求比较高。为此学校可以陆续组织实验技术人员赴国内部分高校参观、学习与交流，开阔眼界，增长学识，提高技术水平与管理能力。强化人员队伍建设，只有这样才能更好地做到贵重仪器设备资源共享，合理分配仪器资源，提高使用效益，延长仪器设备的使用寿命，实现仪器设备资源共享，为学校的教学科研工作，甚至为社会提供更好的服务。

3. 废旧仪器的分类及处理再利用。废旧实验器材有两种情况，一种是可再利用器材，另一种是不可再利用器材。可再利用实验器材是由于仪器本身的陈旧无法满足现有的学生实验项目，已经被更新替代了的旧仪器。这类器材可以在原来结构基础上进行改良，使之为学生开展自主性实验、设计性实验，进行仪器参数、性能方面的对比，开展基础科研制作等；不可再利用器材则是主要部件损坏，或彻底损坏无法修复的，考虑到更换部件与购置一台新仪器所用资金相差无几，失去维修意义的。处理方法：这类仪器可以考虑暂不报废，其零件可以作为维修其他同类仪器部件的存储源；亦可用作示范教学，现在的仪器一方面为了保持外观整洁，更好地保持仪器的精密性能，一般都是用外壳包装，在仪器正常使用时，一般不会打开。一旦仪器损坏就可以打开仪器外罩，展现仪器内部构造，使学生对仪器原理了然于胸，更好地理解实验仪器的精密性，从而有效地使用与保护，对实验顺利进行提供有效的保障①。

4. 废旧课桌椅翻新送给贫困学生。拥有一张自己的小书桌，对于很多孩子来说，或许根本不值一提，但对部分家境困难的学生而言，却成了他们的梦想。有的困难地区，学校里的课桌椅已经破烂不堪，但学生们仍在坚持使用。一些家境贫困的学生，房内唯一的一张桌子，可能是全家的餐桌，晚上吃完饭便成为他读书和做作业的地方。若能把某些学校里报废的课桌椅重新整修好后送给那些困难地区的学校或是困难学生家庭，这样既不浪费资源，又减轻了学校和家庭的经济负担，让更多的孩子有了学习的地方，符合循环教育的精神。

5. 学校的科学实验室对外开放。提供实验教学条件给实验条件不足的学校，提供实验器材，供中学生亲自动手实验。一些大学可以将已有的或将被淘汰的实验设备，开设一些与中学物理实验和大学物理实验有关联的

---

① 许巧平：《光学废旧仪器再利用探析》，《中小企业管理与科技》2014年第5期，第285~286页。

实验，构成"实验预备区"，提供给大学新生做实验，以熟悉常用仪器的构造及使用方法，提高实验动手能力，弥补中学实验不足的缺憾。具体实验项目的确定应围绕做好中学和大学物理实验的衔接教学为目的的培养示范教师的科学实验素养①。

第三节　教材与实验器材的跨地区循环使用

知识是当代经济发展和社会转型中最重要的因素，发展循环教育，提高我国国民知识水平，增强文化软实力，是提升我国综合国力的一个重要途径。大力建设我国循环教育体系，贯穿人的生命开始到人的生命结束的全过程教育，包括胎儿教育、婴幼儿教育、青少年教育、成人教育、老年教育等，面向全体社会成员展开。教学资源的利用在循环教育体系建设中起到重要作用，但由于中国的具体国情，地域发展、资源分配、历史传统等诸多方面的差异，使我国各地区的教育发展极不平衡，教育资源的分配也极不均衡。因此，为了避免教育资源的浪费，有效缓解部分地区资源匮乏问题，我们需要进行教育资源的跨地区循环利用，提高资源利用效率。

一　我国教育资源分配不均

循环教育以不断地更新知识，保持应变能力，符合时代、社会及个人的需求，关系到民族兴旺和国家未来。但是，教育资源分配不均是目前我国教育领域长久以来困扰的一个重要问题，主要表现在以下三个方面。

（1）城乡差异。教育的资源分配的不合理现象在农村和城市地区之间相当突出，这是一个由来已久的问题。新中国成立以来的快速发展是以牺牲农民利益为代价推进了城市的发展，虽然改革开放后，一部分农村地区已经发展为富裕地区，但我国对农村地区的教育投资比例仍然偏低，农村教育资源的数量和质量远不能和城市相提并论。农村的学生仍然不能和城市里的青少年一样公平地享有义务教育的权利。

（2）地区差异。我国地域辽阔，各地区之间由于经济发展不平衡，教育资源、基础设施和文化资源配置也极不均衡，尤以东西部的差距更为明

---

① 许巧平：《光学废旧仪器再利用探析》，《中小企业管理与科技》2014 年第 5 期，第 285 ~ 286 页。

显，西部地区知识资源严重不足，已成为制约其发展的最大瓶颈①。

（3）校际差异。我国重点学校的建设原本是出于人才培养必要性的考量，随着多年来重点学校如火如荼的建设，却导致校级之间资源分配失衡。重点学校本身有一个长期积累的品牌效应，学校能够吸引大量的社会资源和优秀学生，但也导致教育资源分布不平衡，甚至引起同一区域内学校之间的两极分化。

与此同时，教育资源丰富地区的院校又存在资源浪费的问题。资产闲置，设备利用率不高。由于观念、管理体制等方面的原因，部分高校对公用设备如购买的计算机、笔记本电脑、数码照相机和摄像机等电子设备据为己有，长期占用却不使用，成了完完全全的"闲置资产"，导致设备利用率不高，浪费了本可发挥作用的教育资源②。

教育资源呈现城乡、地区、校际分布差异，教育发达、资源丰富的地区出现资源浪费的现象，而偏远的西部地区出现教育资源缺乏的情况，也严重阻碍了他们渴望依靠知识改变命运的发展之路，也阻碍了在全国建设循环教育体系的步伐。因此，要在建立循环教育体系下，大力发展全民学习，教材和实验器材不能仅仅限制在校内循环，更需要进行跨地区的资源循环。教育资源跨地区循环利用能有效降低教育资源的浪费，解决部分地区的教育资源匮乏问题，提高教育质量落后地区的教学质量问题。

二　教材与实验器材的跨地区循环使用

西部地区许多中小学都迫切需要改善办学条件，特别是广大农村地区的学校，由于经济落后，无力修缮危房校舍；中小学生的辍学率难以控制；有的中小学生除了课本之外，没有一本课外读物；一些地方大学图书馆藏书也严重短缺。中央政府在政策取向上正不断加大对西部地区高等教育的实施补偿或倾斜政策。

西部地区的民间资本是非常有限的，东部地区却相对充足。经济发达的东部地区存在着教育资源重复购买、教材实验设备闲置的情况，有的城市学生毕业时教科书还是崭新的，却被当作废品买卖。若能将这些教材和实验器材进行捐赠，流动到更需要它们的西部地区的学生手中，将能发挥

①　胡鞍钢：《地区与发展：西部开发新战略》，中国计划出版社，2001。
②　陈文艺：《高校教育资源浪费现象探析》，《华南农业大学学报》（社会科学版）2005年第4期，第135~140页。

更大的效用，以提高西部的教育水平。我们国家应大力鼓励和吸引东部地区对西部地区的捐资助学。投资办学是西部省区发展民办教育的理想选择，国家和地方政府应该制定对来自东部地区教育投资的特殊优惠政策。

目前，教育部直属高校办公室向各直属高校发出了向西部学校捐赠图书的号召，倡议在校学生捐赠图书，尤其是提倡毕业生捐赠毕业后不需要的书籍。我们的举手之劳，可以对西部学生提供文化支持，在献出宝贵的爱心同时，还可以节省资源，提高图书的利用率。单纯依靠高校内的资源来实现教育资源的跨地区循环，虽然能激励城市教育部门支援和反哺农村，但仅靠高校的资源力量仍是不够的，还必须同时发动广泛的社会团体的力量。实现城乡教育公共服务均等化是政府的职责，但是，还必须在社会中形成具有合法性的正义和道德等信念力量，呼吁更多的民间组织、社会团体、个体志愿者参与到循环教育中来。大力鼓励社会团体组织或个人进行经常性的捐赠或捐助活动，以利于促进我国的社会公益事业的发展，以利于弘扬中华民族扶贫帮困、互帮互助的优良传统，提高我国的国民教育素质。

社会团体与志愿者参与西部捐赠的例子不在少数，最有名的当数中国青少年基金会发起的"希望工程"项目，该项目不仅提供资金资助，也提供物资资助，主要有图书、电脑与文具用品等。社会志愿者参与捐赠流动，如福建退休工人马长白，20多年来，他先后资助3000多名贫困学子完成学业，运送衣服、鞋帽、书包等各种物资500多吨，资助款达100多万元，被当地群众誉为"草根慈善家"。

> 1992年，马长白从福州二化内退，此后14年的退休金每月仅230元，妻子郑天佛的月工资仅有400多元，他们的两个女儿还在上学，长年患病的老母亲要他照顾。但他节衣缩食，将节省下来的钱全部用于助学，从资助那些最贫困的孤儿开始，助学对象的队伍在慢慢地壮大。
>
> 马长白扶贫助学的事迹不仅流传在瑶山之间，在家乡福州也引起了强烈反响，不断有医疗工作者、新闻从业者、教师和机关干部自发与马长白联系，主动要求加入到扶贫助学的行动中，捐资助学成为一种"时尚"。20多年来，他组织社会各界为广西特困学童、教师运送500多吨衣物、文具、日用品等，资助学生3000多人，资助款达100

多万元。从 2000 年起，马长白发动社会各界捐款，先后联系福州市中学、小学和社会各界人士与大化七百弄乡、北景乡，巴马瑶族自治县东山乡等多名贫困学生结对子。2001 年 2 月，马长白联络 23 名当年上山下乡的老知青长期资助七百弄实验小学蒙艳花等 17 名特困生。马长白工作过的福州二化厂（现为福建东南电化股份有限公司）党委书记于力强也主动资助几名孤儿，并带动公司的干部职工连续多年结对子，对七百弄乡的特困生进行资助。2002 年初，福州乌山小学开展"手拉手、一帮一"活动，共为 39 名七百弄乡特困生捐资 9850 元。

为方便资助瑶山贫困学子，马长白发起成立了"福州市马长白慈善社团"，每年都有 70 吨以上的物资运到广西山区帮助师生和群众。大化县板升代课老师蒙建连的二儿子蒙李峰考入高中后，因学费不足无法入学，马长白及时给予资助，使其完成高中学业，并考入大学，毕业后在政府机关工作。蒙李峰说，马长白不仅在资金上扶持，在精神上也对他进行鼓励，大学期间，马长白经常写信鼓励他，成为他人生中一个不可或缺的好老师。

马长白不仅捐资助学，还为深山瑶族同胞解决很多生活问题。2010 年，大化遭遇严重旱灾，北景乡很多村屯群众饮水难的问题令马长白揪心，他经由福州市慈善总会组织募捐到抗旱资金 5.5 万元，又借款 4.5 万元到北景乡建设饮水工程。他亲自考察水源，购买材料，组织群众建起五处抽水、引水工程，终于把甘甜的水引到弄冠小学和可考小学及弄冠村的几个屯数百群众家中，结束了当地村民一直靠天喝水的历史，村民立碑感谢马长白："老天无情旱魔降八桂，人间有爱引水济众生"。

马长白说，他已经 68 岁了，只要他能走得动，就会继续为瑶山深处的贫困孩子们服务，并带动他身边的人，携手共同在助学路上走下去。①

企业参与也是重要形式。为支持中西部贫困地区农村基础教育的发展，改善中西部贫困地区农村中小学教学条件，提高管理水平，中国移动

---

① "草根慈善家"马长白 20 多年捐款 100 多万元，http://news.gxnews.com.cn/staticpages/20130806/newgx520079fe-8217251.shtml。

自 2006 年，联合教育部、中国教育发展基金会共同开展了"蓝色梦想——中国移动教育捐助计划"，至今已为中西部 23 个省及新疆生产建设兵团的贫困地区农村中小学累计捐建爱心图书馆 1694 个，捐赠图书 389.7万余册，捐建多媒体教室 674 个，同时累计培训中西部校长 48205 名。

在积极开展捐赠活动的同时，中国移动还持续组织员工志愿者活动，为中西部农村中小学生奉献爱心。2013 年 4 月至 6 月期间，中国移动慈善基金会以"蓝色梦想爱心传递"为主题，在全国 31 个省市区的公司举办了包括"票选好书""捐赠好书"和"梦想课堂"等一系列以移动员工志愿者为主体的公益活动，共有 5 万余名志愿者参加了"票选好书"活动，更多的志愿者参加了"捐赠好书"活动，捐赠图书总计达数 14 万余册，有 300 多位员工志愿者与受助学校共同开展了梦想课堂主题励志活动，与农村中小学生共同畅谈理想。

2013 年 6～9 月，京东与英特尔共同开展"再生电脑"公益活动，主要通过"新公民计划"把可供使用的旧电脑捐赠给全国打工子弟学校，还通过北京西部阳光农村发展基金会将电脑捐赠给中西部偏远地区的学校。京东公司以每台 400 元的价格为消费者以闲置电脑置换超级本提供补贴，共计回收电脑 3100 余台，为消费者提供补贴款超过 120 万元，活动期间回收的电脑有约 1500 台可再生利用，经志愿者清理消毒、挑选和软件维护，可满足同学们计算机教育需求。

第五章 闲置校舍资源的再利用

随着农村中小学教育资源的重新配置，农村孩子开始集中到乡镇中小学就读，越来越多的农村校舍闲置。对于闲置的农村中小学校园校舍，建筑质量较好，产权属于国有资产的，优先用于教育事业，如调整用于学前教育、职业教育、勤工俭学、实训基地、教师周转用房等；教育系统不再使用的闲置校园校舍，根据其使用特点，调整用于农村公益性事业；对已明确产权归属，且不适合用于教育等农村公益事业的闲置校园校舍，可以依法置换、变卖、出租，所得收益根据闲置校园校舍的产权归属进行分配。对不能采用上述三种方式处置的闲置校园校舍，其土地和房屋资产属国有的，由县（市、区）政府依法收回，属农村集体所有的，由农村集体经济组织收回。

第一节 当前农村校舍资源闲置情况及再利用策略

一 当前农村校舍资源闲置情况

根据中国教育部统计，2000~2010 年全国 6~14 岁义务教育阶段学龄人口从 2.05 亿减少到 1.58 亿，减少 4700 多万人；小学从 55 万所减少到 26 万所；初中减少了 1/6，从 6.4 万所减少到 5.5 万所。由此可见未来学校闲置空间将大幅增加。各地出现的这些校园闲置现象主要是由于近年来中国人口结构的快速变迁导致的，主要表现在学龄人口减少、城市外来务工人员增加、高龄人口增加。学龄人口的减少、流动以及布局结构调整的不断深入、家长对孩子教育的重视程度增加等因素，都使得中小学教育结构与偏远乡村学校的入学率受到巨大冲击，如就学人数持续减少，再加上自 2009 年实施的中小学校舍安全工程等因素，更多学校将会遭到裁撤或并校，农村中小学产生的闲置校舍会越来越多，相应地也产生了教师闲置的问题。因此，为了加强对教育资产的管理，提高有限教育资源的使用效益，对当前和未来可能增多的大量闲置校舍资源进行再利用就显得极为重要。

关于闲置校舍资源，其概念还相当模糊。大部分是采用或借鉴政府发布的有关闲置校舍处置通知里关于闲置校舍的定义。闲置校园校舍是指各地县（市、区）农村中小学在布局调整中撤并停办的所有校园校舍，且今后该校址不再用于设置同类学校的可用校舍，包括校园土地、建筑物及附属设施等，不包括尚在办学中的空闲校舍。①

然而我们认为，此种对闲置校舍资源的定义还不够全面，它应该还包括更宽泛的内涵。根据吴国阳在《广西边远地区农村教育资源闲置问题实证研究——以百色为例》，教育资源闲置是教育资源完全或部分没有发挥教育功能的状态，具有绝对闲置和相对闲置的含义。教育资源的闲置主要表现为两种形式：第一种表现形式是在政府对教育产业投资垄断机制下，因缺乏竞争和淘汰机制而造成的教育资源使用效率低下的闲置。之所以资源利用效率低，即资源未被充分利用，是因为资源的不充分利用实际上造成了资源的相对剩余，因而存在着一定程度的浪费。因这种闲置具有相对性，因此称之为相对闲置。第二种表现形式是在国家集中办学政策影响下，因学校网点重新布局而被撤并不用的教育网点的闲置。教育网点一旦被撤并，校舍建筑、校园等固定资源由于无法移动而不能转移到新的教学点去。因此将这类被撤出后无法发挥教育功能而造成的教育资源闲置理解为绝对闲置。②

综合以上两种定义，我们认为闲置校舍资源主要是指校舍资源完全或部分没有发挥教育功能或其他功能的状态，具有绝对闲置和相对闲置的含义，有广义和狭义之分。广义的闲置校舍资源包括相对闲置和绝对闲置的校舍资源。相对的闲置校舍资源是校舍资源部分没有发挥其教育功能及其相关功能的状态，这种相关的功能是与教育功能相关的或由校舍资源条件引申出来的且不影响其教育功能的发挥。这种相对闲置的校舍资源主要针对的是一般意义上教育功能相对良好的正在使用的校舍，例如可以发挥它

---

① 时可、张娜：《对农村中小学闲置校园校舍利用的若干思考》，《教育研究》2011 年第 7 期，第 31 页。

② 吴国阳：《广西边远地区农村教育资源闲置问题实证研究——以百色为例》，《百色学院学报》2013 年第 3 期，第 66 页。

们在将来紧急状况时另作他用而不对教育功能造成影响或影响不大的功能。狭义的闲置校舍资源是指绝对闲置的校舍资源，是校舍资源完全没有发挥其教育功能的状态，即指各地在布局调整中撤并停办的所有校舍资源，且今后该校址不再用于举办同类学校的可用校舍资源，包括校园土地、建筑物及附属设施等，不包括尚在办学中的空闲校舍。这种绝对闲置的校舍资源在有些地方也指称为废弃校舍。由于绝对闲置校舍资源问题比较严重紧迫，也较为明显，一般容易被察觉，因此一般意义上使用的或政府文件中所指的闲置校舍资源主要是指绝对闲置的校舍资源。因此本书探讨的主要是狭义的闲置校舍资源再利用问题。另外，在城镇化快速发展的中国，城市是没有或少有校舍闲置问题的，而农村中小学数量较多、地理位置和学校资源相对城市不够优越，加上人口结构变迁等情况，因而闲置校舍资源的问题主要集中在农村中小学。很多政府文件中关于闲置校舍的处置，直接针对农村中小学闲置校舍下定义，指的是各地在中小学布局调整中被撤并停办的，且今后该校址不再用于举办同类学校的所有可用校舍。不包含尚在办学中的学校的空闲校舍。

根据《关于福建省农村中小学闲置校舍处置的意见》，农村中小学闲置校舍是指各地在中小学布局调整中被撤并停办的，且今后该校址不再用于举办同类学校的所有可用校舍。不包含尚在办学中的学校的空闲校舍。此文件就农村中小学闲置校舍处置的基本方式也做出了说明：一是由教育部门按布局调整规划需要，合理配置盘活闲置校舍；二是对布局调整中明确不再使用的农村中小学闲置校舍，应根据学校地理位置、校舍功能等特点，调整作为农村中小学勤工俭学基地、职业教育培训中心、社区教育机构等乡（镇）公益性教育机构使用；三是对布局调整中明确不再使用的农村中小学闲置校舍，通过价值评估后，可进行变卖，变卖的收益应报县（市、区）农村中小学闲置校舍处置领导小组批准，可统筹用于该县（市、区）的学校的建设投入或用于清偿教育的债务等；四是对不能采用上述三种方式处置的农村中小学闲置校舍，应交给村委会作为集体财产，用于农村社会公益事业使用，在交接中应办理固定资产移交手续。另外，对原由华侨华人、港澳同胞捐资兴建的校舍，应先征得捐赠人及群众的合理意见。此文件对于中小学闲置校舍的处置方式做了大概的说明，但是对于具体的闲置校舍的再利用问题，还需要做进一步的探讨。

二　发达国家与地区的成功经验

亚洲的日本、韩国以及中国台湾地区在后工业化时期，都出现"少子化"问题，导致义务教育阶段的校舍闲置较多。对于闲置校舍资源，这些国家与地区都有一套成熟的经验与办法，可以作为我们处理农村校舍资源闲置的解决办法。

根据下村哲夫著的《2004 年日本教育法规便览》，日本已经对闲置教室、校舍的利用做出了法律规定。一旦出现校舍资源闲置的情况，首先在各市、县、村教育委员会内成立"闲置教室活用计划策划规定委员会（临时名称）"，确定教室利用的基本方针和利用方式。利用教室时应注意：不只是简单地将闲置教室挪作他用，而是要重新对学校进行整体认识，以适应需要。利用闲置教室和校舍时应考虑优先顺序，首先考虑仍然将其作为学校设施使用。例如，将之辟为儿童学习和生活的空间、教师进行上课准备的空间、管理空间、学校向社会开放的空间等。如果一所学校有较多的闲置教室，可考虑将学校撤销，积极地将校舍改造为社会教育设施。

日本国立中小学校舍如果挪作他用，原则上需要文部科学大臣的批准并缴纳一定费用。但是为了简化手续，对于建成 10 年以上的学校设施，可以免费转为公用设施，不需缴纳费用。有时，闲置校舍的再利用可能需要较大规模的改造，这些资金则根据校舍用途由不同部门提供。

将学校改造成老人、儿童的福利设施，主要由厚生劳动省负责。例如，为了使因家长工作繁忙，放学后没人照看的小学低年级学生安全、健康地成长，一些闲置校舍建起了"放学后的儿童俱乐部"。根据《老人福祉法》《儿童福祉法》等规定，由地方公共团体承担设施配备建设及所需资金。建成后，厚生劳动省还将提供日常所需的一半经费以及辅导员到县市中心和其他城市的研修费用。

如果为了促进农村和城市交流，将校舍改造成农业体验学习的旅居型活动设施，则由农林水产省、环境省、国土交通厅等多个部门合作进行。这些部门都为利用闲置校舍建立了相关项目。例如，农林水产省的"新山村振兴等农林渔业特别对策事业"中，就包括"根据地域的实情，活用废校促进山村和都市的儿童交流，使之成为提供自然体验学习和情操教育的场所"一项，并提供一定的补助金。环境省则有"自然体验型环境学习地点整备事业"，该项目支持将废校、废教室改造成室内活动、讲座、议事场所，设立"自然体验屋"。国土交通厅也提出"为有效活用人口过疏地域的空教室提供经费补助"，将之改造为都市人体验农村生活的旅社、体验学习场所以及当地村民的教育文化设施。还有些地方，根据当地的实际需要，将废弃校舍改造为信息远程工作中心，这项工作可得到总务省的支持，主要目的是为当地村民尤其是高龄者和残疾人提供信息通信系统。

通过对日本处理闲置校舍资源的介绍，我们可以看出，闲置校舍资源转化为社会教育设施在日本已成为一种固定的模式。社会教育又称为成人教育或生涯学习。日本社会教育与学校教育都由文部科学省统一管理，形成了一套完善的社会教育体系。在每个区都有公民馆、图书馆、体育馆、博物馆等社会教育设施，这些设施由市民的税金修建，又服务于市民。市民经常去附近的公民馆学习外语，学习健康生活的知识，办书法绘画展，去图书馆看书学习，去体育馆锻炼身体等，既提高了素质又丰富了生活，还增进了交流，生活充实而安心。日本的大众健身普及得也很好，体育馆有专门的教练及保健医生，用正确科学的方法指导市民健身。

韩国闲置校舍资源再利用的成功实例也很多。他们的闲置校舍资源利用大致可分为以下几类：一是面向城市服务型。一些地处城市郊区、交通便利的地区，适合于城市居民举家来访和游览。这些地区的闲置校舍主要用于青少年或家庭活动项目、被疏远阶层的文化需求项目、市民文化体验项目等。如江原道江陵市王山分校利用"废校"办起了"王山雕塑公园"，展出国内外著名艺术家的雕塑、书画作品。农村文化体验设施与城里不同，具有自然仿真效果，可以开展在城里因噪声和场地所限很难实现的自然体验项目，体验民俗、工艺、表演、休闲、讲座等丰富多彩的项目，吸引城市居民来访并参与活动。有的村庄则利用"废校"办起了"陶瓷文化中心"，通过传播传统工艺和文化，吸引韩国各地的游客来访。二是文化福利型。不管是城郊还是偏远山区，使有鲜明文化展览特色的"废校"再利用。1996年，全罗南道谷城郡的一所村校利用闲置校舍办起了当地农机具和生活用品的历史文物展览馆，深受当地居民的欢迎。庆尚南道密阳市月山村办起了"密阳戏剧村"，成为远近闻名的戏剧文化村。学校成为剧场，学生食堂变成游客餐厅，宿舍变成休息游玩场所。有的村庄办起了富有地方文化特色的"画家村""创作村"。2001年，京畿道平泽郡投资18.8亿韩元，利用"废校"办起了韩国首家幼儿专用的体验实习场所，京畿道教育厅计划进一步将之改造成面向全道推广的幼儿实践体验基地。全罗南道瑶安纳村利用"废校"办起了养老院，更多的村庄利用"废校"办起了文化、体育、娱乐、养老等福利设施。韩国文化部计划在 2010 年启动利用"废校"作为小规模文化、艺术、教育、创作场馆的项目，投资 360 亿韩元，由中央与地方政府各承担 50%。在目前有再利用价值和可能的 310 所"废校"中，选出 60 所，根据当地文化特色、生活特点和总体发展规划，选定文化设施项目。每所"废校"将获得 6 亿韩元的支持。三是农村旅游业型。仁川市江华郡的一个村利用"废校"办起了"草甸研究与培训中心"，每年有来自全国各地的 270 家单位 4.3 万人参观和利用。有的村庄办起了周末农场，让来访者亲自体验有机农产品的种植、生产加工、销售和品尝。有的村庄利用"废校"办起了有机农产品销售网站，实行会员账户制度，提供多项优惠服务，节假日还免费提供当年的新大米等。有些农产品加工公司租赁"废校"办起了葡萄、豆腐、米醋、泡菜等加工厂，原材料取自当地农产品，展现当地农业文化的魅力，综合效益也不错。四是经济发展型。更多的农村利用"废校"办起了促进地方经济发展的设施。江原道华川郡土雇米村在道教育厅的支持下，郡政府以先购买再租赁的方式将校舍资源交付村里使用，解决了久拖不决的难题。2002 年，庆尚北道义城郡郊村的 56 名村民投资 1.8 亿韩元收购该村的"废校"，办起了"农村体验学校"，该项目得到当地政府 2 亿韩元的支持，每年的收益根据村民的投资比例分红。同年，全罗北道能吉村成立"营农组合法人"，收购"废校"办起了"山区体验学校"。该村村长说："收购和租赁有天壤之别，租赁的束缚太多，而收购后对'废校'翻修和改造都变得顺利，对于发展农村经济十分有利。"①

　　关于废弃校舍改建成社会保障用地的做法，可以参考我国台湾高雄校地改制社保安置机构成功的案例。2000 年高雄县文化局委托树德科技大学提出《旧鼓山国小整体空间再利用委托研究规划案》，针对空间使用及其日后管理等方案提出建议，并获台湾"文化建设委员会"试办闲置空间再利用补助项目，成为全台湾六大示范点之一，也是最具有社保用途的成功案例。鼓山小学校内建筑设备移转用途规划大略说明如下：（1）南栋教室：现由高雄市社会局辖下旗山早期疗育发展中心所使用，提供弱势与身心障碍儿童的学习环境；（2）东栋教室：由教育局辖下旗山社区大学使

---

① 李水山：《韩国解决农村"废校"》，《教育》第 2009 年第 16 期。

用，提供社区居民一般教学与社团活动场地；（3）北栋教室、行政楼、大礼堂：列为古迹建筑，提供艺术创作者及文史团体互相观摩学习交流创作的展演会场；（4）运动广场区：开放给民众休憩、户外表演与临时停车场使用。①

三　闲置校舍资源再利用策略

闲置中小学校舍是公共财产，不能任意流失和占用。在利用闲置教室、校舍时，首先考虑让其在学校教育系统内部发挥作用，其次考虑让其发挥社会教育功能，日本、韩国与中国台湾地区处理闲置校舍的经验有利于建设节约型社会、学习型社会，缓解人口与资源、环境的矛盾。

根据各地方政府教育部门出台的文件，目前中国大陆地区对于闲置的农村中小学校园校舍的再利用，主要有三种再利用策略：一是教育系统内部调整使用；二是调整用于当地公益事业或集体事业；三是置换、变卖、出租和综合利用。首先，对于建筑质量较好，产权属于国有资产的，可调整用于或优先用于教育事业，如调整用于学前教育或幼儿教育、学生勤工俭学、实训基地等综合实践基地、职业教育、成人教育、老年教育等。一方面让闲置校舍继续发挥教育功能和繁荣当地文化的功能，另一方面也让使用者有了新的场所去学习知识和技能。其次，对于教育系统不再使用的闲置校园校舍，可以根据其使用特点，调整用于农村公益性事业或集体事业；或者校舍资源原本归集体所有但被撤并之后仍然归还给集体使用，也可用于当地的公益或集体事业。这样既有利于新农村建设，又提高了群众的文化素质或卫生素质以及生活质量，也符合绝大部分群众的意愿，有利于消除不和谐因素的影响；对于明确不再启用的闲置校舍的土地，在明确土地产权的基础上重新处置。对已明确产权归属，且不适合用于教育系统、当地公益事业或集体事业的闲置校舍资源，可以根据实际情况依法置换、变卖、出租。所得收益可根据闲置校舍产权归属来进行分配。另外，需要注意对不符合要求的闲置校舍，应尽快拆除，切忌因为利益等因素强行使用闲置校舍资源而造成更大的问题。对不能采用上述三种方式处置的闲置校园校舍，其土地和房屋资产属国有的，由县（市、区）政府依法收

---

① 蔡政忠、郑邦镇、杨帅：《台湾废校校地社会化使用研究：以社会保障为视角》，《社会福利》2012 年第 12 期，第 13 页。

回，属农村集体所有的，由农村集体经济组织收回。

第二节 当前农村闲置校舍再利用策略

一 废弃校舍作为教育系统内部调整使用

对于建筑质量较好，产权属于国有资产的闲置校舍，可优先用于教育事业，如调整用于幼儿教育、勤工俭学与实训基地、职业教育、成人教育、老年教育等；将撤并后的中学校园校舍改成小学的校园校舍，小学的改造成幼儿园的校园校舍，或者将废旧校舍改建成仓库或行政办公楼、改造成符合要求的新校舍等，或兴办村文化活动场所等，一方面让闲置校舍继续发挥教育功能和繁荣当地文化的功能，另一方面也让学生有了新的场所去学习知识和技能。

闲置校舍改办成农村学前教育场所。如青海省将闲置校舍资产优先用于发展学前教育。将集中撤并学校的教学资源，按照"物随生流，合理调配，集中使用"的原则，全部转入布局调整后长期保留的定点学校；然后将腾出的校舍、土地等不动产，采取有偿转让或无偿划拨的形式进行处置，优先用于并满足举办和发展学前教育，其次再考虑用于学校勤工俭学基地、职业教育培训中心、乡（镇）社区教育机构、农牧民实用技术培训、图书室、医疗室等公益事业。闲置校舍资产处置收益全部纳入同级财政预算管理，用于当地教育事业。①

再如闲置校舍改造为公办幼儿园。福建省泉州市安溪的蓝田中心幼儿园前身是蓝田乡蓝二小学，蓝二小学就近并入中心小学后，闲置校舍便被改造为公办幼儿园，是省财政资金补助项目之一。中心幼儿园创办后，对该校舍提前进行全面规划，园内设计突出一切为幼儿的理念，如楼梯铺设两种不同颜色瓷砖，以便指导幼儿上下楼梯；地板全部用防滑瓷砖，卫生间小便槽瓷砖棱角部位采用不锈钢修口进行包装等。

闲置校舍改建成学生综合实践基地。浙江省苍南县土地供求紧张，教育资金匮乏，通过"闲置校舍再利用"的改建模式，建设学生综合实践基地，将交通相对便利，处于苍南县相对中心位置的原云岩中学闲置校舍进

---

① 《青海——闲置校舍资产优先用于发展学前教育》，《中国西部》2011年第10期，第17页。

行功能性改造包装，前期投入 200 多万元，原操场规划成拓展训练场、教室设计成手工操作室，并与当地村民合作开辟农业实践区。短短 6 个月时间基地就被建成投入使用，成为温州市首个建成并规范化运营的县级综合实践基地。另外，他们依照此模式将另外一些乡镇的闲置校舍改建成具有鲜明主题的分基地。将地处山区，自然条件优越的藻溪镇挺南小学闲置校舍改建成环保实践分基地，并与"绿眼睛"环境组织合作进行课程开发。信智山海文化实践分基地则靠山面海，在对原赤溪镇信智小学改造包装的基础上，做足做好山、海文章。两个分基地特色彰显、个性突出。通过这种分基地建设的形式，拉开了学生实践基地在全县的布局，既方便学生就近参加实践活动，满足学生个性化实践活动的需要，也有效破解了基地发展规模受限的问题。① 再如福建省泉州市德化县南埕中学 2008 年改办为德化县中小学生社会实践基地，如今，该实践基地拥有 1300 平方米的蔬菜种植区，面积 60 平方米的传统劳动工具展览室，以及竹木加工活动室、急救演练室、陶艺制作室等，成为功能丰富的中小学生实践场所。

闲置校舍资源改办农村成人文化技术学校。农村成人教育是我国教育的重要组成部分，也是构建终身教育体系、建设学习化社会的重要内容，它承担着提高农村成人思想政治和科学文化素质，促进农村经济社会发展，加快社会主义新农村建设的重要任务。农村成人教育可围绕农业实用技术培训为重点，增强农村劳动力掌握和运用先进实用技术的能力；提高他们的知识水平、专业技能和安全生产知识，积极开展农业技术人员的培训；积极开展多种形式的时事政治、民主法制、人口环境、科普及社会文化生活等多方面的教育活动，反对邪教和封建迷信，抵制不良社会风气的影响。当地可根据实际情况，把闲置校舍改办成为农村成人文化技术学校，每周利用一个晚上的时间集中村民一起学习一些实用的技术，有条件的地方也可定期邀请农畜林业专家亲临现场给农民朋友上课、指导。只要有计划，坚持按期开展农村实用技术培训，农民将会从中获取更多知识与技能。②

闲置资源改造成老年大学。2005 年以前，福建省泉州市鲤城区老年学校没有独立的办学场地，一直依托在该区老干部活动中心，利用中心的会

---

① 陈振云：《学生综合实践基地建设的模式选择与行动策略——以浙江省苍南县中小学素质教育实践基地为例》，《教学仪器与实验》2013 年第 10 期，第 54 页。

② 黄福仁、黄美红：《如何利用好农村闲置校舍》，《广西教育》2008 年第 10 期，第 15 页。

议室开课。几年前，鲤城区政府决定把占地面积 3.67 亩、建筑面积 1599 平方米的原井冈山小学校舍和场所调整给区老年大学使用，并将区老年大学建设列为当年的为民办实事项目之一，由区财政投入 100 万元对原有校舍进行加固改造和添置教学设备，建成了老年大学。

二 调整用于当地公益事业或集体事业

教育系统不再使用的闲置校舍资源，可根据其使用特点调整用于当地乡镇或农村公益事业；或者校舍资源原本归集体所有但被撤并之后仍然归还给集体使用，也可用于当地的公益或集体事业。例如，可以把闲置校舍改为当地农民文化技术培训基地，改建成农家书屋、村卫生室、村老年人活动中心、敬老院等；也可根据占地面积大小、房舍多少、公路沿线等情况，由当地政府统一规划，统筹有关部门资源，扶持当地乡镇或农村根据当地特色建设一个种植、养殖或农副产品加工的实践场所或基地。这样既有利于新农村建设，又提高了群众的文化素质或卫生素质以及生活质量，也符合绝大部分群众的意愿，消除不和谐因素的影响。

闲置校舍改建成乡村养老院。在广安市广安区化龙乡老君村，一所闲置近三年的村小学近日派上了用场，乡政府投资 60 万元将它改建成标准敬老院。2013 年 10 月底，这座可容纳 48 名孤寡老人的敬老院建成投入使用。在广安区，像这样的闲置村小学被改建为敬老院的还有石笋镇玉峰村小学、东岳乡四方村小学、崇望乡金福村小学、白马乡临洪村小学等 4 所。由于广安区现有敬老院满足不了五保老人的供养需求。该区区委、区政府决定充分利用闲置资产，改建化龙乡老君村小学等 5 所闲置村小学为标准乡镇敬老院。老君村小学建于 2005 年，占地 1.5 亩，建筑面积 500 平方米。后由于本村学龄儿童多数在其他学校入学，该校渐渐招不到学生，闲置了两年多。乡党委通过征求化龙乡中心校的意见和区政府审批同意，项目已经进入实施阶段，群众也乐意支持公益事业。5 所村小学全部将改建为"五有"〔有农副业生产用地、有养殖场所、有沼（燃）气、有文体娱乐设施、有免费有线电视〕标准乡镇敬老院。5 所敬老院重新修建，预计要 1100 万元，将村小学改建为敬老院仅投资 400 万元，可节约建设资金 700 余万元。广安区民政局局长金朝明介绍，以化龙乡老君村敬老院为例，新修建这样一所敬老院，至少要 180 万元，现在改建为敬老院仅要 60 万元，政府可节约资金 120 万元。将闲置村小学改建为敬老院是广安区进行资产盘活的有益探索之一，将村小学改建为敬老院，既盘活了闲置资产，节约了建设资金，还加快了建设速度。①

闲置校舍改建成老年学堂或乡村学习中心。自2005年以来，在政府号召与民间机构支持下，福建省各地陆续建立起以农家书屋为核心的乡村社区学习中心。它是建立在乡村社区，为社区全体村民提供学习科学文化知识，提高村民文化素质的场所。标准的社区学习中心应拥有图书室、报刊阅览室、网吧、培训活动室、村史陈列室等，除向村民提供图书报纸杂志阅览之外，还提供上网、信息咨询、专题培训与村情村史展示等服务。简易的社区学习中心拥有图书室，图书不少于2000册，阅览室不少于20平方米。中等规模的学习中心应当在图书室之外，还应当有电脑室，提供上网服务。

闲置校舍改为乡村社区学习中心或农家学堂可以借鉴南安市霞美镇金山村的案例。金山村农家学堂位于福建省泉州市南安市霞美镇，金山村农家学堂倚山而建，占地30多亩，是一所集学园、乐园和花园为一体的"老年大学"。在金山村，青壮年外出打工、做生意的居多，80%以上的老人成了空巢老人。2005年，73岁的吴金斗和村里20多名离退休老干部、老教师商议，利用废弃的旧校舍、旧庙堂办农家学堂。村委会每年补贴一些活动经费，乐善好施的乡贤们慷慨解囊，捐资赠物，老年协会志愿者们也提供服务，就这样办起了农家学堂，后来又办了老年食堂，使互助养老落到了实处。目前农家学堂利用废弃小学教室，将其改造为电脑室、图书室、阅览室以及农家博物室等，配备有15台电脑、2万多册藏书、40多种报纸杂志。老人们既可在坐拥300多件农家"土宝贝"的农家博物室回味曾经的峥嵘岁月，也可在旧小学之外的山坡地上"开心农场"农耕作娱，种花、种树、种菜。老年大学还聘请45名离退休人员及村干部为老人们讲授养生、卫生、防火防盗等课程。除了丰富老人们的精神文化生活，这所老年大学还办起了食堂，为老人们供应一日三餐。70周岁以上的老人每月只需缴纳85元，80周岁以上50元，90周岁以上则完全免费。目前，食堂已有60多位"常客"。依托这所老年大学，金山村里的空巢老人、孤寡老人们真正实现了老有所养、老有所依、老有所为、老有所乐，日子过得热

---

① 广安区5所闲置村小改建敬老院 盘活了资产节约了钱，http://epaper.scdaily.cn/shtml/scrb/20130923/39233.shtml#，2013-09-23。

热闹闹、红红火火。①

闲置校舍改造成综合文化站。福建省泉州市南安市新镇省新镇园内村南园小学 2006 年被撤并，一年后，为了改变镇里老年儿童活动无场所的现状，省新镇自筹 80 余万元，加上省里下拨的专项资金 30 万元，正式将其改建成省新综合文化站。1700 多平方米的文化站内，原有的 12 间教室被划分作农家博物室、电脑室、远程教育室、图书阅览室、心理咨询室、科技室等 8 个功能区。农家博物室里展示着土砻、戽桶、囡篮等 200 多件闽南传统农业工具，利用这些鲜活的教材，主要针对青少年等下一代进行传统教育，并举行征文竞赛，写参观感受。每周三是文化站的活动日，上百位附近村子的人们，除了广场舞、气排球、篮球等"固定曲目"，文化站的南音社更是亮丽的风景线。站里定时开展南音演唱和中小学生南音培训，一到上课时间，80 多岁的退休老教师尤青山就会带着南音社成员们吹拉弹唱，其中最小的成员才 10 岁。而另一样非物质文化遗产——掷铙钹也因为文化站的推广，被当地孩子们所熟知。综合文化站既让有能力的老人发挥余热、传授知识，又让青少年体验生活，感受父辈艰辛，完成了教学使命的闲置校舍，真正成为"老少同乐园地"。

闲置校舍改造为农家乐。就教学楼的结构而言，其建筑格局简单，多为框架结构，空间大，使用的现代建筑材料便于进一步改造与装修，且改造成本相对较低。就游客体验而言，人们越加渴望回到乡村静谧舒适的环境去感悟大自然放松身心，体验农村生活特色。改造后的闲置小学能满足游客吃住玩方面的要求，如品尝农家野味，住得安静舒心，能感受当地风俗民情。从村民角度考虑，农家乐的建成与运作，势必能提供更多的就业岗位，某种程度上能解决部分村民的就业问题，同时具有一定的经济效益。除此之外，可以在农家乐中融入爱心助学的主题，对山区孩子上学难的问题加以宣传，并提供助学途径。倡导游客献爱心，会具有一定的社会效应。②

闲置校舍改造为住房，用于安置当地弱势人群。如宁夏原州区创新危房救助，让 52 户农民免费入住闲置校舍。据了解，2009 年原州区利用危

①　李振亚：考察南安市霞美镇金山村农家学堂与互助养老发展情况，榕树社会在，http：// rongsol.com/bbs/dispbbs.asp? boardid = 36&Id = 6666&page = 2，2013 - 10 - 14。

②　聂曼：《希望小学闲置问题解决途径探讨》，《科教导刊》（上旬刊）2013 年第 2 期，第 22 页。

窑危房改造资金改造的 11 个乡的闲置校舍，优先安置当地特困户、五保户和低保户 52 户，节省资金 400 万元，真正实现了让无钱建房者不花钱入住"新居"。原州区彭堡镇蒋口小学改造为"新居"后，规划整齐，统一建起了围墙，并安装了大门，并且"新居"宽敞透亮，水电齐全。73 岁的住户何富仓原先因家庭贫苦，只能和儿子挤在两间破房子里，即使政府按救助户标准补助 1.2 万元，他也无力建房。如今住在 70 平方米的"新居"里，不但有自来水、公厕，而且交通便捷。据了解，彭堡镇蒋口小学 2003 年建设，坚固结实，使用 30 年没问题，改造后已经安置 12 户贫困户。原州区民政局工作人员李学玮介绍，改造闲置校舍远低于生态移民建设成本，节约的资金又可投入到新一轮危房危窑改造中，让更多贫困户受益。[①]

三 置换、变卖、出租及综合利用

对于明确不再启用的闲置校舍的土地，属国有土地的由政府收回土地使用权，重新处置，属集体土地的可将土地退给集体经济组织。对已明确产权归属，且不适合用于教育系统、村镇公益事业或集体事业的闲置校舍资源，可以根据实际情况依法置换、变卖、出租。所得收益可根据闲置校舍产权归属来进行分配。对于因学校布局调整需异地新建、扩建校舍的，可对布局调整后的闲置校舍进行置换。置换方案可由当地教育部门或相关部门提出，经当地的财政、国土、建设部门审核并报政府审批后，按国有资产处置管理办法执行。置换前应对置换校舍进行价值评估，以免在置换时出现资产流失，置换收益全部用于调整保留学校的建设投入；或者布局调整中明确不再使用的闲置校舍主要是农村中小学，通过价值评估后，可进行变卖，变卖的收益应报县（市、区）农村中小学闲置校舍处置领导小组批准，可统筹用于该县（市、区）的学校建设投入或用于清偿教育的债务等；或者综合考虑当地政府规定、学校资源状况、校舍条件、交通地理位置等情况，对于符合条件的闲置校舍可进行出租。另外，需要注意的是对年代久远、建筑质量差的校舍，应尽快拆除，消除安全隐患，切忌因为某些利益忽视或忽略了校舍的质量安全问题，以免造成更大的问题。

关于闲置校舍出租的案例也比较多，如闲置校舍租赁为幼儿园。湖北

---

① 固原原州区 52 户农民免费入住闲置校舍，宁夏日报，http://www.nx.xinhuanet.com/misc/2009 - 12/23/content _18576253. htm，2009 - 12 - 23。

省荆州市监利县毛市镇镇郊的崔吴村小学因人口自然递减、学校布局调整等因素，2004年正式停办，闲置至今的教学楼因年久失修屋顶漏水，教室门窗破烂不堪，校园里面杂草丛生。为了响应政府普及学前教育，同时充分发挥闲置校舍资源的作用大力发展农村学前教育的号召，加上村民对孩子教育问题的重视，本地企业家李海波凭借自己敏锐的眼光，决心投资家乡幼儿园。此事得到了毛市镇委书记舒汉邦以及崔吴村党支部书记黄坤波的同意和支持。经李海波等人对闲置的崔吴村小学考察后，学校良好的区位优势、交通条件和校舍资源令他很满意，于是投资100多万元，全面改造园舍，购买娱乐设施，如今园内绿树成荫，鲜花斗艳，幼儿娱乐设施一应俱全；教室门窗更换，墙面粉刷一新，室内铺了木质地板，安装了空调、液晶电视，硬件设施可以和城区幼儿园相媲美。幼儿园开园时，即吸引该村及周边150余名农村留守幼儿来园就读。幼儿园聘请了7名专任教师，她们平均年龄为22周岁，其中学前教育专业的有5名，2名非学前教育专业的教师也已报名参加学前教育函授学习。自此当地闲置校舍资源实现了华丽转身。①

闲置校舍改造成老年公寓。福建省长乐市为解决老年人养老问题，加大投资力度，办起了敬老院、老年公寓等，推动居家养老服务站建设。同时，支持鼓励民间资本参与居家养老服务站建设管理，采取"公建民营"和"民建民营"的方式，提升管理水平和社会效益。其中，利用废弃旧校舍建设老年公寓以整合资源的做法，在长乐市得到大力推广，目前已经建成了鹤上真情、金峰夕阳红、猴屿博爱、首占上洋等老年公寓。长乐市漳港洋边锦绣山庄老年公寓，原本是学校教学楼，村里每个月花400元请人看管学校设施。2011年，村民李贤景希望能把闲置校舍租下来办成老年公寓，为附近的老年人提供养老服务，此想法得到街道、村委会的大力支持。同时约定，公寓要给洋边村老人优惠，减轻老人负担。四层教学楼改成的公寓楼崭新气派。老年人可在操场改成的花园里散步、聊天，在公寓楼前观赏闽剧，或在管理人员的带领下跳健身舞。村民办居家养老站，不仅不用再花人力物力财力维护校舍，还发展了老年事业，又可以给村民谋福利。旧学校改公寓后，修了水泥路，附近建起了公园，村民们也多了一个好去处，还可以来公寓和老人聊天、看电视、学习健身操。开展以老年

① 黄国臣：《闲置校舍的华丽转身》，《湖北教育》（综合资讯）2010年第12期，第17页。

公寓为平台的村民与老人互动，促进了老年人的身心健康和社会交往，推动了当地养老事业的发展。①

闲置校舍转借给民办学校。如北京市闲置校舍可无偿借给民办学校。2009年10月，北京的《2010年度市对区县教育补助重点投入指南》编制完成，2010年基础教育预算经费的安排将优先确保义务教育经费全部纳入政府财政保障机制，外地来京人员子女教育问题全部纳入市、区教育规划。北京市各区县剩余、闲置的校舍，以及新建的符合安全规范及教学要求的建筑均可作为校舍借给经批准的民办学校使用，用于接收进城务工就业农民子女入校就读。此外，市、区将投入经费用于修缮校舍和配备教学设备，确保打工子弟能接受到全面的义务教育。各区县可自行确定民办学校的借房方式，可无偿也可有偿借予。民办学校所借用的房屋资产归所有权单位，仪器设备资产归区县教委所有。各区县不仅给予打工子弟教育经费以及各项政策的资助，其中小学校舍抗震加固等安全工程项目经费也将优先安排。2010年北京市级经费还将为农村寄宿制学校配备和补充浴室、食堂、校卫生室设备；支持部分学校教师宿舍维修、室内设备添置等改造项目。为农村学校及部分高中建设通用教室、理化生实验室，资助民族学校多媒体和专用教室设备购置。截至2009年10月，已有部分区县启动剩余、闲置校舍的"转借"工作，仅朝阳区就将撤并后剩余的四所学校校舍提供给正规的民办打工子弟学校办学。这4所学校接纳的打工子弟已近两千人。虽然目前还鲜有"无偿"借予，但拥有近10万打工子弟的朝阳区"转借"只象征性地收费。该区一所使用面积达几千平方米的校园，民办打工子弟学校一年只需交纳几万元的费用。此外，接收打工子弟较多的民办学校，在税收上还能得到相应的照顾。②

闲置校舍租赁为公司工厂使用。湖北随州市曾都区有319所村办小学校舍废弃。为免遭浪费，曾都区制定多项优惠政策，引导外地及本地客商将投资目光投向这些"空巢"学校。厉山镇共撤并村办学校17所。2001年，他们引进香港力丰针织公司来此兴业。3年来，这个公司及其配套公司就近租赁或买断了4所"空巢"学校，将其校舍全部改造成纺织车间。

① 农村闲置校舍 变身老年公寓，福州日报，http://www.fuzhou.gov.cn/zfb/xxgk/fzdt/rcyw/201306/t20130623_697217.htm，2013－06－23。

② 闲置校舍可无偿借予民办学校，北京日报，http://www.bjd.com.cn/bjxw/bjkj/kjxw/200910/t20091023_544882.htm，2009－10－23。

公司从当地招收纺织员工 1400 余人。2013 年，针织产品开始大量出口创汇。对一些偏远的"空巢"学校，曾都区则引进种养类企业将之盘活。大堰坡乡废弃的张集小学群山环抱，风景秀丽，水源充足。广西一位企业家将之租赁，养殖西门达尔牛，带动了当地 30 多家农户加入其产业化经营，加快了脱贫步伐。曾都区有关部门称，这个区目前已有 218 所闲置校舍被租赁或被拍卖，盘活资产近千万元，有效化解了部分村级债务。其他废弃的校舍也正在积极寻求买主或租赁客商。

闲置校舍改造成农民创业的基地。如陕西澄城庄头乡闲置校舍成为当地农民创办企业、实现致富梦想的"孵化器"。为了充分利用闲置场地引进项目、激活创业、促进增收，庄头乡利用各种载体和关系，以闲置场地为资源，广泛开展招商引资。同时，以"百姓创家业"活动为载体，积极引导群众发展各种加工业、养殖业。并出台优惠政策，对新办农副产品加工、流通和从事农副产品经营的创业项目，实行"备案制"，免审批，免征各项税收，不收取任何费用。乡长王伟峰介绍，他们根据乡情，在鼓励农民利用闲置校舍创办企业的同时，还超前布局，制订了乡创业园区建设规划，把创业园区分为两个小区建设，一个是涉农特色产业园区，另一个是家具建材工业小区。目前，作为全县创业园区的唯一代表，全乡中小企业创业基地建设规划，已上报省市批准。届时，通过盘活闲置场地"孵化"出的企业，发展到一定规模，就可入驻园区，并享受更优惠的政策。此项政策不仅充分发挥了闲置校舍资源的作用，还为农民创造了当地的就业岗位，同时实现了农民增收，推动了当地农副产品业的发展，更促进了当地社会经济的发展。

闲置校舍走向教育用地、社会保障用地与人力资源市场相互结合的综合开发模式。这种模式较为适合区域级别及其以上的选用，因为涉及的教育种类、对象、设备、资金等各种资源比较多，因此此种模式适用性相对较小。这里我们借鉴我国台湾的做法，根据条件遴选出合适的闲置校舍改造成社会之家。社会之家中包含的教育类别主要为老人大学、职业训练中心、补救教学（相当于辅导学校）。老人大学的对象主要有离退休老人、空巢老人、残疾老人、鳏寡老人。授课内容涵盖语文、艺术、医疗保健、生态、科技、运动及休闲养生等，课程以生活、生动、多元为主。授课目标是老年人进入社会之家透过"模拟家庭"的组合，与年轻住户共同学习、互动交流、分享人生与社会经验。职业训练中心也叫职业技术学院，其对象是中青年转业、失业、再就业人群，残疾人就业培训，人才市场与就业媒合服务（媒合服务突出信息的有效对接，帮助企业精准、快捷地找到需求服务商，同时给服务商带来精准客户。媒合服务比传统的中介服务更主动、专业。商务快线是一个媒合企业服务交易的平台）。其授课内容与目标是办理养成、进修、训用及计算机科技信息学习等多元化职业训练，结合工厂、公司及企业团体推动职务再设计工作，协助雇主改善工作环境等。推动身心障碍者支持性就业、庇护性就业服务，办理庇护商品行销推广及庇护工场经营辅导，并鼓励雇主多安排身心障碍者。补救教学的对象是义务教育的学龄儿童。授课内容与目标是，遴选社区有服务热忱的义工担任课辅助教，协助社区内学业成绩不佳、校园适应不良的弱势家庭学生，提供专业科目、学习方法与态度、时间安排等方面辅导，增进学习效能并增强学习动机与自我信心。透过补救教学系统早期发现发展迟缓儿童，后续转介到相关机构进行专业协助。

第六章　学校教育资源的社区共享

自 2013 年下半年起，喧闹的大妈广场舞与社区居民的矛盾愈演愈烈，放狗咬、泼粪，甚至是开枪威胁等极端举措也频频发生。在不堪噪声骚扰的社区居民眼里，这些抢占了小区空地和街边广场的大妈，已经严重影响了他人的正常生活，但大妈们也非常委屈，"我们并不想骚扰他人，我们只是追求健康和身心愉悦的生活，这难道也有错？"如何化解这种人民内部矛盾，有关专家也纷纷出谋划策，但其问题产生的根源在于有限的社区公共空间难以满足社区居民的需求，才使得社区居民与广场大妈们就噪声和活动场所问题矛盾频发。那么如何在高楼林立、"地比黄金贵"的城区中开发更多的居民活动场所？目前各地正在探索的中小学教育资源与社区共享制度，也许能帮助解决社区居民休闲空间不足等问题。即中小学校的操场、图书馆、阅览室、电脑房等设施，在确保学校教育教学秩序不受影响的前提下，根据社区教育需求和学校条件许可的情况，向社区开放。用于居民（包括在校学生）有组织地进行形式多样的文体活动、社区学校上课及开会、办讲座等。

第一节　学校教育资源与社区共享的可行性探讨

一　学校与社区资源共享是社区教育发展的基础

现代意义的社区教育启蒙于 1915 年，美国的杜威（Deway）提出"学校即社会"的思想。不久，曼雷（F. L. Maney）和莫托（C. S. Mott）在美国的密执安州进行了实验，把学校和社区沟通起来，形成了社区教育的雏形。可见，社区教育从一开始就是与学校教育紧密相连的。因此从本质上讲，社区教育是沟通学校与社区、协调教育发展与社区发展的内容更为广泛的教育形式。

在我国，社区教育的最初提出也是为了解决学校教育与实践生活的脱节等一系列问题。由此可见，社区教育资源的构成应该包括以下三要素：教育教学的人力资源、场地与设施的物质资源和课程资源。这三类资源互相联系、互相制约，是一切教育活动得以开展的最基本要素。社区教育的人力资源又包括师资、管理者和组织者等，其中的师资队伍主要采取专职、兼职和志愿者队伍相结合的方式组建。社区教育的物质资源主要是机关单位、企事业单位、学校、部队的文化设施，以及社会公益性艺术馆、文化宫、图书馆、体育场等。

20 世纪 60 年代以来，增进学校与社区的合作与交流，已成为世界性的潮流。面向 21 世纪教育国际研讨会所提出的报告——《学会关心：21 世纪教育》中进一步提出："要想形成 21 世纪要求的学习，教育体制应不囿于目前的模式，可能其最重要的方面将是社会更多地参与学校和学校更多地参与社会。"在这种思想的推动下，我国的学校正在逐渐成为社区教育的基本力量，而教育走进社区也成为学校改革的方向。因此，必须实现学校与社区双向开放、双向参与、双向服务、双向受益，在社区大力支持教育的同时，学校凭借人才、知识、信息等优势发挥对社区的辐射功能。当前中国城市社区中，中小学教育资源与社区共享正在兴起。

据福建省教育厅官网报道，2007 年 9 月初，福建省泉州市丰泽区第二实验小学与当地社区圣湖社区居委会签订共建协议，双方将通过彼此面向社区居民、学校师生开放公共文化教育场所等，实现"资源共享"。丰泽区第二实验小学为丰泽区直属小学，学校坐落于环境优美、配套齐全的国家级绿色社区——泉州圣湖社区，学校设施完善，办学质量优良。

学校与社区资源共享协议内容包括：双方彼此面向社区居民、学校师生开放公共文化教育场所，包括运动场所、阅览室、报栏、文艺舞台等。学校操场在规定时间内面向社区居民锻炼开放；学校定期选派优秀教师为社区居民作专题文化辅导；学校选送优秀文艺节目参加社区组织的文化活动或代表社区参加市、区级比赛等。社区选派优秀居民代表担任学校的校外辅导员，加强对学生思想道德教育和科学文化教育；定期举办家庭教育讲座，提高居民的家教水平；定期举办公益性专题宣传教育活动，引导学生做文明守法好公民；为学校的社区居民家长提供定时接送、保洁等家政服务，解决家长的后顾之忧等。双方签订共建协议，将使社区居民、学校师生在实现"资源共享"中达到"双赢"。

二　社区教育资源共享机制有待健全

长期以来，在计划经济体制下，教育资源一直处于封闭或半封闭状态，有一些学校比较愿意接受资源共享的理念，想向社区开放学校教育资源，但由于存在经费、安全事故以及双方责任协调困难等顾虑，所以资源共享迈出的步伐不大。因此，亟须政府出面进行社区教育资源整合，加快社区与学校结对共建的步伐。所谓社区教育资源整合，一是将一切潜在的教育资源尽可能地变为现实的教育资源，即社区资源教育化；二是对社区内已有的教育资源进行整合和再开发，即教育资源社区化。实践证明，社区教育资源整合与共享的关键在于对现有教育资源的盘活和利用，其最终目的就是将一切可以利用的资源充分利用起来，形成一个教育社会化、社会教育化的系统网络。社区与学校结对共建，各自发挥自身优势，开展双向服务。学校为社区开展各种培训教育，组织学生参与社区活动，社区在物力、财力等方面支持学校工作，并为学校开展劳动教育、社会实践活动等提供方便。因此整合社区教育资源，主要就是要实现社区与学校教育资源的整合和共享。

可供社区教育开发利用的学校资源主要包括学校课程资源、学校人力资源、学校物质资源和学校管理资源。社区教育可以直接利用学校的课程资源，开发适合社区特点、居民需要的课程内容；学校人力资源是指学校内的教师、专家和学者等，选派中小学得力教师和干部做社区教育的专职工作人员，利用大专院校的专业人才优势，建立由教授、讲师、专家学者组成的社区教育兼职教师师资库，随时为各类培训提供服务；学校物质资源是指学校内的教育场地、教育设施和教育设备，社区教育可以依托这些资源，向社区居民提供广泛的服务；学校管理资源包括学校的办学思想、教育思想、管理体制和运行机制等，可以借鉴这些资源提高社区教育的规范程度和专业化水平。

可供学校教育开发利用的社区教育资源包括社区文化资源、社区人力资源和社区物质环境资源。社区文化资源是指社区里长期形成的历史传统、风俗习惯、地方语言、行为规范、生活方式以及社区成员的价值观等，是一种无形资源，可以成为学校教育的素材和来源；社区人力资源主要是指社区内在知识、技能等方面有专长的人才及具有一定社会影响的群众组织，包括企业界人士、专家学者、离退休干部、学生家长以及社会各界的知名人士等，这影响着学校教育的实施范围和活动水平；社区物质环境资源主要包括山川河流、社区图书馆、动植物及博物馆、少年宫、高等学校、工厂、部队、商场、信息中心等，能够弥补学校教育资源的不足。

三 相关案例介绍

关于我区中小学校与社区建立教育共建、资源共享机制的意见[①]
（试行）

为了贯彻党的十六大提出的"形成全面学习、终身学习的学习型社会，促进人的全面发展"要求，中共中央、国务院《关于进一步加强和改进未成年人思想道德建设的若干意见》精神，落实《教育部关于推进社区教育工作的若干意见》的指示，现对我区所属中小学校教育资源向社区开放提出如下意见：

一、指导思想

以邓小平理论和"三个代表"重要思想为指导，树立和落实科学发展观，落实徐汇区社区教育委员会《关于推进社区教育发展、建设学习型社区的实施意见》精神，根据"资源共享、氛围共创、特色共建、义务共担"的原则，建立和完善教育统筹协调机制，推动社区基础教育与社区教育共建、资源共享的运作机制，构建和完善区域性终身教育体系，形成人人学习、终身学习的公共资源平台，建设和谐社会，创建学习型城区。

二、开放的对象和内容

1. 徐汇区所有中小学校的操场、图书馆、阅览室、电脑房等设施，在确保学校教育教学秩序不受影响的前提下，根据社区教育需求和学校条件许可的情况，向社区开放。用于居民（包括在校学生）有组织地进行形式多样的文体活动、社区学校上课及开会、办讲座等。教育场所开放具体事项，由社区和学校共同协商决定。

2. 学校应根据社区教育需要，发挥教育人才资源的优势，动员选派干部和教师参与社区教育管理和担任志愿者老师，积极参加社区教育建设。鼓励和组织广大学生利用课余时间和节假日，积极参与社区

[①] http：//xxgk. xuhui. gov. cn/WebSite/HTML/xhxxgk/xxgk _ jyj _ qtlxx _ qt/Info/Detail _ 4721. htm.

教育和其他有益于提高中小学生综合素质的活动。

3. 学校在综合环境、安全、青少年思想道德教育等方面，应争取社区对学校的有力支持和密切配合。

三、开放的要求

1. 学校领导重视。各校领导应从全面建设小康社会，构建终身教育体系和建设学习型社会的高度，充分认识开展社区教育工作的重要意义。把当前中小学与社区建立教育共建、资源共享的工作提到贯彻党的教育方针、创建和谐社会、提高办学水平的高度来认识，切实做好工作。

2. 建立领导协调机制。成立由街道（镇）、公安消防、学校领导、居民代表等组成的"学校教育资源共享工作协调小组"，统筹协调此项工作；协调小组可设若干个"资源共享管理小组"，成员由学校、周边若干个居委会、管段民警及居民代表组成，负责制定资源共享的具体实施办法和组织管理工作。

3. 建立和完善安全保障机制。为保证学校资源开放工作的安全，应制订相应的管理措施。如：安装安全告示、警示标志，制订出入制度、赔偿规定、应急预案等。可采取发放"学员证""活动证"，凭证进出学校的方法来确保安全。可请街道牵头与保险公司联系，购买集体社会保险。

4. 建立成本补偿机制。发挥政府扶持和市场运作机制的作用，采取"政府拨一点，社会筹一点，单位出一点，个人拿一点"的办法，建立以政府投入为主，多渠道筹措的社区教育经费保障机制。社区学校根据物价局的核准，可适当收取部分学习成本费，以补偿资源共享过程中产生的物耗和人力消耗成本。

5. 制定奖励激励机制。教育局制订考核评估办法，对教育共建、资源共享工作成效显著的学校实施奖励，学校也应制订相应的考核评估办法，对工作成效显著的个人实施奖励，促进此项工作的良性循环。

四、推进步骤

自本《意见》下发后，各学校可根据实际情况和街道（镇）沟通，根据社区教育的需要，达成开放项目意向。已达成开放项目意向的学校，根据本《意见》的要求，建立相关的规章制度，做好试行工作。

本《办法》自 2005 年 3 月起试行。

附：社区—学校教育共建、资源共享评估表

徐汇区教育局

二〇〇五年三月二十一日

四 关于大学城资源共享

目前在我国高等教育中最为普遍的一种资源共享方式就是大学城的兴建。大学城是教育资源优化配置，硬件资源与软件资源共享的园地。不同类型的高校在大学城里办学，不仅可以共享水、电、道路、建筑等基础设施，体育、休闲、娱乐场所，图书信息资料，生活后勤服务设施等硬件资源，而且同样可以共享软件资源——高素质的教师可以轮流到几所大学执教，学生可以走进其他大学的课堂选修自己喜爱的课程。大学城内这种资源的共享能有效实现教育资源的优化配置，避免各自办学的资源重复配置，提高资源利用效率和办学效益。

"大学城"理念源自西方的大学传统模式。17 世纪，一批被法国驱逐的学者聚居于英国牛津这座学术自由的城市，于是，一种由皇家资助，始于师徒模仿修道院形式的学院开始修建。独立的学院分散于牛津各处，大学城因此形成。《教育大词典》把大学城定义为"围绕大学建立的社区，人口一般在 5 万 ~ 10 万，为大学生提供良好的学习环境和便利的食宿、交通条件"。西方大学城多属于"自然生成"模式，这一模式的显著特点在于大学城是在大学与地区经济发展共同作用中自然而然缓慢生成的。较之于西方大学城的"自然生成"模式，我国大学城的一个显著特点就是"主动构建"。

改革开放以来，经济与社会的快速发展迫切需要高等教育规模不断扩大，以满足地区发展在人才和智力上的需要。由于历史的原因，我国高校主要集中在直辖市和省会城市，一些新兴城市和地区深感人才资源的短缺和高等教育资源的严重不足。因此，兴建大学城，利用高校的人才优势为地区经济和社会发展服务便成为一种理想的选择，这就为大学城的兴建创造了客观需求环境。同时兴建大学城又是一个投资项目，而地区经济的发展又为这一项目的实施奠定了坚实的经济基础。大学城的兴建还在一定程度上解决了高等学校在发展过程中的资源紧张问题，得到了社会各界的广泛认可。我国各地大学城的建设正是遵从这一理念，以主动构建的方式迅速崛起。短短几年时间，我国就相继建成了北京东方大学城、上海松江大学城、深圳大学城、长沙岳麓山大学城等一批大学城，大学城模式初见端倪。

在美国同一城市的高校之间，图书互借、课程互选、学分互认、学分转移、学术平台共建等，对学生的学习与发展发挥着十分重要的作用。学生不仅可以在本校实现跨校借阅图书，在本校修读他校课程，而且可以在不同高校之间转学，转学前修读的学分可以带入新的高校。这样，不但实现了高校教育资源的最大化利用，而且使学生的学习更具有弹性，教育的边界得到了极大的拓展。也就是说，高校的建制不再是约束学生学习的边界，学习做到了无边界！

我国高校一向画地为牢，单位所有制不仅表现在干部教师的编制与工作上，更表现在学生的学籍及其所受的教育上。这与现代高等教育的特征是格格不入的。大学城为教育资源共享提供了最节约的路径，要突破"玻璃门"，不但取决于高校过度行政化问题的解决，更取决于高校教职员工思想观念的更新，尤其是高校领导思想的解放。与隶属关系、行政级别等障碍相比，无形的认识和意识对教育资源共享的限制更严重。开放办学、互通有无、资源共享、优势互补是我国建立现代高等教育体系不能回避的重大课题，在现行体制下，政府应当通过政策、行政、资助等措施，积极作为，推动高校开放办学，主动建构协同教育体系。

福州大学城共有 15 所高校，在福建省教育厅的领导下，福州大学城多所高校从 2009 年起就开始尝试教育资源共建共享，以提高办学效益。参与的高校主要有福州大学、福建师范大学、福建医科大学、福建中医学院、福建工程学院、江夏学院和闽江学院等 7 所高校，这 7 所高校都位于福州市闽侯县上街镇的福州大学城。上述各校将全面推行以选课制为核心的学分制，建立开放、灵活的学籍管理制度，推行各校之间的课程互选、学分互认。所有课程在师资和教室容量允许的情况下，都逐步对外开放。学生在教学计划内进行的跨校选课按学分收费，费用不由学生另行支付，而是由学生所在学校进行校际结算。各校还将实行教师互聘，开放名师讲座。互聘教师可按学期聘任，也可跨学年聘任，其教学工作量由派出高校认定，课时津贴由聘请学校发放。各校举办的名师和著名学者的报告或系列讲座，应向其他学校开放，允许学生跨校选听。在教学硬件方面，各校将开放图书馆、实验室、实验教学示范中心、测试中心等，允许师生向各校图书馆借阅图书资料。为实现专业上的优势互补，福建省教育行政主管部门鼓励和支持各校联合创建人才培养改革创新实验区，打破学校界限和学科壁垒，推动不同学校、不同学科的交叉融合，培养既懂经营管理和外语，又有专业特长的复合型人才；鼓励和支持各校设立跨校互选的辅修专业和双专业、双学位，创造条件使学有余力的学生在完成第一专业学习任务的基础上，辅修和选修另一专业，培养跨学科、跨专业的高素质复合型人才。

第二节　学校体育设施的社区共享

一　学校体育设施与社区共享的意义

第五次全国体育场地普查数据显示："我国现有 850080 个体育场地，其中教育系统有 558044 个，占全国体育场地总数的 65.6%；人均体育场地面积为 1.03 平方米，约是美国的 1/16。"可见，教育系统，尤其是学校拥有大部分的体育设施，且随着体育项目经费的逐年增加，体育设施的数量和质量都在不断提高，但体育场地利用效率低和人均体育场地面积较少的问题依旧存在。

因此，学校可以将体育场地、器材等以无偿、低偿或有偿的方式向社区开放，学校体育教师和体育社团组织等可以担任社区居民体育锻炼的指导员，使社区居民在走进学校锻炼身体的同时能够科学有效地获得体育健康知识和技能，学校向社区开放体育设施的使用权，社区向学校缴纳一定的设施维护、人员使用和设施使用费用，对双方都是互利共赢的好事。一方面，对学校来说，可以充分利用偶尔闲置的体育设施，提高资源利用效率，增加学校经营性收入，同时也可以以此为纽带加强与学校周边社区的联系，树立"开放式"办学的良好形象；另一方面，学校共享体育设施对社区而言，能够增加社区居民的活动场所，获得更优质的体育锻炼硬件资源。这种公共场合的开放，通过举办大型休闲娱乐活动也有利于增强社区居民间的互动联系，对于增进社区居民的内部关系也大有裨益。

二　学校体育设施与社区共享的可行性

1. 学校拥有大量的体育设施

如前所述，目前我国 65.6% 的体育场地在教育系统。学校除了体育场所相对充裕外，非体育的专用空地也相对较多，且随着园林式校园的建设，环境优雅、绿化充分的校园环境是进行体育文化休闲娱乐活动的最佳场所。学校周边的社区居民在闲暇时分既能来到这里健身，又能受到高质量的体育文化熏陶。伴随着学校基础设施建设投入力度的加大，体育场所的数量、种类和质量都会不断提高，如果能够充分面向社区居民开放，将会大大缓解资源利用效率低、人均使用面积少等问题。从这一角度看，学校拥有大量可共享的优质体育设施。

2. 学校体育设施开放时间的可协调

一般情况下，学校的体育设施的使用是在正常的教学时间，也就是工作日的上午和下午用于体育教学和专业训练，而这一时段也是绝大部分社区居民正常工作的时间，因此在早晨、傍晚和公共休假日等居民较为集中的锻炼休闲时间可以向其开放，这就有效地避开了以学校为主体的使用时间。时间上的相互协调，避免发生冲突，也大大提高了学校体育设施的使用效率。

3. 学校拥有大量优质的体育专业人才

学校体育设施的社区共享还应包括人才资源的共享，这样才能最大限度地吸引社区居民参与到体育活动中来，利用优质的体育文化资源。而学校是体育专业人才最为集中的地方，体育社团、教师和学生体育骨干都是学校体育资源的重要组成部分。他们掌握着丰富的体育专业理论知识，具有种类齐全、内容丰富的体育锻炼经验，能够为社区居民提供科学、健康、有益的锻炼指导和体育文化的宣传。学校体育教师资源社区共享的过程中，也给体育教师创造了施展才华的机会和平台，其专业知识和技能也可以在训练中获得提升，从而更加贴近社区、贴近居民的需要，也更有利于提高全民的身体素质和健康水平。

三　目前学校体育设施与社区共享存在的问题

学校体育和社区体育长期以来被原有的组织管理模式分割在各自的系统中，面向不同的群体需要发挥各自的优势，学校体育习惯于规范、稳定和单一的封闭式管理模式，这样固然可以避免开放式管理带来的问题，而"共享"的理念使得学校自身的体育活动由封闭转向开放，进入一个合作和多元性的社区体育空间，这在一定程度上对学校原有的体制和指导这种体制的惯性思维产生了冲击。

1. 学校体育与社区体育缺少衔接

上海某地通过对社区居民体育锻炼状况的问卷调查显示，有41.7%的社区居民没有体育锻炼习惯，其中以中青年为主，他们当中的绝大多数人是走出校园后就很少进行过体育锻炼，学校体育没有很好地培养学生的终身体育锻炼的习惯。考察中发现，大多数学校的体育教学还是建立在应试教育理念之上，学生们为了体育课获得好成绩而进行体育活动，体育成绩也和奖学金等考评挂钩。在体育课的教学中，教师也往往没有将学生的体育兴趣和潜能充分挖掘，不注意培养学生的体育意识和习惯，学生通过体育锻炼得不到快乐，使得有些学生对体育课存在消极态度和抵触情绪，毕业后自然而然不再参加体育锻炼，无疑这样的体育教学会严重影响他们成年后对体育锻炼的态度。还有部分学生认为目前的体育课内容单调、不新颖、教学方法简单，对体育课提不起兴趣。另外，原本学校里面丰富多彩的课外体育活动应该是与社区体育结合的最佳切入点，但往往由于时间冲突、场地少以及难以组织等原因，学校课外体育活动大都流于形式，走过场，这也使学校失去了培养体育的兴趣，以及强化学生体育技能的良好时机。

2. 学校体育资源与社区体育资源分布不均衡

随着近几年的高校扩招以及城市人口的激增，高校和社区内的人均体育场地面积越来越少，尤其是社区内的体育设施原本就建设不足，社区体育还面临着社会指导员严重缺乏的状况。时间上，学校体育设施的利用时段主要在正常教学时间，而在周末和寒暑假期间绝大部分体育设施被闲置而得不到有效利用，一方面是学校资源充足而无法利用，另一方面社区居民无法获得优质的体育设施，这种矛盾凸显了学校与社区之间缺少沟通交流的机制，这也是学校体育设施开放程度低的重要原因之一。同时，由于社区内的体育资源贫乏，在社区体育和学校交流的过程中，存在着学校单方面帮扶社区的情况，互动阻滞。如何进行相对对等的共享，这成为学校体育资源与周边社区体育共享过程中面临的一大难题。社区应当多渠道筹措资金，建设社区体育设施，丰富社区的体育资源。

3. 学校体育与社区体育信息沟通不畅通

目前，宣传是学校体育与周边社区体育共享过程中的一个薄弱环节，由于缺少宣传，许多社区居民对周边学校开放共享的体育信息、体育锻炼知识了解不够，很多人因此无法参与到体育活动当中，无法养成体育锻炼的习惯。应当通过网络、墙报、广播等社区媒体进行广泛的宣传，介绍基本体育锻炼方面的知识、信息。

学校体育和周边社区体育活动共享过程中还面临的一个问题就是缺少体育健身的指导，高校的体育人才资源的作用没有充分发挥出来，在一定程度上也影响了学校和社区体育上的交流与互动。

四　学校体育资源与社区共享的途径

《全民健身条例》第二十八条规定："学校应当在课余时间和节假日向学生开放体育设施。公办学校应当积极创造条件向公众开放体育设施；国家鼓励民办学校向公众开放体育设施。县级人民政府对向公众开放体育设施的学校给予支持，为向公众开放体育设施的学校办理有关责任保险。学校可以根据维持设施运营的需要向使用体育设施的公众收取必要的费用。"但现实中不足的是，学校的体育教学设施除了平时正常教学的使用外，很少有时间向居民开放，甚至随着假期的来临，学校停止正常教学之后体育设施也停止了使用，造成了资源的极大浪费。当然，在资源共享的过程中校方有着对安全问题、管理问题、资金问题、法律责任问题的诸多考虑，但最主要的原因是相关政府部门未形成统一的认识，发挥主导作用，建立起相关的规章制度，以保证学校体育设施共享的过程便捷、高效。

1. 确定体育设施共享的原则

学校体育设施的共享涉及学校体育场所管理者、社区居民等多方共同参与，无序性、随意性较大，因此，必须遵循以下几个原则。

① 利民便民的原则。学校体育设施的共享主要是为了方便周边社区居民参与体育文化活动，因此便民利民是首要考虑。

② 区别化原则。针对不同层次、不同兴趣爱好的社区居民区别对待，根据体育设施的特点实行无偿或者低额有偿使用的原则，坚持以低偿和无偿使用为主，对于一些高建设费用、高维护费用的体育设施可以适量收取费用，以满足不同层次人群的需要。

③ 可行性原则。充分挖掘学校内可共享的体育资源，做到最大限度地

实现共享。

④ 自我管理的原则。归根到底，体育文化生活是居民自己的事，管理部门只起到协调促进的作用。体育设施的使用、借还、维护等都应做到自我管理。

2. 建立学校体育资源与社区共享的管理机构

以学校体育设施管理部门负责人、校周边社区居委会负责人以及居民代表三方共同组成管理机构，负责学校和社区体育设施共享的统筹、协调、管理工作。管理人员可以采用兼职的形式，由三方各选出一名人员负责。运作经费上，可由公办学校和社区共同承担，也可以通过创收或者辖区企业赞助的形式获取。通过设立管理机构，使得学校体育设施共享朝着规范化、常态化、组织化的方向发展，同时，也可以有效地避免校方所担心的安全责任等问题的发生。

3. 要确定学校体育设施共享的情况

经由相关方协商共同确定学校体育设施的开放时间、使用规则、费用收取等事宜，编制《社区周边学校体育设施开放指南》，以图文并茂的形式将信息有效地传递给社区居民，方便居民了解活动场所，根据自身兴趣爱好和特点选择活动场所。此外，对于学校和社区组织的体育活动要提前告知居民，方便居民参与或参观，丰富居民闲暇时间的精神生活，提高社区居民的体育文化素质，满足居民参与体育活动的需要。

4. 建立学校与社区共建的体育活动组织

学校和社区共建的体育活动组织，一方面能够利用学校场所资源、人才资源等优势，另一方面也能够贴近居民体育锻炼的需要。通过建立诸如体育俱乐部、体育培训中心等民间组织，开展适宜社区居民的体育文化活动，丰富社区居民的业余生活，同时也能满足闲暇时间较多的社区老人的精神娱乐和养老保健的需要。

5. 学校体育设施的开放管理办法

学校体育设施应当以无偿和低额补偿的形式向周边社区开放，对有较大损耗的体育活动或有收益的各种体育培训班，以低额补偿的形式开放；对于一些利用学校设施成立的体育俱乐部、社团，应当收取一定的会员费用；而对于耗损维修费用较高、建设费用较大的设施可以收取适当的费用。所有设施使用获得的资金，一方面要用于场地维护和保养，另一方面要为体育场所的管理人员、体育指导员等提高补助，而且所有资金不准用于与学校体育建设无关的投入，只有这样才能充分利用闲置资源，多、快、好、省地发展体育事业。

6. 坚持政府主导作用

学校系统属于国家事业单位，政府的行政管理体制对其有决定性影响。坚持政府的主导作用，全面贯彻落实《全民健身条例》，鼓励社会力量参与学校体育设施的管理和建设，加快出台相关政策指引，积极探讨学校体育设施对外开放的长效机制，使学校体育资源发挥最大的社会效益。

第三节　学校图书馆的社区共享

一　学校图书馆向社区开放的意义

1. 有利于提高社区居民的文化素质，为实现终身教育提供可能

图书馆是人们提高素质，了解外界信息的重要阵地，在建设学习型社会以及实现终身教育过程中具有重要的意义。然而，在我国，公共图书馆的发展速度远远赶不上城市发展的速度，无法满足广大群众的需求。同时，随着生活节奏的逐渐加快，我国国民的阅读率呈逐年下降的趋势，这就需要贴近居民，使他们能够较为便捷地利用获得信息的图书馆资源。比较而言，学校图书馆遍及我国主要社区。如果学校图书馆能够面向社区居民开放，社区居民就能便捷地获得需要的知识和信息，开阔视野，陶冶情操，也能使学校图书馆成为终身教育的平台，成为民众源源不断获取知识的资源库。因此，学校图书馆向社区开放，能够提高社区居民的文化素质，为实现终身教育提创造条件。

2. 有利于丰富学生的课余生活

随着城市生活节奏的逐渐加快，父母由于工作需要，子女往往在放学之后，父母下班之前这段时间处于无人看管的闲散状态，虽然很多社区都成立了诸如"四点半学校"等类似的针对这一时段的学生开展的社区活动，但活动内容上仅限于看管、学习教育、安全保障等，缺乏符合青少年身心发展需求的活动形式和内容。如果学校图书馆可以向社区开放，社区可以依托图书馆开展相关的阅读、知识竞赛等寓教于乐的、符合青少年身心发展需要的文娱活动，一方面能够丰富学生的课余生活，另一方面也能够为他们综合素质的提升奠定基础。

3. 有利于图书馆自身的建设

从产权的角度来说,学校图书馆属于学校的财产,但不少学校,尤其是中小学校因为领导不重视,藏书数量和质量不高,缺乏专业的图书馆管理人员,使得学校图书馆利用率非常低。而学校图书馆向社区开放,能够引起全社会对图书馆建设的重视,进而实现学校图书馆自身的建设的完善,提高使用效率,实现图书馆与社区的共赢。

二 我国图书馆向社区开放的模式

1. 独立型"社区图书馆"

这种模式是指学校图书馆作为学校的一部分,其资金来源、运作管理全部是由学校承担,针对实际需要部分向社区居民开放和开展服务,资源的使用权部分与社区共享。这种模式优点在于便于操作,可行性强,学校可以根据自身实际情况和居民需要规定开放程度,一方面使居民能够较为便利地获得想要了解的内容,另一方面也不会妨碍在校学生的正常使用。

2. 联办型"社区图书馆"

秉承"联合共建、资源共享、优势互补、互惠互利"的原则,学校与基层政府、社区或者企业联合开办图书馆,这种模式可以多渠道获取资金,一定程度上弥补学校图书馆建设资金不足的问题。联办型图书馆面向居民、辖区企事业单位、师生平等开放,对读者的权利一视同仁。联办型图书馆一般场所较大,藏书量丰富,功能也较为健全,能够提供信息查询、阅读、培训等多方面的服务。

3. 托管型"社区图书馆"

这种图书馆建设模式是利用已有的图书馆场所和资源,通过学校、社区等单位的参与、加盟或者委托的形式进行筹建与管理,使得原有图书馆管理更加规范,藏书更加丰富,受益人群更加广泛。馆舍的原有资源、设备等财产所有权仍属于原单位,通过扩建、改建确保了图书馆发展的可持续性。

三 学校图书馆向社区开放的实现路径

1. 加快立法进程

2002 年教育部颁发了《普通高等学校图书馆规程》,到 2005 年 50 余所高校图书馆馆长共同签署了《图书馆合作与信息资源共享武汉宣言》,

再到 2008 年中国图书馆学会出台了《图书馆服务宣言》，这些共识的达成均在不同层面上推进了图书馆资源的社会化共享，但实际的开放效果和程度仍然不尽如人意。在国外，很多学校的图书馆对全社会全面开放，这种完善的社会化服务依赖于其背后的法律支撑体系。1925 年，美国就制定了《图书馆法》，保障了图书馆存在的合法性和持续性，到了 1997 年，随着《图书馆服务与技术法案》的颁布实施，大大提高了图书馆之间、图书馆与教育机构之间、图书馆与社区之间的网络化建设，实现了图书馆信息的社会化共享。而我国到目前为止还没有一部完整的《图书馆法》，法律的缺位使得学校图书馆的社区服务无法可依，而现有的行业规范和宣言又不具有法律效力，学校图书馆的发展存在很大的随意性和盲目性。因此，图书馆的社会化服务继续从法律的高度确定其发展方向和图书馆作为公共服务组织的社会责任，以保证图书馆事业的高效、快速发展，使发展成果惠及全体民众。

2. 资金来源多元化

无论是公共图书馆还是学校内部的图书馆，本质上都属于提供公共服务的非营利组织，除了依靠国家财政拨款或者挂靠单位拨款外难有额外收入，因此在有限的财政拨款外需要开辟新的筹款渠道，实现资金来源的多元化，以增强服务能力。这里需要强调的是，图书馆所获得的资金应当全部用于其本身的建设，而不是用于员工的分成或投资。

（1）多种筹资方式相结合

资金保障是图书馆社会化建设的保障，多元化的筹资方式能够大大提高图书馆面向社会开展服务的能力。借鉴发达地区和国家的先进经验，通过采取相关部门补助、社会支持、企业赞助等全社会共同参与的方式进行融资。图书馆可以与所在地区的企事业单位共建，拓宽资金来源渠道，发展企业文化，实现互利共赢。同时，要强调企业社会责任建设，尤其是房地产开发商在新建商品房小区时，应该支持所在社区公共服务设施的建设，为图书馆建设提供部分资金。

（2）多种收费方式相结合

对于一般性、普及性的知识信息，图书馆可以采取无偿或者低额补偿的方式向大众开放；而对于获取较难、整理保存困难的信息书籍，则采取适当收费的方式。图书馆虽然是非营利性的组织机构，但公益性不代表不收费，只要其收入不是用于投资分成即可。图书馆可以将收费获取的这部分资金用于社区服务，弥补开展社区服务活动所需经费的不足。我国《普通高等学校图书馆规程》中已有规定：有条件的高等学校图书馆应尽可能向社会读者和社区读者开放，而面向社会大众的文献信息和技术咨询服务，可以根据材料和劳动的消耗或服务成果的实际，收取适当费用。

3. 探索多种开放模式

（1）分步开放，循序渐进。学校图书馆的首要服务对象是在校师生，其次才是周边社区居民和社会大众，因此图书馆在面向社区开放时要分清轻重缓急，制定科学合理的开放政策，恰当处理二者之间的关系。当然这一过程的实现不是一蹴而就的，而是循序渐进的过程。开放的时间上既要不影响校内师生的使用，又要满足社区居民的需要，因此要重视利用寒暑假的开放时间。同时，在图书资源有限的条件下，校内师生应该拥有优先使用权，而随着图书藏量的不断扩充，每一位服务对象都可以平等地获取资源。

（2）资源共建，互利共赢。社会化的图书馆建设需要社会多方资源的共同参与，学校与社区在共建过程中要本着优势互补、互惠互利，多方共赢的原则，发挥各自的优势，同时确定双方各自的权利和义务。学校图书馆可以发挥专业优势和管理优势，而社区可以提供共建资金和管理志愿者，实现互惠互利。

（3）多方参与，注重效果。除了社区和学校共建图书馆，还可以利用馆日活动等邀请周边企事业单位共同开展活动，扩大其社会影响和资源获取渠道，既能有效地节约资金又能将图书馆的服务功能最大化，实现社区服务效果的最优。

4. 技术支撑

在网络环境下，图书馆的社区服务只有借助一定的技术，才能更加方便快捷地为社区居民提供服务。根据社区居民的需求，可以利用学校图书馆期刊全文数据库和在线服务系统，开展网上咨询、资源下载等服务。利用QQ、E—mail、微信等网络媒体拓宽信息传送渠道，为社区用户提供多样化、多层次的个性化服务，使社区居民在家就能够获得图书馆资源。

5. 个性化服务

社会大众千差万别，需求也呈现多层次、多样化的特点。面向社区居民开展个性化的服务，首先需要确定主要的服务群体和服务群体的需求特点，通过细化服务对象才能有针对性地将有限的资源恰如其分地满足他们的需要。

（1）面向社区儿童开展的服务

国外的公共图书馆和学校图书馆一直把社区儿童作为重要的服务对象。比如日本的学校图书馆通过举办丰富多彩的适宜儿童特点的服务活动，为儿童营造了良好的阅读环境，使图书馆成为社区儿童学习、娱乐，长知识、受教育的乐园。在社区服务中，学校和公共图书馆一方面要培养儿童的阅读能力，定期与其他专业机构合作，联合家长实施一些如亲子故事、儿童阅读国学经典等主题的服务活动，在忙碌的社会生活中增加亲子有益互动的频率。另一方面现在的家长都十分重视儿童的早期教育题和兴趣塑造。图书馆作为知识的"集散地"应该营造有益的儿童早教培养环境，使这些儿童能够在这种环境下学到一些重要的技能，培养对音乐、舞蹈、书法和戏剧的学习兴趣，以便他们今后顺利完成社会化的任务。

（2）面向社区老人开展的服务

我国进入老龄化阶段的脚步加快，根据我国第六次人口普查数据显示，我国 60 周岁及以上的老年人的数量达到 17765 万人，占我国总人口的 13.26%。人口老龄化已经是我国现代社会面对的重要问题，而社区是老年人的主要生活场所，也是老年人休闲娱乐获取文化知识的主要场所。因此，面对如此庞大的社区教育群体，针对老年人的需求特点，可以重点开展以下服务：首先，图书馆应该开设老年人比较关心的内容的服务，如隔代教育、理财投资、生活保健常识、计算机知识技能、国内外时事和法律安全等；其次，图书馆要进行自身建设，为老年人提供方便、舒适、安全的服务环境；图书馆还应联合其他社区内的其他社会服务机构，为老年人提供全面多样的服务，真正做到老有所为、老有所乐。

（3）开展具有地方特色的社区服务

图书馆因地制宜地开展社区服务活动，是图书馆服务社会化的重要原则。我国城市中大量存在的外来务工人员，因身份限制无法或较少享受到城市的公共服务设施，面向这一群体可以重点开展法律维权、技能提升、理财投资等服务活动。在农村，面向农村社区居民可以开展高新农业知识普及、农业政策宣导等服务活动。同时，我国是一个多民族的国家，可以在少数民族聚集地区开展适宜的社区服务工作。随着我国对外开放的大门不断打开，综合国力和国际影响力不断上升，越来越多的外国人逐渐到我国学习和工作，图书馆的社区服务，应该主动帮助他们了解和融入中国社会，开展传统文化、法律安全、政策制度等他们急需的宣传服务活动。我国学校和公共图书馆应该大力开展面向城市务工人员、农村社区居民、少数民族同胞和外来移民的社区服务。这样才是我国图书馆事业建设的发展方向，才能体现图书馆作为公共事业的时代价值，展现中国公共文化信息服务的风采。

第四节　学校作为社区避难所

避难所的大意是：当有危险或不可避免的灾害，比如地震或火灾等，人们用一个科学、透明的灾害处理方式和城市危机管理机构修建的应急避难所。应急避难场所是应对突发公共事件的一项灾民安置措施，是用于民众躲避火灾、爆炸、洪水、地震、疫情等重大突发公共事件的安全避难场所。它是为了人们能在灾害发生后一段时期内，躲避由灾害带来的直接或间接伤害，并能保障基本生活而事先划分的带有一定功能设施的场地。

避难场所按避难功能可将其分为三级，即紧急避难场所、固定避难场所和中心避难场所。紧急避难疏散场所是供避难疏散人员临时或就近避难疏散的场所，也是避难疏散人员集合并转移到固定避难疏散场所的过渡性场所。固定避难疏散场所是供避难疏散人员较长时间避难和进行集中性救援的场所。中心避难疏散场所是指规模较大、功能较全、起避难中心作用的固定避难疏散场所。

根据国外如日本的经验，以及国内学校作为避难所的实践情况，国家对教育和学生的重视程度、作为避难所要求的条件、学校的现实情况等因素，综合考虑相对闲置校舍资源的利用问题，看到学校作为避难所具有极大的优势和重要的作用。

日本极度注重义务教育的均衡发展，其公立中小学是最普遍、最重要，也最接近民众的公共设施，因此很注重其内在的功能以及建筑的质量。在"大规模灾害中应急救助指针"中规定："在指定避难时要考虑该地区大多数民众的避难，所以要确保避难所的量。"[1]

日本在 1923 年关东大地震后，学校便成为每一个地方最牢固的建筑，

---

[1]　胡国勇：《构筑震不垮的学校——走进日本中小学》（下），《上海教育》2008 年第 13 期，第 36 页。

日本防震有一个基本原则，就是"学校是第一避难所"，所有的房子都可以倒，但学校的房子不能倒。因此作为日本数量最大、最牢固的公共设施，中小学自然成为防灾避难的首选。然而日本学校之所以能够成为第一避难场所，除了有牢固的体育馆、教室等建筑的空间可以供受灾民众避难休息之外，还因为学校大多都有操场，可以作为直升机的停机场，成为一个救灾中心，以便集中救助避难的受灾民众。

同样，我国的汶川地震使得中小学校的防灾抗震设计得到了更多的关注。汶川地震造成的重大损失，包括许多质量不过关的建筑的塌陷及其造成的人数众多的伤亡、失踪，特别是学校房屋的倒塌，不仅造成了教育资源的巨大损失，而且造成了众多承载着未来希望的学生的伤亡，这使得学校作为避难场所建设的要求更加迫切、亟须提上日程。在联合国教科文组织提供的报告中也表示：面对威胁学生生命的某些校园，杀人的不是地震而是倒塌的建筑。因此，很多城市也开始着手规划建设灾震应急避难场所。

社区具有聚集性高的特点，因此，在规划设计避难空间系统时，多以学校和公园等为主要的避难场所。而将学校作为社区避难所，不仅可以继续发挥学校的教育功能，而且在紧急情况发生时还能够保护学生、教职人员的安全，特别是中小学作为避难所，其建筑本身的设计水平与建筑质量对保护青少年生命有着重要的意义。此外，还能够保护附近社区居民的安全，因为他们对地理位置与环境较为熟悉，而且距离较近，可及时进入避难场所。因此，学校作为社区避难所具有极大优势。然而我国在这方面缺少相关的理论指导和规划经验，在应急避难场所的规划布局中存在很多问题，例如避难场所数量少且功能不全，防灾类型单一，布局不合理，缺乏系统的管理与维护，宣传力度不够等。

我们国家要建设和发挥学校作为社区避难所的功能，必须要保证学校的建筑质量，如日本的规定是，学校的抗震标准应是普通建筑物的 1.25 倍，然而仅有安全性是不够的，还必须有相应的防灾避难的功能及其相应的操作系统。

一　学校防灾避难功能的设计策略

为了使学校作为社区避难所能够适用于我国实际，发挥紧急状况下学校成为有效的社区避难所的功能，提高学校抵御灾难的能力，学校对于防灾避难应有必要的设计策略。这里我们主要参考何力的《中小学防灾避难设计策略初探》以及刘少丽、陈静香等多位作者的硕士博士学位论文,具体来说,考虑到学校在平常和灾时两种不同的社会职能,校园防灾避难的策略分为宏观、中观和微观三个层次。

(一) 宏观层次上的校园规划布局策略

宏观层次上,校园规划布局策略主要包括学校的选址或设置方式、学校的服务半径以及学校的容量。

1. 学校的选址或设置方式

在设置方式上要考虑以下几点:第一,要遵循的原则主要有:步行原则(避难方式一般也以步行为主)、安全原则、可达原则(学校与外界交通不会因为地震等灾害中断)、可识别原则(要有相应的识别灾难的标志标识)。第二,关于学校的组织形式,主要有三种:一是学校独立设置模式,在社区避难时,局限性较大,一般只能充当紧急避难场所;二是中学+小学或多效联合设置模式,其联合开放的空间较大,因而可以作为社区紧急避难场所和临时避难场所;三是学校+附属开放空间模式,增设一定规模的敞开空间,平时可以作为独立的社区公园,既可以和社区资源共享,也为紧急情况下的学校空间的拓展留有余地。第三,关于学校在社区中的位置,有三种类型:一是学校在社区中心位置,优势是服务半径小,就近居民平均分布在四周,紧急情况发生时所有居民可快速进入小学避难,不足是交通不便利,对居民干扰大;二是学校在靠近社区边缘的位置,交通不太便利,对居民干扰小,但其服务半径较大;三是学校靠近社区边缘的位置但交通便利,对居民干扰小,然而服务半径大,易受到交通噪声污染和造成交通堵塞。

2. 学校的服务半径

关于学校服务半径的确定,要综合考虑学校作为教学场所和避难所的职能发挥。例如,作为教学职能的中小学校,其服务半径应覆盖所在社区,方便中小学生就近到达。而作为避难场所的服务范围应根据避难者的机动性、避难者选择避难所的实际情况、避难者步行时间长短等来确定。

3. 学校的容量

关于学校避难容量的确定,包含三个方面,一是避难行为的最小空间要求。其容量的确定需要综合考虑避难所的类型、功能、人的基本活动

（如站或坐、躺、帐篷空间）等情况；二是学校就读人数的确定，如中小学人数主要根据学校所在社区的类型、社区人数、服务范围以及相关的法律法规来确定；三是学校避难人数的确定。根据人在避难时其基本行为需要的避难空间或场地进行测算，就可以推算出学校可以避难的人数。

（二）中观层次上的校园建筑规划设计策略

在中观层次上，主要包括学校场地设计和建筑设计两个方面。场地设计主要包括场地安全、场地出入口、场地道路、场地与建筑出入口关系、场地管网、场地防灾植被系统、场地形式与排水等；建筑设计主要包括提高建筑抗震性能、优化疏散通道、增加避难空间等几个方面。

1. 关于学校场地设计

一般来说，场地设计是为满足一个建设项目的要求，在基地现状条件和相关的法规、规范的基础上，组织场地中各构成要素之间关系的活动。在作为社区避难场所时，学校场地设计应根据相关法律、法规以及当地要求、场地自然条件和建设条件、学校的建筑特点，结合避难场所的特殊需要，对学校各个要素进行统筹安排、合理布局，使其平时能满足日常教学要求，在灾害来临时又能作为安全、高效的避难疏散场所，达到"平灾结合"，综合利用的目的。

第一，对场地自然环境和社会环境的安全进行评价。首先，场地自然环境是指与场地相关的各种自然因素的总和，它包括：地形地貌、地质环境、水文气象和植物绿化等四个部分。地形地貌方面，场地一般要求平面形式简单、规整，以矩形为好；地形要求比较平坦，有一定的坡度和坡向，利于排水，一般在5‰左右；场地内尽量不要有大的高差，避免紧急疏散时造成拥堵和踩踏事件。例如，台湾相关部门规定，各类避难场所的土地坡度小于30度。地质环境方面，设计前应对场地内的地质情况进行必要的勘察，避开地震断层带、地震次生灾害源、岩溶塌陷区、矿山采空区，远离地震滑坡或山崩危害区等。关于水文气象方面，要了解地下水水位高度以及水量大小，对建筑物基础是否有侵蚀作用，气象环境是否有利于避难生活，场地附近是否有安全可靠水源，以及相应的水位资料等。植物绿化方面，应考虑场地内植物在社区内的方位，种植范围，种植形式、种类、数量等，它们对场地的安全会有一定影响。

其次，场地社会环境是相对于自然条件而言的，主要包括建筑环境、道路环境和保障设施环境。建筑环境主要考虑与场地毗邻地的建设情况，如建筑的性质、规模、高度、布局形式等。场地的布局应当尽量避免相互间的影响，要保持足够的安全距离。比如，建筑物倒塌对场地的破坏等。道路环境，主要包括场外和场内避难疏散道路，分别承担外界与场地的交通联系和内部人员物资的转移。这方面主要考虑场地内外道路的性质、等级、走向、大小，以及道路两旁的建筑高度、距离，是否有防火措施等。保障设施环境方面，其保障设施应完备、可靠，一般包括生命线设施、医疗设施、消防设施等。

第二，对场地各要素进行设计。主要包括：一是场地出入口设置与形态，主要考虑出入口与城市道路关系、出入口数量与宽度、出入口位置、出入口广场、出入口的可识别性及其特殊要求，如残疾人轮椅出入的条件；二是场地外围安全距离控制，主要包括防火隔离带和房屋防震安全间距；三是场地内道路系统，主要考虑车行系统与步行系统的设置，避难道路、救援道路和撤离道路的设置，消防道路的设置以及道路的安全性；四是场地与建筑出入口、垂直交通关系；五是场地管网系统，包括给排水管网系统，电力电信系统以及燃气管网系统，要选择良好的埋设路线、良好的管道材质，合理使用柔性接头、合理控制管网埋深，合理增设管线回路，合理进行管线敷设；六是场地的防灾植被系统，尽量能防止火灾、风沙、建筑倒塌及其他避难辅助效果；七是场地形式与排水，学校场地不宜全部硬化，能够及时排水和另作生火做饭等情况的使用。

2. 学校建筑设计策略

第一，设计要能保证或提高学校建筑的抗震性能。首先，要优化建筑设计，这就包括优化建筑平面布局、控制建筑高度与层数、选择合理的外廊式形式；其次，要选择良好的结构形式；最后，要提高建筑抗震设防标准。

第二，要优化教学楼疏散通道设计。首先，关于教室内部疏散，主要考虑教室内疏散距离、教室内疏散宽度、教室疏散出口；其次，关于公共通道中的疏散，主要考虑安全出口设置位置、数量以及宽度，疏散通道长度与宽度，疏散通道安全要求；再次，关于楼梯间的疏散，主要考虑楼梯形式、楼梯设置位置、楼梯疏散宽度以及疏散楼梯安全要求；最后，关于楼梯间到室外安全场所的疏散，主要考虑建筑出入口设置位置、建筑出入口形式、建筑出入口宽度、建筑出入口无障碍设计及建筑出入口安全要求。

第三，增加教学楼避难空间设计。在设计教学楼建筑时，结合其平面功能和组合形式的特点，设置一定形式的避难空间，有助于在危急情况下增加学生躲避灾难和被营救的机会。教学楼避难空间主要考虑通廊、退台、平台以及卫生间。

（三）微观层次上的防灾避难要素的设计

在微观层次上，主要包括与使用者及避难者关系密切的建筑要素的设计，主要有：作为避难场所的应急设施、救援物资仓库、标识设计、非结构构件安全设计、室内环境设计和无障碍设计等。

1. 应急设施

应急设施主要包括水、电设施，应急卫生间、淋浴室，应急通信设备，应急停机坪。第一，水电设施。首先，关于应急供水设施与散水装置，可以考虑游泳池或水池供水系统、水井供水系统、雨水收集系统、散水装置（减轻火灾产生的热辐射和热气流的危害）；其次，要有相应的应急供电设施与照明设备。第二，应急卫生间、淋浴室。要完善平时卫生间布置和功能，按要求增设应急卫生间和淋浴间，确保卫生间供水、排污、照明和无障碍化。第三，应急通信设备。学校应预留相应的设备接口，如电台、卫星电话等专用设备。灾时通信设施及其线路应当具备一定的抗震性能。第四，应急停机坪，是直升飞机紧急着陆的场所。在构造上，宜选择草坪地中坚硬的地块，还要考虑防止飞机起落时产生的灰尘和风沙。平时也要进行维护管理，经常性地检查是否有障碍物或灯光、排水等设施的条件。

2. 物资储备仓库

物资储备仓库应该包含抗灾所必需的物资，比如，紧急发电设备、紧急通信设备、紧急照明设备、水和食物、医疗药品、保暖衣物、小型救援设备等。储备仓库也应该有专门机构进行管理，并且定期对过期物品进行更换。

3. 标识设计

标识设计应遵循以下原则：一是警示性，通过视觉刺激、发光形式、声音等来提高标识的警示性；二是易识别性，包括内容的可识别性和视觉的醒目性，传达给人们简明易懂的信息，主要依靠标识的尺度、颜色设计、安装的位置和高度等；三是适应性，要具有广泛的适应性，如适应时间、气候、平灾时的转换；四是安全性，不易受损和伤害使用者；五是无障碍设计，主要为了方便老幼病残弱等使用者对防灾设施信息的获取，对于残障人士可以充分考虑视觉以外的听觉、触觉、嗅觉等标识方式。

4. 非结构构件安全设计

"非结构构件"是指非主结构，如柱、墙和地板等其他房屋组成部分。狭义上讲，这些构件是指主体结构以外的建筑构件。广义上讲，包括建筑内部如设备、管道和家具等建筑要素。其安全设计主要考虑：精简非结构构件、强化与主体构件连接、预留一定位移空、加强日常检查。

5. 室内环境设计

学校作为社区避难所，应确保健康卫生的室内环境，能够保证不同季节适当的温度，有合适的照明条件，如亮灯范围、灵活使用的遮光方法、照明设施的位置，有较好的通风，注重保护最低限度的隐私等。

6. 无障碍设计

无障碍设施，是指为保障残疾人、老年人等群体的安全通行和使用便利，在建设项目中配套建设的服务设施。无障碍设计也应考虑他们在灾难发生时能够安全疏散转移。在学校出入口中，应保证有一个残疾人通道；在学校主要避难建筑出入口应该设置残疾人坡道，如室内运动场；室内卫生间应该考虑行动不方便的人群的使用，如采用坐式马桶和增设扶手等。

二　学校防灾避难的操作系统

日本作为一个地震频发的国家，在中小学校规划设计应对地震灾害的措施上，有一套较为完整、有效且运作良好的系统，因此可以作为我们的借鉴。

日本中小学校的防灾抗震设计，可以分为灾前、灾时、灾后三个不同的层面：灾前的设计防范和防灾教育体系、灾时的应急机制、灾后的恢复重建。

1. 关于灾前的设计防范

第一，拥有法律保障及其有效的修编。建筑规范有法律保障及其因应灾难后及时有效的修编。第二，学校建筑的规划设计与防灾避难场所相结合。据介绍，日本学校一般不会超过 18 个班，超过人数则重建新校。这样除了能保证学校的服务半径、教育的公平性与教学质量外，在与防灾功能的结合上，也能保证社区居民就近能找到防灾避难场所。有避难场所功能的学校，会在校内设有相应的物资库房、预留上下水接口，并在建筑物外围设置明显的标志。而每所学校作为避难场所时，具体承担的功能也有所不同。通常体育馆会作为临时住所，有的学校在灾时还有临时的幼儿园、心理辅导室、应急医疗室等多种设施，也有的学校仅简单地作为临时住所。但由于事先都有规划，因此灾难发生后就能根据其严重程度有条不紊地启用；对学校建筑的抗震性能进行评价，对较为符合要求的校舍进行抗震加固，对于不符合的则可以选择拆除。第三，与学校作为避难场所运行系统相配套的是日本的防灾教育。日本防灾教育的内容主要包括三方面内容：地震时保护自己的生命、地震后如何帮助他人，以及地震发生的科学知识。我们国家在这方面，也应尽快建立起系统、完善的防灾教育体系。第四，平时要对学校建筑的抗震性能进行评价，提升加固抗震的性能。

2. 关于灾时应急机制

与建筑相关的灾时应急机制，最重要的就是灾后建筑物的应急危险度评估。受灾建筑的安全评估可分为两步：第1步：应急危险度判断，时间为震后1~2周；第2步：重建恢复措施选定，时间为震后2周~3个月。由于灾后需要评判的建筑物很多，因此他们培训了一大批通过资格培训合格的志愿者作为应急判断检查员。在灾害发生时，由应急判断检查员对建筑进行危险度判定。经应急危险度判定后的建筑物以相关标识标定，并把标识贴在建筑物外面，以表明安全评估的结果。然后对受损建筑重建恢复措施进行选定，通过对经历地震的等级及受破坏程度等级的评估，综合做出判断，是拆除还是加固等。他们设有学校建筑抗震诊断等级判定委员会，成员由各部门及大学的专家教授组成，或者抗震加固的全国性联络委员会，其主要任务就是抗震加固措施的普及开发、技术培训、项目审查等。[①]

3. 灾后的恢复重建

作为避难所，学校的课程及其他活动在短期内会暂停，因而灾难结束后，应尽快恢复学校的教学秩序，避免对学校、教师和学生等人员及其教学计划造成更大的影响；另外，对于灾后的建筑要进行测量和评定，对于不符合标准的建筑要进行抗震加固或拆除，保证建筑的质量及其安全性。

---

① 汤朝晖：《日本中小学校防灾抗震设计启示》，《建筑学报》2009年第1期，第86页。

第七章　教育资源的互联网共享

不断扩大教育资源共享范围一直是我们的追求，自从发明印刷术，人们可用纸张作为教育资源的载体，使知识传播更加便利。19世纪以来，从广播、电视，再到当代互联网技术的发明，使教育资源共享的载体不断创新，共享空间也越来越大，其中最主要的应用就是开放远程教育以及教育资源的网络共享。

作为20世纪以来人类最伟大的发明，以开放性、全球性、交互性、快捷性、匿名性等为特点的互联网，彻底改变了知识传播和信息沟通的形式，推动了当代数字化传播的发展，给全社会的生产与生活方式带来颠覆性的革新。截至2013年12月，中国网民规模是6.18亿人，网站数为320万个，互联网普及率45.8%。手机网民数量也已达到5亿人。中国互联网的发展主题从"数量"向"质量"转换，显示出互联网在社会经济中地位的提升、与传统经济的紧密结合，以及各类互联网的应用对网民生活形态的影响加深等特点。

第一节　远程开放教育与教育资源共享

一　开放教育的由来

远程开放高等教育起源于19世纪中叶的英国。18世纪后期兴起的产业革命促进了英国社会经济的发展，从而引起对高等专业人才需求的急剧增长。英国原有的大学已不能适应形势的要求。1849年伦敦大学首创校外学位制度，促进了函授教育的发展，各种私立的函授学院为伦敦大学校外学位学员提供函授辅导。这是远程高等教育的开端。

进入20世纪后，电子信息技术迅速发展，各种教学媒体陆续出现，远程教育从函授教育形态向多种媒体教学形态发展。20世纪60年代后，在英国创办开放大学成功经验的影响下，世界各地出现了采用多种媒体教学的独立的远程开放教育大学。国际远程开放高等教育已达到相当大的规模。20世纪90年代后，随着计算机网络、卫星网络和通信网络的发展，远程开放教育把先进的科学技术应用于大学教学，在世界范围内，已经出现了院校合作、厂校挂钩和跨国教育等多种模式，远程教育系统实现了教育的全球化。

美国教育部2000年度的《教育技术白皮书》将教育资源的网络共享概述为网络教育，并对网络教育做了如下定义：是一种受教育的方式，包括新的沟通机制和人与人之间的交互作用，其中，新的沟通机制包括计算机网络、多媒体、专业内容网站、信息搜索、电子图书馆、远程学习与网上课堂等。[①] 英国将通过网络方式达到的教育称为"开放学习"；澳大利亚称为"校外学习"；日本称为"放送学习"；我国台湾地区称为"隔空教育"；我国香港地区则称为"遥距教育"。我国大陆地区曾有"广播电视教育""函授教育""网络教育""远距离教育""在线学习"等称呼，1998年颁布的《中华人民共和国高等教育法》才以法律形式将"远距离教育"正式更名为"远程教育"。

由于各国的国情不同，对远程教育的需求不同，因而其发展历程也不同。经历多次变更，在全球化背景下对现代远程教育有了较统一的定论，即它是随着现代通信技术和网络技术的不断发展而产生的一种新型的教育方式。在此之前，教育资源的空间共享在各国各地区都有其独有的形式。

二　国外远程教育发展现状

（一）澳大利亚的远程教育

澳大利亚国土广袤、人口稀少的特殊国情促使其从1976年就开始在迪肯大学开展远程教育。由于得到了政府的重视，加之多年的发展经验，澳大利亚的远程教育获得了巨大成功。澳大利亚的远程教育在初期被称为函授教育，这是必需的但当时还处在第二位的教育。在自身发展逐渐完善和受英国开放大学的双重影响下，澳大利亚的远程教育得到了快速发展。到20世纪80年代末澳大利亚的远程教育已逐步成熟，建立了统一的高等教

---

① 王洪录主编《现代教育技术》，南京大学出版社，2011。

育远程教育体系，还设立了 8 个远程教育中心，由联邦远程教育委员会领导。澳大利亚远程教育实施的主要对象是具有高中后教育学历水准以上的学生，实施对象既可以是澳大利亚学生，也可以是海外学生，海外留学生接受远程教育的人数已占接受远程教育总人数的 10%。目前，澳大利亚各大学将近 14% 的学生通过远程教育学习各种专业。这种方式使得全澳大利亚的高等教育普及率达到了 70%，居世界前列。

澳大利亚的远程教育具有应用普及、注重效果，学习形式灵活多样、学习课程面广量大、所开设课程齐全等特点，对我国的远程教育具有一定的借鉴意义，尤其是在教师队伍的整体能力方面，我们不仅要加强对教师运用现代远程教育技术的培训，更重要的是要加强对教师进行现代远程教育思想和理论的教育，以加快观念更新。只有新的教学理念和教学手段，才能适应网上教学。[①]

（二）日本的空中大学

日本充分发挥了经济和教育的正面的相互作用，即通过发展教育提高国民素质，通过国民创造社会化财富，促进经济发展。在追求经济发展的同时，又始终将教育视为立国之本，重视提高国民教育水平，使终身教育理念成为日本国民的内在意识与自觉行动。而在日本致力于形成终身化学习社会，提高国民整体素质的教育发展主脉络中，远程教育起到了有力的促进作用。日本远程教育主要以"放送大学"为代表，开展了通信式远程教学（全日制大学范围内）和开放式远程教学两种形式。日本的开放式远程教学在义务教育阶段之后，尽管日本父母在得到特殊允许后可以在家里教育他们自己的孩子，但法律不允许用开放远程教育形式进行义务教育，即日本的开放式远程教育只针对年龄高于 14 岁的人开放。

在日本，人们提供了不同的远程教育模式，主要有："对话模式""目的学习模式""行动学习模式""约定模式""参与导向模式"和"多媒体模式"。每一种模式都有其优点和适用范围，以"多媒体模式"为例，它结合了自主学习和合作学习的特点，鼓励学生自主学习和思考，在学习进度上可以超前于教师，但当学习遇到困难时可请求老师的帮助和其他同学

---

① 吕永忠、张从明：《澳大利亚和新西兰等国教育技术和远程教育发展的主要特点和启示》，《中国成人教育》2000 年第 7 期。

的支持，群策群力地完成学习任务。

日本"放送大学"是文部省所属的通过广播、电视等手段进行远距离教育的公立大学，针对常规本科生和研究生提供了面授课程、广播讲座课程、印刷材料和学分认证考试制度等学习考核项目。

（三）加拿大的远程教育

加拿大联邦政府于 1996 年在人力资源部之下设立学习技术司负责在全国范围内构筑终生学习环境，提高人们对先进技术的认识，推动学习环境的创新和技能开发。学习技术司以应用新技术、共同扩大创新学习机会为使命。其目的是推动学习技术的有效使用，支持对学习技术应用的评估、研究和测试，提高学习技术的信息和知识的共享性及可利用性。学习技术司设立了加拿大专门的学习技术网站，网站包含有信息数据库、参考书目及与其他网站的链接。学习技术司提倡学生面对面或在线讨论，参加者可以共享经验或建立新的伙伴关系。此外，它还支持所有应用现代信息技术、扩大学习机会的各类机构之间的合作。1993 年加拿大工业部启动 School Net 计划，通过链接各省和地区教育部、图书馆及私营伙伴共享的教育资源，旨在使学生为知识社会做好准备。School Net 的口号是建设无围墙、无阻碍的教室，为学习者提供无穷无尽的信息，使其享用浩瀚无边的通信。School Net 已于 1999 年 3 月 30 日成功地把全国所有的 16500 个中小学校、3400 个公共图书馆、467 个土著民校与互联网连接起来，使加拿大成为世界上第一个所有学校都联网的国家。2001 年 3 月 31 日前，School Net 把所有学校的教室也连接起来，让所有加拿大学生都能享用信息高速公路。其远程学习中心网络在世界各地 121 个研究所和企业伙伴的合作支持下，形成了一个对加强和扩大终生学习机会具有共识的群体，支撑着加拿大的学习社会和知识经济的发展。

加拿大的远程教育之所以取得长足进步，其原因在于政府的高度重视和大力支持，在学习形式上灵活多样，在操作方法上注重交流、合作共赢。此外，对师资的培训和重视也是加拿大的远程教育取得进步的重要因素。①

———————

① Office of Learning Technologies, Human Resources Development. Open Learning and Distance Education in Canada, Canada, 1999.

三　中国远程教育发展概况

中国远程开放式教育起步于 1977 年的十一届三中全会以后。1977 年底，邓小平会见来华访问的英国前首相爱德华·希思，对希思介绍英国利用现代化手段举办开放大学，让更多人可以上大学的经验大感兴趣，并表示中国也要利用电视手段来加快教育事业的发展。之后，中央相关部门根据邓小平的有关指示精神，迅速成立专门领导小组，着手筹办广播电视大学的工作。当时的国务院副总理方毅在稍后的全国科学大会和首次筹办的广播电视大学工作会议上指出，要积极举办电视大学；要用现代化的手段来提高整个中华民族的科学文化水平，而这个现代化手段就是电视大学。

由于邓小平的大力倡导和推动，广播电视大学筹办工作进展神速。1979 年 1 月，国务院正式下发文件指出："举办广播电视大学，是我国高等教育事业发展中的新事物，对于扩大高等教育的规模，提高广大群众的科学文化水平，加速培养大量又红又专的人才将会起重大作用。"并要求各省、市、自治区和中央有关部门"大力支持广播电视大学的筹办工作，切实解决工作中的问题，注意总结经验，努力把广播电视大学办好"。1979 年 2 月 6 日，经过一年多的高效筹办工作，中央广播电视大学和 28 所省级广播电视大学同时宣告成立并举行隆重的开学典礼。是日，标志着打破常规，从无到有、充满创新精神的广播电视大学横空出世。

30 年来，广播电视大学经历了从无到有、从小到大、从弱到强的发展过程，形成了一个包括中央电大和 44 所省级电大、929 所地市级电大分校、1852 所县级电大、3082 教学点、6 万多个教学班在内，办学网络覆盖全国城乡，在校学生超过 320 万人，规模堪称世界第一，形成富有中国特色的远程教育系统。累计为社会培养了 750 多万名本专科毕业生，开展各种类非学历继续教育数千万人次。

我国远程教育发展经历了函授教育、广播电视教育和远程教育三代。函授教育是指运用通信方式进行的教育，学习者利用业余时间，以自学函授教材为主，由函授学校给予辅导与考核，并在一定时间进行短期集中学习和就地委托辅导。函授教育起源于 19 世纪 60 年代英国的大学推广运动，20 世纪 80 年代后各资本主义国家始设函授学校。在中国，商务印书馆曾于 1914 年创设函授学社。中华人民共和国成立后，函授教育有了很大发展。函授教育在一定时期发挥了其应有的作用，为我国培养了大量岗位人才。目前，许多高等院校仍然存在函授教育，对象多数是在职人员，他们利用这种方式在不影响工作的前提下进行学习。

80 年代兴起的广播电视教育是以广播电视大学为主要依托的教育机构，广播电视大学简称电大。是学习者通过广播、电视、计算机网络等现代传媒技术实施高等教育的一种教学机构。电视大学的办学形式主要采取与其他重点大学联合办学的方式，学习者毕业后由中央广播电视大学统一颁发毕业证书，如果通过联合办学大学的学位要求，则由合办大学颁发学位证书。中央电视大学因在广播电视教育领域取得的成就，在世界上享有盛名。

90 年代，随着信息技术和网络技术的发展，我国产生了以信息和网络技术为基础的现代远程教育即第三代远程教育。目前，在我国的远程教育中，函授教育、广播电视教育、现代远程教育并存。现代远程教育主要是高等远程教育，自 1998 年教育部在 4 所高等院校进行现代远程教育试点开始，现代远程教育得到迅速发展。三种远程教育并存，相互影响，交互发展。函授教育中可以利用广播电视和网络的方式进行教学；广播电视教育也使用传统的邮寄印刷教学材料，同时使用计算机网络；现代远程教育在需要的时候使用前两代远程教学的授课方式。所以三种远程教育形式在我国并存且相互影响，交互发展，有融于一体的趋势。

电大是我国高等教育的重要组成部分，与普通高校（所谓的"正规大学"）一起承担培养各类专门人才，提高劳动者素质的任务，国家同样承认学历。电大发挥现代远程开放教育的优势，多、快、好、省地培养了我国改革开放和现代化建设急需的大批专门人才。作为专门举办现代远程开放教育的高等学校，与所谓的"正规大学"有着本质不同，也有区别于其他成人高校的特点。

1. 具有远程教育特征。以教育技术和媒体手段为课程载体，使教与学的过程可以异地异步或异地同步进行，学生主要是分散在各地自主学习。

2. 采用多种媒体教学。学生以文字教材为主进行自主学习，同时较多地利用音像教材、CAI 课件和计算机网络等学习媒体。

3. 共享优秀教育资源。会集全国高校和科研院所优秀教师和专家，由他们担任课程的教师和教材主编，为全国各地的学生提供了高质量的课程及其教材。

4. 开放的学习模式。学生根据自己的情况选择课程。媒体教材、时间地点、学习方法、学习进度等，方式方法灵活多样。

总体来说，电大是没有围墙的学校，其教学信息通过国家提供的卫星电视系统覆盖全国，并已开始利用计算机网络面向全国实施网上教学。同时，由各级电大组成的遍布全国的现代远程开放教育教学系统，可以在不同层面上分工协作，为各地的求学者提供必要的学习资源和学习支持服务。因此，电大的办学规模是任何一所普通高校都达不到的，这也使得广播电视大学能够把高等教育延伸到基层和边远落后地区，为这些地方就地培养了大批留得住、用得上的各类专门人才。

第二节 当代教育资源空间共享的新内涵

网络教育就在我们身边，生活在现代社会的我们几乎每天都有意无意地在网络上共享着教育资源。假如你是一位在高校深造的大学生，只需要课堂上的老师提供一个参考性的索引，如果你自己感兴趣，你便可以循着老师的指引在搜索引擎中输入相关字词，轻轻点击鼠标，就可以查阅到所有相关资料。如果你需要做毕业论文，那么你不再需要再像以前在书海中游历，不需要常驻图书馆翻阅海量文献，你所需要的仅仅是坐在电脑前点击鼠标进入你所在高校的图书馆，在那里你可以查找到你所需要的国内外所有相关文献，你甚至不需要做笔记，只需要安装一款中国知网新近推出的 E—Learning 读书软件①即可。E—Learning 提供了以下全新体验：一站式阅读和管理平台，支持目前全球主要学术成果文件格式；文献检索和下载；深入研读；记录数字笔记，实现对知识的良好管理；基于 Word 的通用写作功能；提供了面向学术的论文写作工具，以及在线投稿等多种功能。可以毫不夸张地说拥有该软件自身包含的所有资源的使用权限就好像置身图书馆，不出门就可以完成读书、写作、发文全过程。

一 当代教育资源空间共享的定义和特征

（一）当代教育资源空间共享的定义

诚如开篇序言所述，信息技术和网络技术已经成为我们学习的重要组成部分，当代的远程教育从某种意义上而言，等同于"网络化教育"和

---

① 文献管理软件——CNKI E-learning 简介 _ 芦苇 – plw _ 新浪博客，http：//blog. sina. com. cn/s/blog _ 65686bd30101ge11. html。

"数字化教育"。关于数字化教育，我国学者何克抗认为数字化学习就是通过互联网进行的学习与教学活动，它充分利用现代信息技术所提供的、具有全新沟通机制与丰富资源的学习环境，实现一种全新的学习方式。这种学习方式将改变传统教学中教师的作用和师生之间的关系，从而根本改变教学结构和教育的本质。[①]　本书将之统一定义为"网络教育"，认为它是指将数字技术与课程教学内容整合起来，在教育领域建立互联网平台，将优秀知名教师授课全程录像，上传网络并让学生通过网络进行学习的一种全新学习模式。其本质内涵仍然是一种学习方式，只不过与以往的学习方式不同，它是以教师为主导、以学生为主体、借助互联网这种学习工具的学习。

2012 年 5 月 7 日的网络版《纽约时报》发文指出，网络教育在高等教育界开辟了新的市场。随着哈佛大学、麻省理工学院和牛津大学等对网络教育证书认证制度的开启，以及麻省理工学院和哈佛大学在 2012 年 4 月末联合宣布投入资金建设世界型网络课程，横跨教育界和 IT 行业的革命性事件——网络教育正在像海啸一样到来。同年，比尔·盖茨在全世界的合作与发展论坛上表示："五年后，你将在网络上免费获取世界上最好的网络课程，而且这些课程比任何一个单独的大学提供的课程都要好。到那个时候，无论是在麻省理工学院学到的知识还是在网络课程上学到的知识都应该被认同。"[②]

目前，美国网络课程的领头羊主要是 Coursera、Udacity 和 EDX。Coursera 是由斯坦福大学的安德鲁·吴（Andrew Ng）教授和达芙妮·科勒（Daphne Koller）教授创办，合作单位除斯坦福大学外还有密歇根大学、常青藤大学、加利福尼亚大学以及普林斯顿大学等著名大学，提供包括人文与社会科学、数学、工程学等网络课程。Udacity 也是由斯坦福大学创立的非营利机构，与 Coursera 不同的是它没有和其他学校联盟，其课程共 18 个，涵盖了计算机科学、商务、物理、数学等方面，其特点是课程的精细化和全面化的管理。EDX 是麻省理工学院和哈佛大学在 2012 年联合推出的非营利网站，除了免费为全世界学生提供免费课程外，还为广大学生提供网上创新实验基地，目前已有多所高校与之联盟。

---

① 何克抗：《E-learning 与高校教学的深化改革》（上），《中国电化教育》2002 年第 2 期。

② 比尔·盖茨：五年内网络将提供最优质教育，新华网，http://news.xinhuanet.com/eworld/2010−08/09/c_12423143.htm。

我国的网络课程也正在发展和完善之中，众所周知的有新浪网络课程、爱课程和超星视频公开课。新浪公开课包含了国外多所一流名校的公开课视频，将众多课程按照多门学科进行分类整合，提供快捷搜索和播放记录，翻译进度提示等功能，方便网友在线学习使用。在内容方面，新浪公开课拥有耶鲁大学、斯坦福大学、麻省理工学院、剑桥大学、牛津大学等多所国际一流名校公开课的优质视频，其中部分课程已翻译成中文字幕。在内容呈现方面，是按照学校、学科和机构分门别类，只要选择某一领域，系统自然显示出各类别下的明确信息。①

（二）当代教育资源空间共享的特征

1. 以学生为中心，学习是个体化的，能满足个性化需要。由于个人的成长环境和遗传基因不同，个人对新知识的理解能力、接受能力等学习能力必然不同，学习特点也不同，因此，传统的教学不可能兼顾到每一个学生，如果知识传输速率过快，普通智力的学生就不能接受和消化，过慢则抑制部分智商较高学生的发展。尽管目前我国已划分出细致的、门类齐全的专才专科学校乃至进度快慢班级，但均不能解决上述问题，甚至导致学生的分层，易引发社会矛盾。基于网络的学习则可以完全避免这个问题，学生可以根据自己的学习特征安排学习进度，在学习机会和学习资源平等的前提下，提倡因材施教才会得到学习者的认可，教育方能发挥其应有的作用。

2. 学习是以问题和主题为中心的，产生学习的根本原因是问题，应当把问题看成学习的动力和主线。带着问题的学习，主动地探索和求知比传统的填鸭式教育更能激发学习者的学习兴趣，带动起学习热情，提高学习效率。在日常生活中，我们不难发现很多自学成才的案例，其成就一方面是因为长久的意志力和勤奋，另一方面则是自己的兴趣，兴趣是最好的老师，只有当学习是为解决实际问题服务时，理论的知识方能显现其价值。以目前我国的社会工作专业教学为例，由于相关政府部门缺乏对社会大环境的需求调研，盲目发展专业教育的后果就是教育资源的严重浪费，以及供需的脱节。接受过高等教育的学生毕业后面临现实的社会问题往往束手无策，不仅严重挫伤其专业积极性，而且社会问题也得不到真正解决。在

---

① 新浪公开课_新浪教育，新浪网，http：//open.sina.com.cn/。

网络教育背景下，在工作岗位上的社会工作者能根据现实问题提出的需要自主学习，不断补充和完善自身所需知识，提高专业素养，促进社会发展。

3. 学习过程是进行通信交流的，学习者之间是进行协商合作的。传统的教育强调自我的内化，学生在规定的时间到达规定的地点，接受老师的知识传授，课堂上以老师授课为主，留给学生思考、讨论交流的时间极其有限，易造成个人对知识的惯性误解。通过网络提供的交流平台，学生不仅可以检查自己对知识的掌握程度，而且可以随时随地向其他同学请教。

4. 学习具有创造性和再生性。网络教学课程组织方式经过科学研究，符合人的思维规律和认知规律，便于及时巩固。最典型的例子，就是目前流行的"单词锁屏"，为了方便广大英语爱好者记忆单词和巩固单词，"单词锁屏"结合人类的"遗忘曲线"，在每个单词将会被遗忘的时间提醒手机所有者随时随地花一分钟时间巩固一定时间内所学单词。这种创造性学习方式灵活地利用了人们的碎片化时间，有助于知识的掌握和及时巩固。

5. 学习是即时的和终身的。"活到老，学到老"一直是人们追求的学习境界，也确实是人之为人，尤其是生活在现代社会的人应该坚持的一种学习态度，因为"学习如逆水行舟不进则退"，只有每天坚持学习和进步，才可以跟上快节奏的社会发展的步伐。然而，真正坚持每天进步和学习的人并不多，在这个浮躁的知识大爆炸的时代，书籍已经沦落为一种快餐式文化，很少有人能真正品味一本书，读书、发表论文、出版专著往往都带有很强的目的性，为了读书而读书，缺少了对文化和知识的精细化耕作和内涵的真正品读。在网络学习的环境下，不论是出于何种目的，网络教育都提供了便捷的知识来源，随时随地都可以汲取到知识的零碎片段，即使短期效果不明显，日积月累也能起到滴水穿石的作用。

二　当代教育资源空间共享的要素

网络化学习的基本组成要素是网络化教育资源、网络设施、通信设备以及软件工具。

（一） 网络化教育资源

网络化教育资源是指经过网络化处理，可以在多媒体计算机上或网络环境下运行的多媒体材料，包括数字音视频、多媒体软件、光盘、网站、电子邮件、在线学习管理系统、计算机模拟、在线讨论、数字文件、数据库、电子图书馆等。根据"远程教育标准化委员会"制定的《教育资源建设技术规范》，网络化教育资源主要包括以下几类。

1. 媒体素材。媒体素材是传播教学信息的基本材料单元，可分为五大类：文本类素材、图形（图像）类素材、音频类素材、视频类素材和动画类素材。

2. 题库。题库是按照一定的教育测量理论，在计算机系统中实现的某个学科题目的集合，是在数学模型基础上建立的教育测量工具。

3. 试卷素材。各个学科有典型意义的试卷集合。

4. 课件与网络课件。课件与网络课件是对一个或几个知识点实施相对完整教学的教育软件。根据运行平台划分，可分为网络版的课件和单机运行的课件。网络版的课件要能在标准浏览器中运行，并且能通过网络教学环境共享。单机运行的课件可通过网络下载后在本地机上运行。

5. 案例。案例是指有现实指导意义和教学意义的代表性的事件或现象。

6. 文献资料。文献资料是指有关教育方面的政策、法规、条例和规章制度，以及对重大事件的记录、重要文章和书籍等。

7. 常见问题解答。常见问题解答是针对某一具体领域最常出现的问题给出的解答。

8. 资源目录索引。列出某一领域中相关的网络资源地址链接和非网络资源的索引。

9. 网络课程。网络课程是通过网络表现某门学科的教学内容及实施的教学活动的总和。它包括两个组成部分：按一定的教学目标、教学策略组织起来的教学内容和网络教学支撑环境。

（二） 网络设施

网络教育的基础设施分为基于单、双向卫星直播的机构对机构型和基于网络 Web 的点播型。前者主要是通过卫星技术发送相关信息、所需机构直接接收的网络学习，其优点是可接收面广，只要安装了卫星接收设备均可接收，缺点是课堂的直播，有特定时间的限制，而且接收设备需要投入较多财力，多用于企事业单位。后者是基于互联网音视频交互网络的，是将前期录制的视频上传所形成的，任何个体学习者在任何时间都可以点播，没有时间限制。其典型代表是目前的 YY 网络课程。

（三）通信设备

除了满足基础设施外，进行网络学习还需具备最基本的通信条件，即联网。联网可选择的方式由个体学习者所处环境决定，早期的通过电信部门、电话线连入的 ADSL 家庭网线接入适用于长期的固定居所和固定电话使用户。生活在社区环境内的个体学习者可选择小区局域网，即通过宽带（园区 LAN）或者电视天线接入网络。目前个体学习者最常用的是移动运营商 3G 接入和无线 Wifi，以移动运营商提供的 3G 为例，它主要是以绑定客户为目标的方式，个体学习者只需要下载指定的客户端，通过号码和短信申请密码即可登陆。无线 Wifi 主要是通过无线路由运用于公共场所的网络连接，使用者只需要运用自己的设备搜索无线网络并连接即可。

（四）软件工具

网络化学习常用软件工具：Web 浏览器（主要有 IE 浏览器、谷歌开发的 Chrome、苹果开发的 Safari 以及 Firefox），Web 方式或者客户端方式的电子邮件，软件压缩工具（提高文件交换效率——WinZip WinRARr），文件传输，论坛，社交平台或软件（博客微博），移动学习工具如智能手机、平板电脑以及各种学习机。

（五）网络化学习的课程资源

网络化学习的课程资源，如免费美国大学视频课程、新浪公开课、爱课程（中国大学视频公开课）、超星视频公开课、可汗学院以及伯克利大学在线课程。

三　当代教育资源空间共享的学习方法

在没有直观的分数和可视化试卷的网络学习中，对网络化学习成功与否的评价似乎是令广大网络学习者头疼的问题，对此华南师范大学陈妙华教授认为："网络学习的成功标志是学到了自己想学的知识并取得理想的成绩、促进了个人的自我完善和职业进展以及改善了家庭的生活质量。"①

陈妙华教授认为要取得网络学习的成功，学习者需要直面网络学习过程中的困难，形成良好的学习习惯，掌握正确的学习策略，对自己的情绪和时间进行合理管理，具体表现为：

首先，树立网络化学习观，坚持自觉、自制、自立、自控、自评和自动。网络课程不同于传统的课堂学习，没有老师的督促、谈话，没有课堂讨论和课后帮助，也没有大小测试，因此，网络学习者需运用好在线课堂和网络平台提供的交流媒介，主动学习新知识、复习已学过的知识，遇到不懂的问题积极在线请教或者在网络空间发起讨论。

其次，形成良好的学习风格。知识掌握情况如何，取决于自己的学习风格，灌输接受式的学习风格是被动的、低效的，学习是基于问题的，必须自己先复习找到自己对新章节的盲点，有针对性地学习，所学才会是活络的，学到可以从理论转化到现实生活中的知识。

最后，掌握辅助工具使用策略、信息素养策略、时间和任务管理策略。

网络学习要善于发现资源、运用资源，在这个信息大爆炸时代，如果不能学会在海量信息里发现自己所需要的资源，不懂得辨别知识的真假优劣，就会让自己迷失在信息网里，时间大量地被垃圾信息挤占，阻碍自己的前进步伐。此外，缺乏明确的目标、缺乏优先顺序、拖延、想做的事情太多、做事有头无尾、不会授权（所有的事情都自己一个人做）、不会拒绝别人的请求、仓促决策、行动缓慢、懒惰等都会导致网络学习的失败，甚至人生的失败。

四　当代教育资源空间共享的意义

1. 提供了学习的随时随地性，使学习变得容易和方便。这为满足终身学习的个性化需要提供了条件，让学生学会终身学习、落实终身教育成为可能。

---

① 数字化学习-华南师范大学-张妙华-视频公开课详细页-爱课程，http：//www.icourses.cn/viewVCourse.action？courseId=ff80808141db78120141dfdfe68a0ca6&resId=ff80808141db78120141dfe20d9f0cb2。

2. 将改变教师的作用和师生间的关系，从而在本质上改变教育。认知学习理论认为，人的认识是人的内部心理过程和外部刺激相互作用的产物，而不只是外部刺激直接给予的。达到有效认识的前提是人的内部心理需求。因此，在教学过程中应充分发挥学生的主动性、积极性，让学生主导，教师指导，平等协作。在传统的"填鸭式"学习中，学生只能被动地参与学习过程。在网络学习条件下，借助多媒体计算机的协作平台，学生可以主动参与学习活动。学生不仅可以按照自己的学习基础、学习兴趣来选择所要学习的内容和适合自己水平的练习，而且还可以对教学策略提出建议，乃至自主选择教学策略。

3. 提高学生批判性思考和分析的能力。传统的教学模式倾向于夸大并绝对化教师的指导作用，不否认教师的指导作用在教学过程和学生学习中的重大作用，但一味地依赖教师，一方面容易导致学生思考的独立性欠缺，离开教室便不能思考；另一方面容易固化学生的思维，抑制学生特有的学习特质。

4. 网络化学习使资源的平等共享变成现实，为教育的高效和开放提供了可能。

当然，网络教学改变的只是教学的方式和学生受教育的模式，但不能完全替代传统的课堂教育，更不应该完全忽视教师的作用，片面强调以学生为中心，完全让学生自由去探索，忽视教师的作用，会导致教育的灾难。

五　当代教育资源空间共享的应用举例

（一）图书资料电子化与共享

图书资料电子化体现在两方面，一方面，是已有的纸质的图书可以经过特定技术变成电子版，在网络上进行共享，学习者达到相应条件可以下载电子书或者进行免费的章节性查阅；另一方面，现代电子化图书馆信息网络系统是基于 Internet 环境应用的大型图书馆信息管理系统软件，是由北京邮电大学首席专家马自卫主持的，在知名图书馆学专家李高虎、高嵩等人共同努力下完成的国家"九五"重点科技攻关项目。图书资料电子化的主要特点如下。

1. 以实体图书馆及其管理技术为起点。尽管电子图书馆是基于 Inter-

net 网络环境下集成化系统的设计思想，能够处理多媒体多语种信息，但几乎每个电子图书馆都是基于实际存在的和已有的高校图书馆而设立的，为学习者提供电子图书资源的同时也设置了相应的权限，非高校系统内的师生或者员工获得电子资源相对比较困难。

2. 利用标准协议可实现网上开发与应用。系统遵循国际公认的 ISO 七层网络协议模式，所有应用软件均建立在 TCP/IP 底层协议基础上，并充分利用标准协议实现网络资源共享。采用 ISO 10160/10161 协议实现了网上馆际互借；采用 ANSI/NISO Z39.500 协议实现了网上信息检索。而且，通过对协议内数据的研究开发，确保用户在自己电脑上可以对 PDF 文档、TXT 文档进行处理，通过这种形式为用户提供的材料具有信息量大、更新快的特点，能充分满足学习者的需要。此外，为了方便学习者随身携带和防止学习者丢失重要的学习资料，系统还研发了移动硬盘和网上云盘等功能，为使用者提供了极大的便利。

（二）期刊电子化与共享

较正式的期刊是指由新闻出版总署与国家科委在商定的数额内审批，并编入"国内统一刊号"的、定期发表经审核通过的论文集，是以行业内部交流和促进外部了解为目的的读物。学术期刊是经过同行评审的期刊，发表在学术期刊上的文章通常涉及特定的学科。学术期刊展示了研究领域的成果，并起到了公示的作用，其内容以原创研究、综述文章、书评等形式的文章为主。学术期刊是展示研究成果，交流学术信息，保护知识产权，促进科学技术和知识创新的重要载体和平台。

期刊文献以其知识新颖、信息量大、出版周期短等特点成为众多文献类型中发行面最广、受众最多、利用最为充分的文献信息资源，也是各类图书馆文献信息资源的重要组成部分。随着网络技术、计算机技术的发展，传统印刷型出版资源与网络电子资源间既有冲突，又相互补充。近年来，电子期刊在图书馆文献信息资源建设中占的比例越来越大，尤其是外文期刊，其电子期刊与纸质期刊的比例，接近或大于10:1，并有逐步取代纸质期刊的趋势。[①] 期刊电子化是指利用电子技术进行生产、制

① 刘顺昌：《期刊电子化网络化环境下服务工作创新浅探》，《河北科技图苑》2009 年第 3 期。

作出版的期刊。按出版的载体不同，可将电子期刊分为软盘电子期刊、光盘电子期刊和联机/网络化电子期刊。从投稿、编辑、出版、发行、订购、阅读的全过程完全电子化的期刊，即所谓的联机期刊或称在线电子期刊。

尽管有其自身的限制，但相比纸质期刊，电子期刊具有节省纸张、检索方便、出版速度快、传递速度快、节省阅读成本和阅读时间长等优点。随着网络化时代的到来，各种智能化、便携式电子设备逐渐被越来越多的年轻人掌握，电子期刊因其特有优势，必能在以后的电子化图书馆中占据不可替代的位置。当然，电子期刊的使用应当与纸质期刊结合，相互补充，方便学习者自由选择，为学习者创造更好的条件。

(三) 授课录像的电子化与共享——超星公开课

2011年11月16日，《新京报》上刊登了这样一篇文章：

听南开大学教授叶嘉莹的"咏荷诗词"，宛如身临荷塘，荡桨吟诗，切身体会到中华诗词之美；闻北京大学教授金开诚讲述中华传统文化的四个思想支柱，令人从中体味到"中和中庸"的思想内涵，近日，超星与新浪网正式合作，杨振宁、何兹全等名家的超星学术公开课即将在新浪公开课频道上线。

据超星学术频道主编李钦介绍，超星与新浪的合作中，首批将会有20余门课程，500多集超星学术公开课在新浪公开课频道上落户。本周，有100余集课程首先上线，下周起，其余课程将会陆续上线。这20余门课程来自清华、北大、复旦、人大、中国社会科学院等多所院校和机构。而且，这500多集只是前期的"暖场"，后期还会有更多的内容上线。新浪公开课频道将定期同步更新超星学术公开课内容，预计2012年前将推出100门以上的课程视频。

超星集团多年与高校图书馆和出版社合作，拥有750人的制作团队。超星学术视频的课程内容涵盖经济管理、法学、文学、哲学、历史、理学、工学、医学等12个大类，近80个学科，已经制作完成学术视频8万多集，并预计以每年25000集的速度更新。据悉，超星下月将推出学习本，将超星学术视频资源以及超星数字图书馆的海量内容浓缩在该学习本内，通过网络为读者建立一所可以终身学习的"掌上大学"。①

与此报道类似的文章也出现在了 2011 年 11 月 17 日的《巢湖晨刊》和《都市消费晨报》上，这是超星视频公开课与新浪公开课联合的一次纪实性报道，也是学术界具有历史意义的大事件。当今社会，当网络提供给人们的信息资源触手可及之时，真正能静下心来做学问的人却越来越少，人们很难再拿起书本，视频的冲击力远远大于文字的吸引力，相比于费心费神地阅读书本，人们更愿意接受直观化的视频画面。鉴于此，超星视频公开课在国内率先开设了国内的视频公开课，引导人们在网络上学习，在家中听大师讲学。

第三节 教育资源空间共享的规范与思考

一 教育资源空间共享的原则

建设教育资源共享空间是一项复杂的系统工程，国外大学教育资源共享空间建设有许多成功的经验和案例可借鉴，国内也有少数高等院校建立了教育资源的共享平台并取得了很大成效。无论是在实体基础上的建造还是在虚拟共享空间的建造，都应根据自身特点和实际情况进行有效的探索和尝试。教育资源共享空间的设计与建设是服务于学习者和教师的，因此，共享空间的设计师应与学习者以及教师不断协商、共同探讨，设计应以教学和学习者的需求为准则。笔者认为教育资源空间共享的建造应遵循如下原则。

首先，坚持学习者的主体地位。学习者是教育资源空间共享的中心要素，教育资源的空间共享是为学习者服务的，因此，要以学习者为中心，充分体现学习者的需求。学习空间这一"产品"具有一定的特色或学习原则，这些原则应该作为学习空间在设计进程中的动力。同时，教育资源共享空间必须给学习者留下能发挥他们主动性的空间，在这个空间中他们能"为所欲为"，充分发挥他们的创造性。此外，根据学习者行动的反馈信息来不断地修改数字化学习共享空间的设计方案，以实现自我反馈。

---

① http://www.bzdrs.com/readPaper.do? id = BF2419EC1E90006406B5B8FFA40B1A198E7009459658048374258BBDB0034D9A.

其次，坚持服务的理念。教育资源共享空间是提供学习和使用信息技术的场所，是使用和检索信息的场所，是在新的学术环境中测试软件和硬件的场所，是促进学术发展和创造合作机会的场所，以及支持交叉学科研究的场所。任何一个信息共享空间在空间和资源的基础上都要能为用户提供丰富多样、完备周到的服务信息。学习共享空间包括信息共享空间的所有方面，应是一个综合统一体，在共享空间内学习者能够享受到"一站式服务"，并能够在一个地点改进他们的写作、研究、学习技能以及基本的计算机技能；促进合作者之间的协作，并且能够以一种更加有效的方式接受更多的学习者。它整合了互联网络、计算机硬件设施、各种纸质书籍及各种类型文献资源，以可伸缩性的电子教室，促进团队研究的讨论室，指导读者学习和提高研究技能的咨询区，帮助读者开发教学作品的多媒体制作室等。丰富的信息资源、优美的场地环境、先进的技术设施、高水平的学科专业人员为师生提供了一个方便、舒适、优雅的信息服务场所。

最后，保障学习功能满足的同时提高技术革新速度，适应高速发展的科技步伐。教育资源空间共享的同时也不能忽视学习者的主观能动性，为了不使便捷的学习资源获取渠道阻碍了学习者自主思考的能力，教育资源空间共享的设计必须预留出能够让学习者学习和思考的环境，融合自主思考性、团队合作性和对外学习开放性三者于一体。同时，教育资源的空间共享注重以技术促进学习，没有先进的技术和设备，网络教育是可望而不可即的。

此外，由于教育是建立在经济基础之上的，无论是网络教育还是实体教育都应该以经济为基础，满足经济需求，在学习共享空间建设的过程中，应从国家和学校的实际情况出发，综合考虑项目建设的全过程的工程造价。在建设过程中，从各个环节出发，对工程造价和费用支出进行管理和控制，以期达到用最少的成本获得最佳的效果。

二 教育资源空间共享与知识产权的保护

一直以来，网络都被人们称作一柄"双刃剑"，它在为广大使用者提供便利的同时也引发了一系列问题。网络化教育也不例外，在带来教育资源跨空间、突破地理重围的同时也带来了一系列需要思考的问题，其中最主要和最迫切的问题就是知识产权问题，其中，又以在出版领域产生的网络版权问题最值得关注。

山东青年政治学院学者李淑龙认为，网络版权指的是依托计算机网络的出版物版权，是传统传媒与出版业、现代信息技术相结合产生的一种新型权利。人们一方面利用网络出版使得出版产业蓬勃发展，使之成为带动整个文化产业发展的引擎；另一方面出版主体在版权保护与利益的博弈面前变得手足无措、盲目逐利。鉴于目前网络版权管理和保护的重要性、迫切性，李淑龙提出了以下网络版权的保护策略。

第一，意识层面的规范，提高国民的知识产权保护意识。网络技术的出现和应用对变革传统的法律体系提出了要求，同时也对我国公民在道德和维权意识方面提出了挑战。一方面，我们需要的是全社会致力于宣传版权保护的重要性，提升对创作者脑力劳动的尊重，尤其是对文化的尊重。此外，针对当下网络版权保护难题，还可以从完善社会组织职能角度考虑，从加强行业自律的角度着手。

第二，通过技术手段加强事前控制。例如通过数字签名、电子水印、电子版权管理系统、数字指纹技术、时间戳追踪系统、反复制设备以及控制进入受保护作品的技术保护措施和常用技术手段做最基本的防护。

第三，通过法律手段加以规范。1996年，国际公约的《世界知识产权组织版权条约》《世界知识产权组织表演和录音制品条约》的草案被世界知识产权组织通过，同一时间通过的还有世界贸易组织的《与贸易有关的知识产权协定》。这些法律中提出的加大力度打击侵权的要求，对完善我国的版权与相关法律法规，保护知识产权等方面起到了重要的推动作用。我国现有的《民法通则》《刑法》《著作权法》等基本法也有相关版权规定，以及其他补充法律，对网络版权能起到一定的保护作用。[1]

---

[1]　李淑龙：《刍议网络版权问题的现状与对策》，《山东青年政治学院学报》2011年第10期。

第八章　师资配置的循环流动

随着教育差距尤其是城乡教育差距日益悬殊且进一步扩大，缩小城乡教育差距，促进基础教育均衡发展越来越成为时代的焦点课题。消除教育差距必须从教育资源配置着手。对于物质资源，政府只要有财力和决心，就可以在短时间内实现均衡配置，然而作为生产力要素中唯一具有能动性的人力资源，要实现均衡配置却要复杂得多。因此，教师资源的均衡配置是实现教育均衡发展的关键所在，也是难点所在。[1] 然而师资均衡配置政策目标的实现不是一蹴而就的，但只要实事求是，逐步推进，城乡、校际之间师资水平的差别就能不断缩小。

第一节　义务教育阶段的师资空间循环流动

目前，关于义务教育均衡发展的研究已成为教育理论和实践研究的热点，义务教育均衡发展也成为一个热门话题。九年制义务教育要遵循公平的原则，但农村中小学师资短缺，师资质量不高、结构复杂、福利待遇低，这些差距客观上造成了基础教育师资分布的"高原"和"洼地"现象，在教师无序流动的冲击下，这种失衡状态仍在如"雪球效应"般不断扩大，优质师资在县域内向县城与中心城镇集中，进而导致了越来越严重的师资非均衡发展。其弊端不仅在于给基础教育和谐发展设置了障碍，而且还引发了"择校"等难以根治的社会问题。义务教育发展不均衡，从根本原因来说是教育资源的稀缺与有限，以及资源配置的不均衡、不合理。同时，基础教育师资配置失衡也对教师专业发展和教师资源利用产生了消极影响。

---

[1]　冯文全、夏茂林：《从师资均衡配置看城乡教师流动机制构建》，《中国教育学刊》2010年第2期。

义务教育的均衡发展影响到义务教育阶段教育公平的实现，而义务教育阶段教师资源的均衡配置是义务教育均衡发展的基础，教师资源配置的不均衡同时也是导致区域间、区域内义务教育非均衡发展的重要原因。推进义务教育的均衡发展，首先应当从资源上实现均衡，其中教师资源配置的均衡化是最关键也是最困难的环节。因此，对于这一问题的研究是国家、政府和社会都非常关注的一个重要课题。而目前对义务教育阶段的师资均衡配置问题的研究还不够完善，需要进一步地深化和丰富。

师资配置是关系教学质量的关键，因此，师资队伍建设是教学管理的各个方面的重点，而教学管理是学校管理最关键的方面，这是学校各项管理的中心。学校管理的各个方面的好坏又决定了学校办学质量的好坏。因此，师资配置在整个教育系统中占据着极其重要的位置。师资配置的流动也将带动整个教育系统新鲜血液的循环流动，无论是横向还是纵向，都将给教育系统带来生机与活力，促进各教育系统的共同良好发展。

师资配置是教育资源配置的重要组成部分，《经济大辞海》对"资源配置"的解释是：资源配置又称资源分配，是指资源在不同用途和不同使用者之间的分配状况。本书中所指的师资配置是将教师作为一种资源进行配置，它是指根据相关法律法规，在教育公正、平等和社会和谐发展等理念的指导下，根据不同的情况，对教师资源在教育系统内部地区之间、校际之间进行调控、分配以及安置。它包括教师的初次配置与教师资源的重新配置，前者是指新教师的入职，后者是指教师资源的流动，本书更多地侧重于对教师流动的研究。

一　师资配置不均衡的原因

为什么要促进师资配置的循环流动呢？20世纪90年代中后期，我国第一次提出义务教育均衡发展，这是由于区域之间经济与社会发展差距的不断扩大，对我国的经济进一步持续发展提出了巨大的挑战，国家的区域发展战略转变为区域间协调发展战略，地区间教育发展的不均衡问题引起了教育理论研究者的关注。2002年关于教育均衡发展问题的探讨和争鸣，把教育均衡发展的学术讨论推向高潮。从2008年秋季起我国全面实现了义务教育全免费，但在区域之间、城乡之间、学校之间办学水平和教育质量等方面还存在明显差距，人民群众不断增长的高质量教育需求与供给不足的矛盾依然突出。如何兼顾各类受教育人群的教育公平，追求义务教育的均衡发展，已成为我国义务教育发展的基本理念和战略选择。

均衡，依《说文解字》解释："均"可解为"平"，"衡"可释为"衡量"或"准则"，"均衡"即"平衡，均衡"，原为物理学的概念，后被著名经济学家马歇尔引入经济学中。均衡，指构成某一经济系统的相互作用的变量，它们的值经过调整，使该系统不再存在继续变动的倾向，经济处于稳定状态。① 均衡强调系统内部各部分、各要素之间的协调、统一和比例关系适度。

师资配置不均衡是指在数量配置方面没有实现教师资源在区域内的协调、统一，民族教师数量比例关系不适度，没有体现大致的均衡；在质量配置方面没有实现区域内师资的学历达标率符合基本要求，没有体现相对的均衡；在结构配置方面，没有在区域内实现教师的学科、职称结构的配置基本平衡，没有体现适度的均衡。但是它也不是盲目地追求绝对的平均配置，它是一个相对动态的概念，要承认差异，重视在优质教师资源上的均衡。

国家在大力开发、培养人才，在这种氛围下，也产生了许多优秀的教育人才、优秀教师、骨干教师等，教师队伍正在不断壮大。但是，现在我国教师配置往往会出现城区学校教师资源饱和、富余的情况，而许多农村学校却存在一师多用的情况，有的学校一两个老师兼任校长、行政人员、班主任、任课老师等职责，更甚者在偏远山区里，没有老师愿意去，村长就会找一个稍微有点文化的村民随意执教，因此，根本不能满足孩子的求学需求。可是，明明有那么多教师教育人才，为什么会出现以上种种情况呢？究其原因，有如下几点。

第一，从客观上来看，有教师管理、教师待遇和资源多少的问题。在教师管理上，教师任用制度、资格制度、培训制度等方面的不足或缺失是造成城乡、校际之间师资配置不均衡的重要原因；在教师待遇上，教师的社会地位、工资、职业权利、福利等方面的待遇不高、差距悬殊成为义务教育师资配置不均衡的重要原因。

第二，从主观上来看，是教育资源配置者的主观认识与思想观念问题。他们对资源配置均衡的主观认识，即是否具有教育公平思想、是否具

---

① 朱家存：《教育均衡发展政策研究》，中国社会科学出版社，2003 年，第 161 页。

有教育均衡发展的意识，以及是否懂得资源配置的客观规律等，也会对教育资源配置不均衡产生影响。因此，树立正确的均衡理念是至关重要的，师资均衡配置并不是要把师资按学历、职称、性别、年龄等要素重新来一次平均分配，而是从长远来说，要逐步创建一种师资均衡配置的长效机制，从近期目标来说，就是要有针对性地缩小各校师资的差距。

第三，政策选择与实践模式创造。师资均衡配置政策应当坚持"城乡统一、协调发展"与"扶弱促强、共同发展"这两项基本价值原则。

在追求师资配置均衡化的过程中，离不开教师人事政策、收入分配与调节政策、教师管理政策、教师评价政策等一系列政策的保证。国家的政策选择是否适当，直接关系到师资配置均衡化的实现程度。师资配置能否达到均衡状态最终要靠实践来实现，选择切合实际、富有成效的操作方案是成功实现师资配置均衡化目标的又一个重要因素。

二 师资力量不均衡配置影响教育公平

通常所说的教育公平，主要指的就是教育权利平等和教育机会均等这两个基本方面。具体讲应至少包含以下五个方面：一是教育政策的平等；二是教育体制的公平；三是教育质量的普遍同质，不应该人为地区分出不同的教育档次和质量标准；四是教育机会的均等，不论地区、性别，不论贫富、身份，都能平等地享受到宪法规定的受教育权；五是教育资源占有的均衡，不能因为地区、城乡以及结构上的差异而有优劣之分。而教师是影响教育公平的关键因素，可以通过师资的配置和循环流动提高教育公平，促进终身教育。

当前，我国师资力量的不均衡配置严重影响着教育公平。师资力量的不均衡配置表现在城乡、东西、区域和学校之间。以城乡为例，近年来，我国教师水平逐步提高，农村教师队伍质量有所改善，代课教师数量明显减少，城乡间高级职称教师差距缩小。但农村中小学教师还不能完全适应基础教育发展的需要，师资质量仍在严重地影响教育质量的提高和教育的发展。有相关调研结果表明，城乡师资配置的不均衡及其后果主要体现在如下方面：第一，农村教师的地位较低，几乎没有农民愿意自己的孩子将来做农村教师，对农村教师的职业认同感低。第二，农村学校"输血"困难，"失血"严重。师范院校的毕业生不愿到农村任教，老教师退休，骨干教师流失，当地层层拔高使用教师。第三，农村教师队伍整体素质不高，结构性缺陷严重。在村级小学，几乎没有正规的师范毕业生，教师队伍年龄分化严重，职务不合理，学科结构问题严重。第四，农村教师专业发展不容乐观。教师的大量精力被各种形式主义活动和无意义的重复性工作蚕食，专业发展缺乏专家引领和专业指导，大多数参加培训的教师级别低、次数少，培训形式化倾向严重。因此，农村师资队伍陷入量缺、质低、待遇差的怪圈，导致城乡师资队伍两重天。

当今，很多教育专家、学者强烈地呼吁教育公平，社会公众强烈地需求高质量的教育，需求优质教育资源，并且对优质教育资源的需求从物质资源转向人力资源。而高素质高水平的教师是教育优质人力资源的核心，也是高质量教育的核心。有什么样的教师就有什么样的教育，目前的"择校热"在某种程度上是"择师热"，这种"择校热"既反映了校际间由于师资水平参差不齐而造成的教育不公平现象，同时也说明教师是学校最重要的教育资源，教师素质和水平是教育公平程度的重要参照系。城乡师资质量巨大的差距就是城乡教育质量巨大的差距，城乡教育质量的巨大差距就是城乡青少年竞争起点的巨大差距，竞争起点的巨大差距在一定程度上直接决定在未来社会竞争中胜出机会的巨大差距。对同在一片蓝天下的同样可爱的孩子们来说，由于他们受教于不同素质和水平的教师，接受不同质量的教育，他们的命运前途就可能完全不同。无论从教育理论的角度分析教师在学生成长中的作用，还是从全国教育实践来看，城乡、东西、区域和学校之间师资力量的不均衡已导致教育质量的不均衡，教育质量的不均衡即意味着教育的不公平。教育的关键是教师，教育公平的关键自然是师资力量的公平配置，我们将无可奈何地相信：假如全体教师的素质、水平得不到真正的提高，师资力量不能在城乡、东西、区域和学校之间统筹均衡配置，教育公平就只能是永远的乌托邦。

三　国外师资配置流动制度借鉴

自从 20 世纪中期以来，发达国家都一直在努力推进本国基础教育的均衡发展，并且都取得了非常显著的成效。在实现基础教育师资配置均衡化目标的过程中，从本国的国情出发，制定了种种有利于师资均衡配置的政策，并进行了一系列的实践探索，从而为其他国家的相关改革提供了可以借鉴的经验。

（一）日本的经验与做法："定期流动制"

日本和中国一样，也实施九年制义务教育，义务教育阶段的公立中小学全部免费并实施平等教育。由于基础教育发达，师资和教育资源分配合理，日本无论是城市还是乡村，学校基本教学设施和教育水平大体相同。只要有一所学校，无论这所学校的规模大小，在校学生多少，都必须具备办学的必备条件和设施，甚至有些残疾儿童就读的学校，如东京都立品川聋哑学校，仅有几十个学生，也同样有游泳池和音乐、美术、劳动技术课等实践活动室，并且各类器材齐全，还有一座可容纳上千人的室内体育馆。

1. 日本教育资源分配相对均衡的原因

首先，经济发展相对均衡。虽然东京、大阪等地区处于领跑位置，但其他地区的经济发展水平也相对较高。地区差别、城乡差别并不显著。这也就从客观上削弱了教育资源的不均衡。

其次，日本的教育行政属于中央和地方两级管理系统，实行中央领导下的地方分权制。日本现行的中央教育行政机构是文部省，为日本内阁的组成部分，其最高领导是文部大臣。文部省一方面可以调剂各地的教育经费；另一方面制定整个教育的大政方针，决定教学内容，颁布教学大纲，每所学校的教学活动都以此为基准。这样就使得全国的基础教育基本上都能保持一个比较齐整的水平。

再次，教师轮岗制度。由于教师在日本属于公务员序列，必须服从国家的调配，全国教师都强制实行轮岗制度。日本公立学校的校长不得连任，连任者须在校际之间轮换。而教师在6年内一般都会流动一次。这种强制的行政制度，让全国学生都受益，特别是对偏僻地区薄弱学校状况的改善，作用更为显著。

最后，学力测试制度。日本每年都要进行一次学力能力的全国测试，通过媒体向全国公布。在学力测试中获得好名次的地区和学校通常会把有益的教学经验传授给其他地区和学校。

2. 实现教育公平的有效支点

（1）师资管理：有保障的区域轮岗制以均衡教育资源

与世界其他国家一样，日本的所有中小学教师都须持证上岗。但是，获得教师资格证并不意味就能取得教师岗位，只有通过了省级行政机构举办的录用考试才有机会任教。在日本，由于教师是一个相对稳定和有较高社会地位的职业，希望从事这个职业的人相当多，因此录用考试竞争异常激烈。

（2）教育平等性：用完善的制度保障教育机会人人均等

在日本，受教育机会均等被作为是历次教育改革的核心。为了实现教育的平等性，日本的中小学一般都没有重点和非重点之分。不论山区学校，还是繁华的东京都学校，所有的教育教学设施均以全国统一标准配备。虽然学校之间存在一定的差异性，但差别并不大，各地学校的建筑模式、场地大小、师资水平都采取标准化配置。

（3）课程建设：让每个学生在体验式学习中获得成长

在日本，可以发现一个有意思的现象：不论去城市学校参观，还是去北海道、栃木等相对落后地区的农村学校观摩，这些学校向参观者展示的基本都是活动课，几乎没有严肃的纯知识灌输式的课堂。这并非学校刻意为之，而是日常教学的常态。比如，当记者前往栃木县矢板中央高中时，正值高一学生上劳动技术课。那堂课的内容是做日本料理，学生不是坐在教室里听老师讲，而是被带到学校烹饪实验室，每5~6人一组，在老师的示范下，完成一套料理的整个制作过程。

3. 操作方案与特点

作为日本师资均衡配置的实现形式，教师"定期流动制"的操作方案比较完备。这突出地表现在该制度对流动对象、流动频率、实施程序、政策支持、条件保障等方面进行了详细的规定。

（1）流动对象

在各都、道、府、县所制定的教师流动政策在主要方面基本上是一致的。以东京都为例，其《实施纲要》规定，凡是在同一所学校连续任教10年以上以及新任教师连续在同一所学校任教6年以上者都必须到其他学校进行流动，此项规定为硬性条件，所有教师都必须服从。同时对不应进行流动的教师也作了详细的规定，如任教未满3年的新任教师，57岁以上60岁以下的老教师，妊娠或休产假期间的女教师，长期缺勤的教师，可以不参加交流。中小学校校长也要进行交流，但校长交流与教师交流有所不同，校长交流主要由教育长直接任命互换，本人也可以提出申请主动要求交流到其他的学校。① 这反映了日本中小学教师的流动具有全员性的特点。

---

① 薛国风：《日本教师"定期流动制"对解决我国偏贫地区义务教育师资问题的启示》，《日本问题研究》2002年第1期，第48~52页。

（2）流动频率

日本中小学教师流动的另一个重要特点是每隔若干年就必须流动一次。根据日本文部省近年来对教师的平均流动率推算结果来看，全国教师平均每隔 6 年流动一次。同时日本的中小学校长也是流动的对象，大多数县的中小学校长一般 3~5 年就要换一所学校，每一名校长从上任到退休，一般要流动两次以上。日本的"教师流动制"除了流动频率高之外，还具有明显的逆向性特点。

（3）实施程序

在日本，公立中小学教师属于国家公务员性质，因而其定期流动制度具有政府直接主导、参与和调控等突出特点。但是日本教师流动的具体方针政策是由都、道、府、县教育委员会来具体制定。方针政策的制定是在充分考虑到都市、町、村之间，偏僻地区和非偏僻地区学校之间的差异，同一学校教师构成的合理性，以及同一学校长期任职者的变动等问题的基础上进行的。具体实施程序如下：①一般在每年的 11 月上旬，县（相当于我国的省）一级教育委员会开始发布下年度的教师定期流动的实施要旨；②全体教师都必须填写一份调查表，其中包括流动的意向；③在充分尊重本人意愿并为其解决后顾之忧的条件下，由校长决定人选，并报上一级教育主管部门审核；④县（都、道、府）教育委员会教育长批准进行流动的人选；⑤来年的 4 月新学期开学前，进行交流的教师全部到位。①

（4）政策支持

"二战"后不久，日本教师"定期流动制"已经出台，但由于缺少相关的政策支持，直到 20 世纪 50 年代中期，《关于地方教育行政组织及营运法律》《国家公务员法》《教育公务员特例法》《行政不服审查法》等一系列的相关法律出台后，该项制度才得以逐步推行，到 20 世纪 60 年代初趋于完善，并一直沿用至今。如 1954 年颁布的《偏僻地教育振兴法》（1974年第四次修订）中规定："为协助在偏僻地区学校工作的教员及其他职员的住宅建造及其他生活福利，应采取必要的措施"，也是地方教育行政部门的任务之一。对流向偏远地区的教职员工，从变动或搬迁之日起三年内，除本人工资之外，对其增发偏僻地区津贴，津贴数额为本人月工资和扶养津贴总额的 25% 以内。此外，还有其他形式的津贴，如寒冷地区津

---

① 盛宾：《日本教师"定期流动制"的启示》，《人民教育》2005 年第 9 期，第 8~10 页。

贴、单身赴任津贴等。同时日本于"二战"后实行了《教师资格鉴定合格证书》制度。该项制度明确规定：要成为一名合格的中小学教师，首先必须具有由都道府县（相当于我国的省）教育委员会颁发的教师资格证书。通过此项制度，日本教育委员会可以以行政调动的形式对其所辖区内的教师进行流动，进而为教师的顺畅流动创造了条件。[①]

（二）美国的经验与做法："教育补偿"

1. 师资配置中的"弱势补偿"方案

以美国经济机会署（Office of Economic Opportunity）为代表，它们倡导在全国范围内实行"补偿教育"方案。美国经济机会署是美国义务教育特别扶持计划的重要组成部分。"补偿教育"方案主要是从资金补助、改善教学条件、提高教育质量等方面入手，为处于不利境地的人们特别是少数民族学生提供一流的教育。1965年，在联邦的财政预算中，要达到为全美的青年和儿童提供"充分的教育机会"的目的，计划投入41亿美元。80年代末，联邦教育行政部门将数以千亿美元的教育经费中相当一部分用于"补偿教育计划"，其中40亿美元用于奖励先进学校和促进薄弱学校的发展。[②] 80年代以来，美国的一些州还成立了可供低收入和少数民族家庭子女选择入学的"磁石学校"。"磁石学校"的建立为改进教育教学质量差的学校，为弱势群体提供有责任心及高质量的教育做出了积极的努力。

2. 实施教师资格认证制和统一的国家教师资格证书制

为了使教师资源能够实现共享，促进教师人才的合理流动和空间均衡分布，美国先后出台了一系列政策来消除各州在教师资格的认证方面的不一致性。1986年，卡耐基教育和经济论坛工作组向联邦教育部提交了《国家为培养21世纪的教师做准备》的报告，提出要建立全国统一的国家教师资格标准并以国家教师资格标准取代各州教师资格标准的建议。1987年5月全国教师资格审定委员会正式成立，并提出了五项"核心建议"作为制定国家教师资格标准的基础，从此美国拉开了实行国家教师资格证书制的序幕。同年，美国共有35个州建立了教师证书互换制度，相互承认各州的教师资格证书，为持有教师资格证书者的就业和择业提供了便利的条

① 杨磊：《日本教师人事制度及引发的思考》，《基础教育参考》2004年第9期，第56~57页。
② 高如峰：《义务教育投资国际比较》，人民教育出版社，2003，第66页。

件。国家教师资格证书制的实施不仅有效地缩小了各州教师资源在质量方面的差距，而且便于教育行政部门在全国范围内实行统一的师资配置，打破了各州之间和校际之间教师资源壁垒，促进了教师队伍在全国范围内的合理流动，实现了教师资源共享，促进了全国范围内基础教育阶段学校间的师资力量的相对均衡，从而使所有适龄儿童、青少年均能享受到实质上的平等的教育机会。因此，毫无疑问，实行统一的国家教师资格证书制也是一项成功的师资均衡配置措施。

3. 整体改善教师待遇，缩小不同地区间教师待遇差距

教师待遇的好坏直接影响着教师的工作热情、教师队伍的稳定，以及教师职业的吸引力。20 世纪 80 年代以前，美国中小学教师工资偏低，严重影响了师资的来源和教师队伍的建设。这一问题引起了美国社会各界的关注，于是各州通过多方筹措经费，不断提高教师工资。近年来，随着对教育投入的增加，美国中小学教师工资水平逐年上涨。在整体改善教师待遇的同时，美国还注重缩小教师之间的待遇差距，为那些任教于城市薄弱学校、农村贫困学校和少数民族学校的教师提供待遇上的优惠政策和特别补助，以鼓励和吸引优秀教师到这些学校服务，使这些学校的师资质量达到应有的水平，从而在整体上实现教师资源的均衡配置。

（三）法国的经验与做法："优先教育区"

为了解决当时存在的现实问题，缩小不同社区之间教育发展的不平衡，法国政府于 1981 年颁布了"优先教育区"政策，以便对处境不利社区的学校给予扶持。到 1995 年，法国已建立了 558 个优先教育区，主要集中在大中城市的郊区。

在这个政策中，关于师资配置主要有三个方面的规定。其一，规定对"优先教育区"的师资配置给予特别支持，要求为其配置高质量的、合适的教师队伍；其二，规定增加"优先教育区"的教师数量配置，以便加强对处境不利和学习困难儿童进行个别辅导；其三，规定提高"优先教育区"任教教师的工资待遇。政府对"优先教育区"内教师给予特别津贴，1997 年，该津贴额为 6741 法郎。凡在"优先教育区"内任教的中小学教师均能享受该项津贴。该项津贴计入教师工资，由国民教育部支付。可见，该项政策的实施使"优先教育区"的教师质量和数量都得到了改善和提高，大大缩小了法国不同社区之间的师资差异，使整个基础教育师资配

置趋向均衡。同时，提高"优先教育区"的教师待遇的规定也有利于吸引教师资源向"优先教育区"流动，为教师资源的动态均衡配置创造了条件。

另外，还统一中小学教师培养规格和工资标准，为教师的大范围流动创造条件。法国于 1992 年开始对教师培养规格进行改革，规定无论是小学教师还是中学教师都必须经过大学师范学院培养，一体化的中小学教师培养成为现实，中小学教师任用规格随之逐步走向统一，从而在师资任用这个源头上，为教师在不同层次学校之间灵活流动提供了可能。在随后的改革中，法国又规定，中小学教师实行单一工资制，即无论是小学教师还是初中教师，其基本工资实行完全相同的标准。在统一的工资制度下，法国政府还为愿意到处境不利的"优先教育区"任教的教师提供岗位津贴。而且小学教师和中学教师所享受该项津贴的标准相同，每年均为 6741 法郎。同时，法国还规定，从 1994 年 1 月起，凡初次作为公务员身份被分配到难于招聘到教师的地区任教的教师，每年可以享受到 12594 法郎的补贴，时间为三年。

法国在基础教育改革中所采取的措施为消除师资质量的不均衡创造了条件，并为师资的灵活流动提供了便利。它规定全国各地的中小学教师都必须统一由大学的师范学院来培养，这不仅有利于提高教师的整体素质，而且有利于中小学师资以相同的"起点"在地区间、校际之间循环流动。同时，法国注重不断提高在职教师的工资收入，特别是对在"优先教育区"从教的教师给予特殊津贴，并给予政策上的保证。这在一定程度上阻止了因为收入差距而造成的教师"逆向流动"现象，同时，也激发了教师积极向"弱势地区""薄弱学校"流动的意愿。

四　师资配置流动模式研究

（一）教师定期交流模式

地区间教师的不均衡分布严重制约了我国教育的发展，必须协调地区间教师分布。一是发达地区的教育机构应尽量避免到西部等欠发达地区挖人，而应把引进的视野放在现任教师以外的拔尖人才和国外优秀人才，重点在培养新的高层次人才。二是西部高校要加强自身建设和管理，营造良好的环境，增加自身吸引力，进一步做好人才的稳定和使用工作，最大限度地防止人才流失。三是国家教育监管部门应统筹兼顾、因地制宜地研究制定长期的人才发展战略，使每个地区都能扬长避短，形成自身特色，从而使教师资源利用效率最大化，达到全国范围内师资的优化与整合，在我国建立一个公平、竞争、有序、统一的高校人才流动机制。因此，以上提到的各利益相关方应共同遵守一定的游戏规则，把我国的高校教育资源作为一个整体来考虑，注意引进人才的规范性，防止"人才非理性竞争"，共同努力构建一个合理有序的教育人才的循环流动体制。

辽宁沈阳通过行政干预手段来促进优秀教师向薄弱的学校流动。流动的范围以区、县（市）教育行政部门所在的义务教育阶段学校为主。区内的每一所学校每一年都需要有30%的教师参与到校际间的轮换流动中。制定了统一的教师结构工资标准和福利待遇标准，基本上实现了同职级教师校际间同工同酬。教师在交流的时候首先就需要调转人事关系，形成真正意义上的"人走关系动"。当前国内教师行政流动有"分流""轮换""支教""替岗"等几种形式。

一是"分流"。是指对超编学校，通过核编定岗，将富余教师分散流动到其他缺编学校的方式，属于"人走关系走"模式，也是行政性最强、力度最大一种模式。

二是"轮校"。是指教师在一所学校任教满一定期限后，必须交流到其他学校任教，人事关系也随着转到流入学校。这和"分流"一样，也是一种"人走关系走"的模式，但这种模式强调制度性、长期性和普遍性，只有科学设计，规范操作，才不至于出现激烈矛盾。

三是"支教"。是指教师在一定时间内到乡村学校或其他薄弱学校任教，但人事关系仍在原来的学校，期满后回原学校继续任教，属于"人走关系留"的模式。这分两种情况：一是超编教师过多、分流难度较大情况下而采取的变通形式；二是表现为优质示范学校及其骨干教师定期对薄弱学校的支持和帮扶活动。上海浦东新区将学校的优质教师组成团队直接派往薄弱地区的学校支教，与此同时，还将支教时间从一年延长至两年。这包括两个方面，一方面是组织区级的学科带头人和骨干教师组成特别团队前往郊区以及偏远地区的学校，开展两年期限的支教活动；另一方面学校与偏远地区学校建立扶助关系，互相帮助，长期开展教学团队的交流与互助活动。

四是刚性柔性流动制——"替岗"。上海长宁地区率先在中学高级教师队伍中试行"刚性流动"，规定了 24 位新评的中学高级教师首批成为"刚性流动教师"，通过优先创新教育人事流动制度，计划在 5 年内，打破优秀教师"一校独有"现象，使得区域内部所有的初中和一半以上的小学都拥有学科带头人。在聘任期内经过考核合格的"中学高级"教师，由区教育局作为专项的奖励，与优先新聘的学校建立起 3 年至 6 年的人事关系，在相关的学校之间有序流动。

这种流动形式主要出现在优质示范学校与薄弱学校的对口帮扶活动中，优质示范学校在派出优秀骨干教师到薄弱学校任教帮扶的同时，薄弱学校也派出年青教师到优质示范学校学习和受训。这是一种双向交流形式，体现为校际间的帮扶与学习。这是一种政府大力提倡的形式，但一般不具有行政强制性，因此又可称为"柔性流动"。"人走关系走"模式多了些"刚性"因素，虽然在一定程度上削弱了学校在教师资源配置方面的作用，但对于区域教师资源均衡流动有直接影响，由于是统筹安排，容易保证流动教师的数量和质量。"人走关系留"的模式，把教育行政部门定位于监督指导地位，给予学校一定的自主权，学校可根据自身情况合理配置教师资源。把两种模式结合起来，在"刚性"流动保证质量和数量的基础上，流动教师优先流向结对学校，通过结对学校的相关配套措施，更能充分发挥优秀教师在薄弱学校的作用，也有利于建立教师长期流动机制，使教师流动保持一种动态平衡。

同时，还应建立针对新任教师的流动模式，以促进年轻教师的专业成长。目前教师资源的总体配置是县区学校优于农村学校、重点学校优于薄弱学校。因此，应当制订措施鼓励和支持新教师到农村地区和薄弱学校任教。但新教师到农村或薄弱学校任教期间，应该有机会到优质示范学校顶岗学习，以促进新任青年教师的快速成长。这是在研究教师流动问题时一个值得认真考虑的重要问题。

（二）学校与学校之间的流动模式

学校间可以创新合作方式：一是有条件的学校可以聘请外校教师教学、著名教授与本校教师进行合作研究。这不仅有利于教学和科研工作的开展，还可以在学术上相互交流，拓宽教师的知识面，有利于开展跨学科研究，达到师资优势互补。二是引进高层次人才可以不拘一格。近年出现了一种新的人才招募方式：双聘。上海第一例"双聘"院士在名校复旦和科研院所之间诞生，"双聘"突破了地域、户籍、工作关系等限制，真正实现人力资源共享。三是大学城教师的优化配置。我国已建成 50 多处大学城，但人才交流与协作普遍不够。大学城可以探索用人新模式：学校承认大学城间学生互修学分，不但利于学生学习，还可通过学生的选择热情促进教师队伍的优胜劣汰，激发教师工作热情，从根本上提高教师的整体教学水平，达到"共建共享"的层次。

1. 校际互聘优师制。浙江杭州出台了校际互聘优秀教师的新举措，积极鼓励省级特级教师、学科带头人以及优秀的高级教师公正公开受聘于其他同类学校。这些人在完成本身所在校正常工作量的基础上，可以经由本人和所在学校同意，接受其他学校的聘任。外聘的教师通常以上课的形式或者以讲座的形式为主，一般情况下一到两周以内就可以安排一次，由所聘的学校给予相应报酬。这种模式已经为校际教师互聘提供了一个公平公正的竞争机会，非常有利于教师资源的优化配置。

2. 名师资源共享制。上海普陀地区的做法是建立 10 多个由特级教师领衔的工作室，每个工作室以 5 到 7 名区域内高级教师作为培养对象。与此同时，建立 50 个以上由学科带头人领衔的工作室，每个工作室选拔 5~7 名区内中级教师为培养对象，选拔 100 名左右的高级指导教师，每一名高级指导教师负责指导一所学校的学科建设任务，帮助提升学科教师专业水平。"在人事关系不变的情况下"，提高他们的津贴作为师资共享的保障。

3. 学区联校制。仙桃在 10 所城区学校推行"一校制"改革试点，即在一定的区域范围内，选择一所师资力量雄厚、办学条件较好的学校，就近代管一所薄弱学校，推行"一个法人代表，两个办学实体，教学统一管理，资源共同分享"的管理机制。这样就打破了乡镇界限，教师实行无校籍管理、按学科需要配置。而且仙桃在 3 个乡镇 21 所农村中小学大力推行了"学区制"改革，即选择一所优质镇直初中与镇办中小学校合并，实行"一套班子、两块牌子"的管理模式，统筹管理学区内所有中小学。仙桃还在两所城区学校和 28 所农村学校开展了"联校制"改革试点，即师资雄厚的优质学校与师资薄弱的学校实行联合，推行"法人独立、互联互助、以强带弱、对口支援"的管理模式。这些做法，使教师资源得到了最优化配置。

4. 名校辐射制。唐山市丰南实验学校的"建设教育小区模式"，是根据成片集中的原则，把一定区域内的中小学资源整合在一起，通过新建、扩建办成九年一贯制学校，扩大办学规模。"名校建分校模式"是唐山市针对城区扩张后优质义务教育资源不足和择校问题进行的，主校与分校实施"统一管理、统一师资"。2004 年，路南区撤并了薄弱校开滦三中，依托名校二十六中筹建了二十六中分校，二十六中副校长张冬梅为分校校长，与主校实施理念、管理、师资、设备等资源共享，两校经常相互听评课，实行教科研一体化。"新建校模式"则是根据学校布局规划新建高标准校舍，使硬件不达标的学校在短时间内扩充优质资源。此外，还实行了将一所名校与区片内相对薄弱学校结合，传帮带对子的"联盟校模式"。

（三）流动岗位的年限

如果在出台的教师流动方案中，没有提出具体的教师流动年限，就会在操作上存在模糊性。因此，在操作细节上宜明确不同性质、不同阶段的教师流动具体岗位的年限。根据国内、国外相关经验，教师流动岗位年限一般在 3~6 年，这既可以保证被援学校教育教学的连续性和稳定性，也可以使流动教师不至于产生严重的倦怠感。同时，这个期限也是教师可以接受的心理期限。

目前，一些教育发达国家已形成了规范的、时间较长的教师定期流动政策。如日本规定，全国公立基础学校的教师平均每 6 年流动一次，多数中小学校长一般 3~5 年就更换一所学校。日本是实行教师流动制比较早的国家，中日两国对教师的管理方式有许多共同之处，中小学教师流动都是在政府框架下，一般是在公立学校范围内实施。日本"教师定期流动制"比较规范，有比较成功的经验可资借鉴。其每年都、道、府、县教育委员会制订教师流动方案时，都要考虑到城乡间和不同地区间的交流以及教师构成的合理性等，使教师流动能满足不同地区和学校教师在质和量上的动态平衡。

（四）人事关系与流动价值取向

行政干预下的教师流动是一种人事制度而不是短期行为。流动教师的人事关系是否跟着走，目前尚有争议，一般倾向于保留在原地。但从发展的趋势看，应该是人走关系走，便于理顺管理体制。虽然在实践中有一定的困难和障碍，但是，为了实现流动教师在新学校的有效管理，对当前比较敏感的"人走关系动"政策可以暂时进行弹性调整，教师人事关系隶属于新学校的，完成流动任务后，人事关系自行决定留在新学校，或者再转回原学校。也有地方在尝试，将教师身份由"学校人"变为"系统人"，教师不再固定属于某所学校，而是统属于县教育行政部门直管，从而彻底解除人事关系对教师流动的不利影响。这种方法值得深入探讨。

（五）补偿措施

从教育经济学角度来看，教师流动要付出一定的"成本"，也必然要求给予"补偿"。但是优秀教师从优质学校流向薄弱学校的过程中不仅付出了经济成本，也付出了"机会"成本。当然，相对经济成本，机会成本属于隐性层面，难以量化，操作存在困难。因此，在完善教师交流激励机制时，应把"机会"成本补偿措施考虑进去，在教师"发展机会"方面给予优先照顾，如对到薄弱学校任教的教师给予更多的晋级、评优机会等。《中国教育报》2007 年报道，浙江龙游县财政新增支出 1500 多万元，优先投入提高中小学教师工资福利待遇，教师年人均增加收入 5000 多元。

第二节　富余师资再配置

富余教师是指按照某个师生比标准和教学实际需要把教师择优分配到相应岗位后仍然剩余的教师。从宏观上讲，教师是按照学生数量配置的，如果学生数量和学校数量稳定，师资队伍有规划地进行建设，一般不会出现规划外的富余教师，富余教师问题也不会构成教育研究中的重要问题。[1]

近些年来，无论是城市还是乡村都有富余教师出现，原因是多种多样的。农村地区学生数量在不断减少，小规模学校大量存在，但这些小的学校随着政府政策的颁布，中小学大量被撤并，农村学校的数量在学校布局调整中逐渐减少，农村富余师资的不断出现，已成为一个重要问题。城市学校是教师争相入职的地方，因为不仅待遇高，教学质量与教学政策也都有偏向，而且在城市条件和环境好，没有农村的艰苦，即使是作为代课老师，没有正式编制，大多数教师也都愿意留在城市，这就造成城市教师富

---

① 赵忠平、秦玉友：《学校布局调整背景下农村富余教师安置政策研究》，《四川师范大学学报》（社会科学版）2013 年第 40 期。

余的现状。既然城市和乡村都出现了教师富余的情况，如何做好教师的分流与安置，做好富余教师的循环再利用就逐渐成为一个重要问题，尤其是农村中小学撤并后富余教师的安置问题。

一　富余教师出现的一个重要原因　中小学的撤并政策

20 世纪六七十年代，中国小学和初中学校的数量达到顶峰，之后学校数量总体上保持了下降的趋势。据我们基于相关统计数据的测算，2001 年农村小学均拥有教师 9.1 人，到 2010 年则达到了 15.1 人，校均增加 6 人；2001 年农村初中校均拥有教师 40.1 人，到 2010 年增加到 44.4 人，校均增加 4.3 人（见表 8 - 1）。

表 8 - 1　2001 ~ 2010 年农村中小学校均教师数统计

年份	农村小学			农村中学		
	学校数（所）	专任教师数（人）	校均教师数（人）	学校数（所）	专任教师数（人）	校均教师数（人）
2001	416198	3793477	9.1	38726	1552306	40.1
2002	384004	3718146	9.7	37423	1541593	41.2
2003	360366	3645691	10.1	37251	1578114	42.4
2004	337318	3637873	10.8	38095	1632994	42.9
2005	316791	3568584	11.3	36405	1533703	42.1
2006	295052	3520603	11.9	35283	1499243	42.5
2007	271584	3400420	12.5	32865	1395363	42.5
2008	253041	3337264	13.2	31458	1343951	42.7
2009	234157	3296824	14.1	30178	1321560	43.8
2010	210894	3190526	15.1	28670	1271542	44.4

资料来源：据 2001 ~ 2010 年《中国教育统计年鉴》整理，由于 2011 年《中国教育统计年鉴》统计口径与之前存在一定差异，为确保统计口径的一致性以及数据引用的准确性，2011 年统计数据未列其中。

这样，就学校微观层而言，小规模学校合并的最直接后果是学校数量和班级数量的减少，而教师数量保持不变。在此情况下，师班比、师校比则会发生较大改变，就会有大量富余教师出现。也就是说，随着大量农村中小学的撤并，农村学校富余教师会大量产生。

二 如何实现富余师资的再配置

（一）富余师资安置存在的问题

以资源整合为导向的农村学校布局调整在实现农村学校规模化办学目标的同时，也引发了撤并后学校富余教师的安置问题。由于缺乏统一的指导规划，各地在富余教师安置方面的政策设计及实践措施上存在较大的差异，但不可否认的是，在农村富余教师的安置方面存在一些共性的问题。梳理、总结这些问题，对进一步探讨合理的富余教师安置政策具有重要的经验价值和现实指导意义。

1. 富余教师甄别原则模糊不清

农村学校在对富余教师进行安置前，首先需要明确哪些教师是富余教师。甄别富余教师无非是为了两个目标：一是退出不合格教师，提升教师队伍整体素质；二是优化学科资结构，提升教育教学质量。如果仅从数量的角度言，某所农村学校有多少名富余教师只是一个人数问题，并不具备实际操作价值。真正棘手的是，如何甄别哪些教师是富余教师，这便涉及富余教师甄别原则的问题。如果缺乏科学合理的甄别原则，往往会使学校陷入混乱之中。然而，在现阶段有关富余教师的甄别问题明显存在着甄别原则缺失的问题。教育主管部门在有关富余教师的甄别方面缺乏上位原则，各学校由于缺乏可依据的政策原则，便出现了纷繁多样的富余教师甄别办法，在此背景下，难免会出现富余教师认定的权威性不足和合法化危机，同时也给人情活动留下很大空间。富余教师甄别原则的缺位或模糊不清在有关学校布局调整的政策文本中有具体的反映，大多数政策文本均未提到富余教师的安置问题。地方教育主管部门在对富余教师的甄别原则方面基本上处于空白状态，而实际上学校层面又有大量富余教师需要甄别并安置。在科学合理的上位原则缺失的情况下，制定甄别富余教师原则的工作便落到具体的学校层面。由于各学校在甄别富余教师方面的侧重点不同，于是便出现了原则混乱的局面。

2. 富余教师安置程序缺乏公正性

当前，农村学校在富余教师安置过程中大量存在着安置程序不公正的问题，农村学校富余教师安置结果的公正性也更难以保障。据笔者调研发现，很多农村学校在富余教师的安置过程中并没有严格的程序可言，学校领导握有绝对的权力，通常在并未征询多数教师意见的情况下，便草率地把一些教师划分为富余教师；或者只是学校的领导层在小范围内讨论即确定富余教师的人选，用不甚明晰的甄别原则将某些教师划分为富余教师，结果往往会引起教师个体的强烈反弹。对教师个体而言，被确定为富余教师，即意味着只有几种选择：要么离开本校去另外的缺编学校，要么在本校被转入非教学岗位，或被降级进入低年级或其他学科任教，或者被要求接受培训以提升自身素质，甚至被迫退出教师队伍。从教师个体发展的角度看，这些结果都不是理想的选择，教师个体如果对甄别结果产生怀疑，那么他们首先质疑的就是程序的公正性。富余教师甄别程序的不公正，一方面，可能会引发被甄别为富余教师的个体的不满，进而影响整个学校教师队伍的稳定；另一方面，则可能为权力寻租提供灰色空间，一些素质较低的教师没有被甄别出来，也会对农村学校的师资建设产生消极影响。

3. 把富余教师安置当作麻烦看待

富余教师是伴随着农村学校布局调整而出现的，作为与学校布局调整相伴而生的现象，许多人会先入为主地把农村富余教师当成学校布局调整中出现的麻烦来看待。之所以把富余教师当成麻烦，是因为它涉及教师工作去向安排这一敏感人事问题，又是在没有充分准备和规划的情况下进行的，容易引起教师的激烈情绪反应。把富余教师当作麻烦来看待的倾向使人们在处理这一问题时首先选择的是一种对待麻烦的态度，此时，人们更多地想的是如何避免麻烦的扩大，也就是选择了一种封闭单一的思维对待这一问题。当人们选择一种封闭单一的思维处理富余教师问题时，便难以充分地发现这一问题所蕴含着的正面价值。笔者调研发现，学校层面在面对富余教师问题时，学校领导多持谨慎态度，谨慎的原因不在于如何有效甄别和安置富余教师，从而达到优化学校师资结构的目的，而在于如何尽量使这一"麻烦"问题的短期负面效应最小化。科学合理的上位甄别原则的缺失和不甚公正透明的甄别程序，更加剧了学校层面简单化并短视地处理这一"麻烦"的倾向。

（二）富余师资的再配置

为实现富余教师的再配置，首先要转变审视这一问题的立场，应当把学校富余教师安置看成是一个提高教师质量、优化学校师资结构的过程，同时，着重考虑师资配置的原则与方法，探讨师资配置的措施。

1. 实行特岗教师聘用制。我们将富余师资的出现看成是一种提高师资质量的机遇，可以通过优惠政策的支持，招聘优秀的老师作为特岗教师派往偏远地区支教。福建省福安市全面开展"农村教师特岗行动"，确定了一批特岗学校，并用优惠政策鼓励城镇富余教师到缺岗的农村学校任教。该市明确了农村特岗教师享受 7 项优厚待遇：第一，在原有特殊岗位津贴的基础上，特岗补贴一次性分别增加 600 元或 1200 元。第二，今后小学后备干部优先从优秀的特岗青年教师中选拔。第三，特岗教师参加进城招聘，其服务年限由原来的 5 年缩短为 3 年，而在中心小学任教的非特岗教师若要参加进城招聘则必须具备在农村特岗学校任教一年及以上的经历。第四，在福安市级及市级以上评优时现任特岗教师优先，职称聘任时向农村特岗教师倾斜。从 2008 年起，全市小学教师（男 40 周岁、女 35 周岁以下）聘任中高级职称时必须有一年的特岗经历。第五，优先安排特岗教师培训、进修和开展课题研究项目，每两年对教育、教学和教研成果突出的特岗教师实行表彰。第六，每年组织特岗教师免费健康体检一次。第七，义务教育阶段的特岗教师子女需要到城区就读的，由教育局统筹安排。①政策出台后，教师纷纷报名参加特岗行动。2011 年，福安市进一步深化"农村教师特岗行动"，对符合条件的农村特岗教师中高级职务全部予以聘任，聘任后享受相应的工资待遇。通过优惠政策的制定，大大激发了优秀教师的积极性，促进了农村教师质量的提升。

2. 实施富余教师分流制度。晋江市采取教育局发布，晋江市采取多项政策鼓励中学富余教师到小学任教。随着本地中学生源的逐步减少，目前，晋江市中学教师，尤其是初中教师数量已经日渐饱和，全市已经有 18 所独立初中学校出现超编，其他没有超编的学校也不同程度存在学科结构不合理的问题。但与之形成鲜明对比的是，晋江市小学由于居高不下的外来生，教师缺编严重。中小学富余师资队伍的分流工作是搞好中小学人事制度改革的关键。这项工作关系到每个教职工的切身利益，牵涉到社会的方方面面，政策性强、情况复杂、任务艰巨。

前福建省教育厅施祖美副厅长曾在宁德、三明做过相关调查，宁德小学教师过剩一万多人，三明中学教师过剩更多。他们的做法是将富余师资

① 龙超凡：《透视福建福安"农村教师特岗行动"的嬗变》，中国教育新闻网–中国教育报，2012。

循环调配再利用，将富余师资调配到幼儿园、老年大学等师资匮乏的地方，可以将组织关系放在原单位。根据《广西学前教育三年行动计划（2011～2013）》，广西到 2013 年将新建、改扩建幼儿园 6628 所，在园幼儿达到 133 万人。为完成这一目标，2014 年 5 月，自治区教育厅启动"乡镇中心幼儿园建设促进年"活动。中小学富余校舍师资增援幼儿园，广西采取灵活改革推动学前教育发展。

福建省上杭县教育局等单位颁布的《关于中小学富余教职工分流工作意见》中提出几点意见对我们有很好的借鉴意义：

第一，可以办理提前退休。对离法定退休年龄五年内（即干部身份男性满 55 周岁、女性满 50 周岁；工勤人员男性满 55 周岁、女性满 45 周岁）且工作年限 20 年以上（含 20 年）的教职工，经其本人申请，组织批准，允许提前退休。

第二，办理病退和退职。2005 年以来，因病不能坚持正常工作一年以上或两年累计上班不足一年时间，必须提出病退申请，经劳动能力鉴定委员会鉴定为完全丧失劳动能力，且符合退休条件（即男性年满 50 周岁，女性年满 45 周岁，工作年限满 10 年），应办理病退，并按现行政策规定享受相应的待遇。

第三，鼓励富余学科教师向机关事业单位流动。针对全县中小学教师队伍总量超编，教育部门应高度重视系统内富余教师的转岗工作，让富余学科教师通过培训后转岗从事学校其他工作，以满足学校教育教学工作的需要。

第四，鼓励富余教师走上社会创业。鼓励工作年限满 15 年以上的中小学富余学科教师到企业就业或自主创业。按干部管理权限，经个人申请，组织审批，对辞去现职到企业就业或自主创业的中小学富余学科教师，发给一次性创业基金。

第五，自动离职。按照《福建省中小学教师队伍管理暂行规定》有关规定，凡未经教育主管部门同意，擅自离开工作岗位，自离岗之日起即停发工资；擅自离职超过一个月的，即按自动离职处理。对于既无正当理由，又未办理续假手续而无故超假的，从超假之日起即扣发工资，一年内累计超过三个月的即按自动离职处理。

3. 制定有效政策，强化农村师资队伍建设

第一，积极鼓励大、中城市的优秀教师到农村支教，以起到示范作用。政府可从福利、晋升等方面适当予以倾斜。第二，积极促进城镇学校教师向农村学校流动，定期选派城镇学校教师到农村学校交流任教。第三，积极鼓励并且组织落实高校毕业生支援农村教育。第四，充分利用远程教育的手段把优秀教师示范课的课件送到农村学校。第五，逐步淘汰现有不称职教师。对年龄较大且体力、精力、能力都不能适应教育教学的老教师，可以采用内退、提前退休等方式逐步加以消化，腾出岗位，让优秀的年轻人进入教师队伍，促进教育系统内部的血液循环。第六，建立合理的教师交流、轮岗机制。城市学校与农村学校之间的教师，可以合理交流，实行轮岗。通过这种形式，保证各类学校都有一定数量不同年龄结构的、不同知识结构的教师，形成优势互补、相互促进的良好运行机制。第七，真正做到事业留人，待遇留人。进一步加大对教育的投入，多渠道筹集资金，改善农村学校的办学环境，缩小各级各类学校的差距，使农村教师英雄有用武之地，使他们的价值能得到最大的实现。提高农村学校教师的补助标准，增加福利待遇，缩小他们与城镇学校教师之间待遇的差距，充分调动教师的工作热情和积极性。

第三节　退休教师发挥余热

学校作为培养人才的学府，有着一支具有较高文化知识与素质修养的师资队伍，这一独特的人力资源是其他任何领域或行业所不具备的。这就决定了，在当前推进社会主义文化建设工作中有着独特的优势。由于年龄原因，不断有老教师退出工作岗位进入退休人员队伍，老师退休的法定年龄是男性满60周岁，女性满55周岁。虽然各省市教委规定不同，有的学校缺少教师，不会同意老教师退休；有的学校教师超员，可以提前退休。目前这一队伍人员数量规模已相当可观。他们是退休的高素质群体，具有专门的知识和能力，能以自己的创造性劳动推动科技发展和社会进步。合理开发高校老年人才资源，既可为国家和社会创造更多财富，又利于改善老年人的心理孤独感和政治边缘感，有利于实现个人与社会的和谐发展。在推动社会主义文化建设、政治建设，促进社会和谐工作中，这是一支可以大有作为、不可忽视的有生力量。

综合考虑，老师退休时年纪还不是太大，大部分教师身体素质和健康状况都属良好，而且有些退休老师对教育事业很有热情，希望将自己所有的知识经验传授给更多的学生，他们有继续工作的能力和愿望，希望发挥更大的作用。还有些退休教师认为，虽然自己年纪大了，但不能碌碌无为，成为家庭和社会的负担，即使到了老年还是可以有所作为。他们或多或少都希望在自己的晚年发挥余热，继续为祖国做出贡献。这就为更好地践行循环教育的方针政策提供了人力资源。

一　学校退休师资队伍的特点

第一，退休教师队伍规模较大。到了法定退休年龄，每年都有许多老教师退休，退休老教师群体已然成为一支颇具规模的高文化、高素质的教师队伍。

第二，有较高的政治思想觉悟。在学校退休老教师中，他们中大多数人都是长期接受党的教育，经历过各种自然或人为灾害的磨炼，克服无数困难，甘愿为祖国教育事业无私奉献的老同志。副高以上职称退休老教师中大多数是共产党员。他们具备了较高的政治思想觉悟，较强的工作责任心和吃苦耐劳、艰苦奋斗的精神。

第三，有深厚的专业知识底蕴和丰富的工作经验。离退休老教师在职时很多人都是教学骨干，有着丰富的专业知识和教学经验；有些是曾身兼行政职务的老教师，还具备一定的组织领导能力和行政工作经验。

第四，退休教师熟悉院系学科专业发展的具体情况，也对学校总体发展方向与各项政策有着较为透彻的把握，这是退休教师参与人才引进的关键因素。

第五，有发挥余热的热情和愿望。很多老教师虽然从工作岗位上退下来了，依然干劲十足。他们有着较好的经济基础，家庭负担相对较轻，还有较充裕的可支配时间。所以，在自身健康无碍的情况下，他们愿意在有生之年发挥余热，把自己所掌握的专业知识继续奉献给社会。

二　退休教师循环再利用存在的问题

把离退休教师组织起来，发挥其作用，继续为科教兴国出力，是一项利国利社会利民利己的大事。然而现实情况并非令人满意，仍存在着不少问题和困难。

1. 退休教师的行动是自发的，有时会受到不公正待遇。许多离退休教师退休时还很有精力，感觉还能为国家教育事业出力，或者为了补贴家用等，在退休之后，在外兼课、办班培训、技术服务、学术研究、经营管理和少量返聘从教等。通过个人渠道谋其职业，他们大多数都是自发的，没有组织性，间断性、临时性工作占多数。有的退休教师对于寻找合适的岗位会面临有些单位、组织、个人会嫌弃他们年纪大安排麻烦等问题，从而难以找到合适的工作。但为了补贴家用会找些打杂等琐事来做，没有人尽其才，甚至受到不公正对待。

2. 一方面大批离退休教师处于闲置状态，另一方面又因人才短缺，不得不出高资引进人才。虽有规定对有专长的高职人员可延长退休时间，由于晋升职称规定指标限额，老的不走新的上不来，实际上是"一刀切"，到年龄即退休。有时也往往凭某种主观意愿办事。

3. 经费困难。不少学术团体协会和科研机构来函邀请老教师参与学术交流，但苦于无经费而放弃，有的著书立说因无资金不能出版。老教师的不少正常活动也因经费问题而难以展开。

4. 没有专门机构或委托机构来关心、研究和解决离退休教师的"老有所为"问题。组织上无人管，又无政策上的扶植与支持，使老教师心理上有失落感。

三 发挥退休老教师余热的途径

政府和社会各界人士要重视退休教师的作用和价值。真正关心他们的需要和满足他们自我发展的需求，在老有所养、老有所依、老有所学、老有所教的基础上满足老有所为，让退休教师老有所乐。

第一，建立退休教师资源库，随时流动到需要的地方，他们可以继续在专业领域或者教育培训方面发挥作用。许多退休教师们以自己丰富的专业知识、教学经验和高度的责任心继续在讲台上教书育人，良好的教学效果深得教学单位和学生们的欢迎与尊重。所以，许多教学单位积极聘请退休老教师重返教学讲台，有的教师退休后又在讲台上耕耘长达20余年。

第二，在学校教育改革工作中积极发挥作用。退休老教师们在学校辛勤耕耘了一辈子，为学校奉献了自己的青春，言传身教，精心培育出成百上千的栋梁之才。他们留恋讲台，寄情于校园中的一草一木，对教学和管理工作中存在的问题以及如何改进，都很关心也乐于提出意见和建议，认真听取他们的意见对改进教学与管理的确很有帮助。

第三，作为学生、青年教师的榜样，参与学生思想教育工作。他们有深厚的专业理论知识、丰富的工作与生活阅历、循循善诱的思想工作方法，退休教师们得到学生的尊重，也使学生们感到非常亲切，与学生之间更易于进行语言沟通和思想交流，一些高校的实践经验证明，请他们参与学生的思想教育工作可以收到很好的效果。同时，加强对青年教师的培养，鼓励有经验的退休老教师积极对青年教师帮、扶、带。使优秀的老年教师的高尚品德和精湛的教育艺术在广大的青年教师身上发扬光大。对缺乏工作经验和技能的青年教师，要有计划地让退休老教师对他们进行专业实习和技能训练，促使青年教师能更好地胜任教学工作。

第四，对社会热点问题的探讨与研究。退休老教师们丰富的专业知识，使他们易于掌握相关领域国内外发展的动态信息。退休后，他们更加贴近普通居民，看问题的角度与理解问题的思路更加平民化，可以就社区群众所关心的国际国内政治、经济、军事、外交以及与国计民生密切相关的医疗、住房、教育、法律等各种问题，展开探讨和研究。

第五，科学知识普及与理论宣讲。他们可以依托社区讲堂、学校教室、社区老年大学或离退休人员活动站等平台，在大学生、离退休职工、社区居民中开展法律、科学知识普及等活动。也可以就大家所关心的问题以专题讲座、小范围讨论座谈、互相交流学习体会等形式，不拘一格地进行宣讲。

第六，到偏远山区支教。高德春和韩雪曾对高校退休教师到偏远山区支教进行了可行性分析。他们认为，高校退休教师是一个高学历、高素质、资源丰富的群体，随着人的寿命普遍延长，人类的劳动年龄和有效学术年龄也随之延长，而且，在国家政策支持和法律保护下，高校退休教师去偏远山区支教也是自我实现的一种需要。

重庆市退休教师协会自 1985 年成立以来，充分发挥科技团体智力优势，从事智力开发，在四化建设中发挥了重要作用，受到社会各界的热情赞扬。这个协会现有固定的常年培训学校 68 所，752 个班，每年培训达 44169 人次。他们还从教育事业的全局出发，根据边远山区师资奇缺的状况，先后组织了退休教师 993 人次，共支援了 138 个单位，到云南、贵州、甘肃、新疆等地担任大、中、小学教师。

高校退休教师这一特殊群体是促进社会发展的强大力量，他们具有丰

166

富的人生阅历和实践经验，享有较高威望，可以在支持偏远山区教学的问题上发挥很重要的作用。国家和政府应该对高校退休教师支持偏远山区教学给予充分重视，为他们提供物质生活上的保证，使他们在构建社会主义和谐社会中发挥积极作用。

随着教育改革的深入，目前很多地方都建立了大学城，形成新的区域优势，对高校退休教师资源的再利用可以不局限于校内，应当利用目前各城市的大学城的地理优势，实现资源共享，促进退休教师的循环再利用。

第九章　循环教育的推进机制和支撑体系

社会政策与法规、市场调节、社会参与等都是循环教育推进机制的最重要构成要素。循环教育的推进机制以及循环教育的倡导与推进，首先需要政策上的扶持，其中包括教育资源的公平配置、闲置教育资源的利用、优秀教育资源的共享等；其次应发挥市场机制与社会机制的调节作用，特别是非营利组织和赢利组织的参与。因此，根据循环教育推进机制的主要构成要素，我们将循环教育推进机制划分为三大机制，即行政机制、市场机制与社会机制。

此外，循环教育的支撑体系建构也离不开国家政策和法律法规的扶持；离不开政府与非营利组织的参与；离不开技术手段的支持，特别现代互联网技术是重要的技术基础。此外，管理和监督也是必不可少的重要支撑。

第一节　循环教育的推进机制

"机制"一词来源于古希腊文"mecharc"，原意为工具、机械，即人们为达到一定目的设计的装置。从其定义可以看出，"机制"主要是一种整体形态，这种整体性是通过各个部分的手段与工具的有序组合的运动过程来表现，具有系统性、运动性的特点。根据《现代汉语词典》的解释，机制是指"机器的构造和工作原理"，也可指"有机体的构造、功能和相互关系"。按照第二种解释，循环教育的推进机制是指循环教育推进系统的构成要素及其相互关系，其核心目标是促进循环教育的发展与壮大。循环教育推进机制是一种间接的调控手段，它不能离开各社会主体。在任何社会主体中，不同的社会选择或组织设计者如政府、企业、公众等的决策，会给循环教育带来巨大的推动力，与此同时也反过来带给主体成员不同的效益。不同程度的推动，也就产生不同的效果。

循环教育推进机制为循环教育发展提供一个良好的制度和环境条件，它能有效地激励和约束地方政府的行为决策，充分发挥地方政府的引导作用；通过建立持续有效的推进机制，激励和约束企业的行为，诱导企业从自身的利益出发，采取行动支持和发展循环教育，从而提高教育资源使用效率和减少教育资源浪费现象，达到经济社会与教育发展相协调的目的；能够让公众知晓循环教育对自身与社会的重要性，使公众在循环教育发展中扮演参与者的角色，积极地配合，推动循环教育的全面发展。

作为一项复杂的系统工程，循环教育的推进机制受到经济、政治、社会以及技术等多方面的制约，因此循环教育推进机制的构成要素及其相互关系也是错综复杂的。通过对国内外循环教育现状的分析后发现，市场调节、社会政策与法规、社会参与、现代信息技术都是循环教育推进机制的最重要构成要素。其中，市场调节是根本动力，现代信息技术是核心，社会政策与法规是关键，社会参与是基础。因此，根据循环教育推进机制的主要构成要素，我们将循环教育推进机制划分为三大机制，即行政机制、市场机制与社会机制。

一 循环教育的行政机制

循环教育需要政府的大力推动，政府是循环教育的引导者。我国的循环教育建设需要确立以行政为主导，市场调节和社会参与兼备的体制。

应在借鉴发达国家经验教训的基础上，尽快完善循环教育的立法。明确各级政府、企业、公众在发展循环教育方面的责任和义务；建立循环教育发展的政策体系，倡导社会公众进行节省教育资源的生活学习模式，引导企业按照循环教育的发展要求，进行人才管理创新和技术创新，彻底转变留才守才的传统模式。

循环教育的行政机制，即行政机制的运用，在推动与发展循环教育模式，并最终建立循环型社会的过程中，一系列相互联系的法律手段及可持续发展的理论的运用十分重要。行政机制的作用在于促使部门行政机制的形成，使得部门更加整体化和协调化。循环教育行政机制的建立，可以使得循环教育的发展和推广有法可依。发展循环教育，离不开法律保障，但原有法律制度难以满足循环教育建设的需要。因此只有不断对现有法律制度进行创新与完善，把教育资源的合理配置和社会进步有机结合起来，才能保证教育资源的共享与平等，实现教育事业的可持续发展。

（一）创新与完善循环教育行政机制的必要性

1. 我国循环教育可持续发展的内在需要

发展循环教育所遵循的一系列原则、规则，不能单靠经济杠杆来保障，而要靠法律加以规范，尤其是通过完善相关的法律制度来有效推进循环教育的发展。循环教育是对传统教育模式和观念的变革，在新教育模式尚未完全确立之前，社会的受教育主体在传统教育观念和方式导向下的旧的受教育行为需要依靠一种强制性约束才能改变。我国循环教育的发展刚刚起步，需要通过完善的循环教育法律体系来引导人们的行为，有效地调整人们在循环教育中的行为和社会关系，使之符合可持续发展规律，从而达到节约教育资源、改善教育环境的目的，实现社会、文化和教育的可持续发展。

2. 促进我国循环教育支撑体系的构建

循环教育的行政机制把循环教育法律体系中各种法律调整手段整合为一个统一的整体。它从整体角度把握法律调整各种与循环教育相关的社会关系的过程，以保障其法律功能的发挥，建立和发展循环教育和循环型社会。作为一项综合性、系统性的全新教育模式，循环教育的发展，仅仅依靠几部法规或者微观层面的零星制度显然是不够的。针对我国现有的教育法律制度中存在的诸多缺陷和不足，迫切需要建立一个完整的教育法制体系作为调整循环教育发展的支撑，使循环教育的各项活动做到有法可依。因此，一方面要按照循环教育的发展规律和现实要求，有针对性地在各方面特别是在体制制度等宏观方面进行系统设计和具体规范完善，协调各单项法规或者条例之间的冲突；另一方面通过对循环教育法律制度的完善，促进我国教育法律体系的完善，从而构建一个科学和全面的循环教育法律支撑体系，调整立法现状，协调相关法律，降低成本，为循环教育的可持续发展提供全面的法律保障和系统支持。

（二）循环教育行政机制的建立与完善

与循环经济相同，循环教育的行政机制主要由行政强制法律手段、行政指导法律手段、经济激励性法律手段、公众参与法律手段四种手段构成。[①]

---

① 张辉：《浅析循环经济中的行政指导法律手段》，《淮北煤炭师范学院学报》（哲学社会科学版）2008 年第 6 期。

在发展循环教育、建立终身学习型社会过程中，行政强制机制、行政指导机制、经济激励机制、社会机制在各自的范围内都发挥着重要的作用。它们彼此联系，相互促进，共同构成法律实施体系，结合政府、市场、社会等各方面的力量，对与循环教育发展模式相关的利益关系进行系统性调整，逐步形成规范而有序的行政机制，使循环教育在实施和运作过程中达到资源的最优化配置，使我国真正走上一条可持续发展的道路。

要促进循环教育的发展必须要营造一个良好的经济与法律环境。深化改革教育发展模式，推动相关行政机制的建立和完善是基石：行政强制、行政引导、经济激励等调整手段体现了行政手段、法律手段、经济手段三者的结合。同时也要建立完善的公众参与法律制度，通过加强全体公民公德和责任心的教育，逐渐把循环教育发展的中坚力量即广大的公众引导到推动循环教育发展的浪潮中来，进而有效地促进和保障循环教育的长足发展。

1. 要切实加强循环教育的法制建设，认真研究制定好相关的政策措施

循环教育不仅是一种教育理念、一个教育原则，而且是一种教育实践。把这种理念和原则转化为实践、转化为制度，需要做的工作很多，当务之急就是要抓紧出台有关的法律法规，为循环教育的发展提供法律支持和保障。同时，要认真研究制定好相应的政策措施，努力从教育体制上搭建起以循环教育为纽带的连接基础教育、职业教育和高等教育的教育立交桥，从而为全民学习、终身学习建立起一个制度架构，提供制度的和组织的保证。

2. 从学校角度，需要推进教学器材资源的循环再利用

教学资源循环使用是一个合理的教学设想和教学管理，它基于教学的有效性思考，使教学资源得到最充分的利用，使教学内容的效用达到最大化。为了实现这种最大化，学校应该加强教学器材的统一管理，对教学器材进行合理分配，及时回收剩余和损毁的教学器材，并进行二次循环与再利用，这就需要学校制定相应的规章和管理制度，加强和完善教学资源循环再利用。目前不少学校为了应对教育部的教学评估，加快理工科实验室改造的步伐，大量的废旧仪器设备需要淘汰。但一些学校在实验室改造中，片面地追求实验室上档次、比先进，在改造时往往将全部原有设备同时淘汰更新，其中部分仪器还能使用或维修后还能使用，具有一定的价值，却白白扔掉变成了垃圾，造成环境污染和教学资源的极大浪费。从循环教育的教育理念出发，教学资源的开发与利用应该遵循可循环和可持续的管理原则。就实验室的改造问题而言，应当在考虑实验室先进化的同时，切实加强建设管理，充分考虑教学器材资源的循环再利用，对原有器材设备不能全部当废品淘汰，应节约实验室建设经费，为建设全民节约型和谐社会做贡献。

3. 从社区角度，建立教育资源学校与社区共享机制，需要政府干预

学校教育资源的社会共享是指社会机构和个人对包括学校的设施设备、教育课程、教师的教育教学、教室和校舍场馆等在内的资源以学习为目的的利用。也就是说，学校所拥有的人力、物力、课程等资源向社会开放。学校教育资源的公共性使其社会共享成为必然。近年来，随着终身教育、终身学习研究的深入以及社区教育理论与实践的发展，要求学校教育资源社会共享的呼声越来越高。学校教育资源的社会共享包括教师资源共享，物质资源共享和课程资源共享。[①] 我国学校实行每周五日教学制，加上寒暑假，教师共有假期 100 天以上。全国有数十万高校教师，数以百万计的中小学教师，倘若利用假期，充分发挥其教育功能，不失为一笔相当可观的教育资源。学校的物质资源主要包括教学设施、图书资料、活动场所等，都应向社区开放利用。课程资源主要包括特色课程和闲暇教育，特色课程向社会开放，不仅可以提高办学效益，而且可以提高课程品位。闲暇教育则是学校为满足社区居民的休闲需要专门开设的一种课程，使社区居民学有所得，学有所乐。这些教育资源社区共享的实现，需要政府的干预与推动。政府应该鼓励学校教育资源面向社会开放，制定开放共享制度，尤其是学校的图书资料和体育设施等的开放共享制度，只有制度到位了，才能使其具有合理性、合法性，使各学校充分发挥其教育功能，促进教育公平，改善学校与社区的关系。

以下是江苏省启东市惠萍县网上发布的教育资源学校与社区共享的制度[②]：

学校教育资源面向社区开放共享制度

为进一步扩大社区居民健身锻炼和文化活动空间，充分利用和整

---

① 范诗武：《论学校教育资源的社会共享》，《天津市教科院学报》2003 年第 5 期。
② 惠萍教育，http：//www.hpshj.com/zzgl/ShowArticle.asp? ArticleID = 34。

合社区内各类教育资源，更好地满足社区居民对体育、文化、教育活动的需求，形成学校、家庭、社区三者互为服务、互为制约、互为促进的大教育模式，提高社区居民的整体素质，促进社区三个文明建设和和谐社区建设，现特制定如下制度：

一、学校教育资源向全区成员开放，要坚持"多样性、有序性、教育性、服务性、公益性"的原则。要适应社区成员的需求，实现教育资源最大利用率，取得最大的社会效益。

二、学校全面开放校区运动场地、图书阅览室、多媒体教室、实验室等教育资源，优先、优惠或免费向社区青少年、老年人、残疾人开放，设施设备要有专人负责，确保设施设备和人员的安全。

三、学校要组织社区成员学习学校相关规章制度和安全操作须知，使他们正确使用教育资源，既实现教育资源的共享，又保证教育资源的完好。

四、完善管理制度。要建立学校教育资源开放登记制度，认真做好学校教育资源开放的资料记载。要建立设施设备管理和专人负责制度、损坏赔偿制度，确保设施设备正常使用。

五、要加强对学校教育资源开放的研究，学校要建立合理的管理制度，探索开放的经验，逐步完善开放制度。

六、建立和完善教师参加社区服务制度。教师为社区成员义务开展家庭教育、健康教育、技能培训、现代生活技能、安全教育等教育培训、信息咨询和社区服务，确保每学期在 10 小时以上，并不断提高教育服务质量。

七、建立和完善学生参与社区服务活动制度。学校要加强教育培训，引导学生为社区成员提供服务，为倡导社区文明、营造学习型家庭、学习型社区做出贡献。

八、学校要组建教育资源面向社区开放管理工作领导小组，由分管德育工作的校长担任组长，切实做好管理工作，确保教育资源有序开放。

九、要建立学校教育资源向社区开放的考评制度，每学年进行评估考核，并将考核成绩纳入年终校长考核内容之一。

惠萍镇社区教育办公室
2008 年 9 月

近几年，大学城以全新的办学理念、办学模式、投资体制和资源共享成为我国高等教育事业发展的"新宠"，全国各地先后建起了现代化的大学城。建设大学城对于推进地方高等教育资源共享、促进高校科研成果转化、完善高校后勤社会化改革、推进城市社会经济文化建设等都有重大的作用。由于我国大学城大都是通过规划建设形成的，因此，政府在大学城管理中要起到统筹规划的作用。政府作用的发挥不是直接管理而是指导协调。在大学城规划、公共设施建设等方面，政府要发挥其应有的设计、建设、维护的作用。将学校教学、科研以外的公共管理事务纳入政府管理渠道，由政府统筹管理，有利于提高高等学校的效能，推动高等教育的发展。**这就决定了大学城高等教育资源的社区共享也需要政府行政手段予以干预**。政府应推动两大共享模式的形成，即物质资源共享模式和人才资源共享模式。政府作为大学城管理委员会的一员，应积极推动大学城各高校硬件设施的统筹管理，打破"一校一户办后勤，校校户户办社会"的旧体制，采取后勤社会化的管理模式，提高效率，有效实现高校间的物质资源共享。同时，推动高校间师资力量的共享，实现跨校选修，学分互认，使得大学城名师资源得到最大限度的发挥。

4. 从县域地区角度，实现城乡师资循环配置和均衡配置，促进城乡教育公平发展，需要政府行政解决

均衡发展是我国城乡教育的战略性任务，师资均衡配置是实现城乡教育均衡发展的关键。近年来，在国家相关政策法规的指导下，我国城乡之间、县域之间义务教育均衡发展取得了显著成效，农村师资队伍建设取得了较大进展。但城乡之间、地区之间、学校之间的差距依然存在，在一些地方还有扩大的趋势。因此，面对我国城乡教育师资配置非均衡的严峻现状，政府应抓紧贯彻落实教育部《关于进一步推进义务教育均衡发展的若干意见》的基础上，加强配套政策和法律的制定，为城乡义务教育的均衡发展提供政策指导和法律保障。调整城乡倒挂的教师编制标准，优化农村学校师资比例；建立、健全教师的培养管理，监督机制；建构科学合理的城乡教师流动机制。

县域地区政府不仅应积极推动城乡师资的循环合理配置，更应该加强农村教育资源的循环再利用，尤其是随着农村生源的锐减，所带来的**闲置校舍资源的再利用问题应高度重视**。在这方面，日本的做法是值得我们借鉴和学习的。日本早期对学校建设投入了相当大的财力物力，即使是偏远地区也几乎和大城市一样享有同样的学校设施。但随着日本"少子化"问题日益凸显，闲置校舍也成了一大问题。为了解决这一问题，日本已经对闲置教室、校舍的利用做出了法律规定。[①] 一旦出现校舍资源闲置的情况，首先在各市、县、村教育委员会内成立"闲置教室活用计划策划规定委员会（临时名称）"，确定教室利用的基本方针和利用方式。他们不只是简单地将闲置教室挪作他用，而是要重新对学校进行整体评估，以适应需要。利用闲置教室和校舍时应考虑优先顺序，首先考虑仍然将其作为学校设施使用。例如，将之辟为儿童学习和生活的空间、教师上课准备的空间、管理空间、学校向社会开放的空间等。如果一所学校有较多的闲置教室，可考虑将学校撤销，积极地将校舍改造为社会教育设施。

5. 从国家层面来看，推进教育资源互联网共享也是需要的

我国的教育资源从全国范围来看，东部与西部之间、城市与农村之间相比差异很大；从局部范围来看，重点学校、普通学校和民办学校三者之间的差别非常明显。当今社会大众对教育公平的呼声越来越高，各级政府必须通过教育信息化技术手段促进教育公平，这是最为有效和便捷的手段。以信息技术配置优质教育资源，对普及优质教育资源、促进教育公平、加快教育现代化建设都具有非常重要的意义。教育资源互联网共享的建设要实行"政府引导，多方参与，共建共享"策略。政府应加强标准的引导，以标准规范资源开发建设；应加强资金的引导，以项目促建设；应加强市场的引导，引导科研机构、企业、个人等参加信息资源建设。加快形成"政府购买公共服务与市场提供个性化服务相结合"的资源建设工作格局。

综上所述，我国应在借鉴发达国家经验教训的基础上，尽快完善循环教育的立法。从学校、社区、县域乃至国家等各个层面入手，在循环教育的建立和完善过程中，充分发挥政府的引导作用。我国**有必要制定一部《循环教育促进法》，以提高教育资源的利用效率，促进教育资源的公平配置，让教育资源的再利用有法可依。**

二 循环教育的市场机制

根据全国科学技术名词审定委员会审定公布的定义，市场机制（mar-

---

① 日本闲置校舍利用有法可依，http://www.jyb.cn/world/gjgc/200903/t20090302_245237.html。

ket mechanism）是指通过市场竞争配置资源的方式，即资源在市场上通过自由竞争与自由交换来实现配置的机制，也是价值规律的实现形式。具体来说，它是指市场机制体内的供求、价格、竞争、风险等要素之间互相联系及作用机理。市场机制有一般和特殊之分。一般市场机制是指在任何市场都存在并产生作用的市场机制，主要包括供求机制、价格机制、竞争机制和风险机制。具体市场机制是指各类市场上特定的并起独特作用的市场机制，主要包括金融市场上的利率机制、外汇市场上的汇率机制、劳动力市场上的工资机制等。而在循环教育中，市场机制是指推动循环教育运行和发展的一种系统性的市场调节手段。

（一）循环教育中市场机制的重要意义

第一，循环教育需要市场机制的调节。从经济学的角度而言，资源是具有稀缺性的。根据亚当·斯密奠定的经济原理，经济学有两个基本观点：一是人类发展的资源存在着某种稀缺性；二是人类发展需要最有效的配置稀缺资源。教育资源作为当前人类面临的稀缺资源之一，也是社会发展的重要资源，同样具有稀缺性。循环教育是一种资源节约型教育，通过教育资源的高效利用和优化配置来减少教育资源的浪费和不合理配置，实现社会教育的效益最大化。从教育学的角度而言，教育与经济基础密切相关，相互影响。首先，经济基础制约着教育。经济基础制约着教育的性质；制约着受教育机会的分配；制约着教育目的；制约着教育的内容。反之，教育对经济基础也具有重要的影响，教育通过培养人才来为社会服务从而巩固相应的经济基础[1]。因此，在循环教育的运行与发展过程中不能忽视市场因素的影响与作用。

当前我国教育资源浪费严重，教育资源配置还不尽合理，需要充分发挥市场的基础调节作用。健全市场机制，建立和完善教育的生态环境和教育资源的交易机制，培育优秀人才、技术和教育服务产业，完善市场体系，解决循环教育中各利益主体的权利与责任、利益分配、效率与公平问题，促使循环教育主体形成共生互利的关系。[2]

第二，完善的市场机制是推动循环教育运行与发展的根本动力。完善

---

① 柳海民：《现代教育学原理》，东北师范大学出版社，2002。
② 文雁、高传开：《重视保护教育生态环境》，《解放军报》2001年1月20日第10版。

的市场机制能够有效地配置教育资源，提高教育的效率，即提高教育资源的利用率，在循环教育发展中具有非常重要的地位和作用。其一，市场机制是实现教育资源优化配置的有效手段。完善的市场机制，不仅能够实现教育资源的有效配置，而且能够以各种方式为循环教育发展提供推动力。事实上，运用市场机制推动循环教育的发展比使用强制手段有更高的效率和更小的管理成本。其二，完善的市场机制是推动循环教育发展的有效机制。发展循环教育需要社会重新构建一种新的制度框架，这种新的制度框架的核心是要将教育资源作为生产要素纳入市场运行机制中，并在这一制度框架的规制下，形成一个有利于循环教育发展的完善的市场机制。

第三，循环教育的市场实现需要制度建设与市场力量相结合。循环教育实际上是一种创新的教育，发展循环教育不仅要强调理论和技术创新，更重要的是要进行制度创新。政府的制度建设与创新是实现循环教育的关键，而市场力量是循环教育发展壮大的根本动力。推动循环教育发展的完善市场机制的建立需要政府和市场的共同作用。政府的作用在于通过恰当的制度安排，使教育主体的教育活动受到特定的教育资源限量与文化市场环境范围的限制，而市场的作用在于如何在这种限制下更有效地利用教育资源，提高教育资源的利用率。

市场机制和政府行为在经济运行和发展中均具有重大的不可替代的功能和作用，现代市场经济现实而理智的选择并不是纯粹的市场或纯粹的政府，而是这两者的结合。市场机制与政府作用相结合，其前提是让市场机制充分有效地发挥作用。政府行为是为了弥补市场的缺陷，促进市场的发展而存在的，它作用的领域应是市场不能或不宜的领域。政府行为的运作目标是为完善市场机制和维护市场机制的正常运作创造条件，提高市场机制的效率。政府行为的实现方式应当是在宏观领域，用间接干预的方式，而且必须与市场机制高度协调，与之相互耦合，协调地作用于市场，绝不能造成对市场机制的破坏。政府行为的作用主要是通过制定和执行规则来维护市场秩序，政府可以通过一定的制度安排对市场运行进行引导和改进。[1]

---

[1] 李云燕：《论循环经济发展中市场机制与政府行为的耦合效应》，《经济与管理研究》2008年第4期。

（二）教育产业的宏观市场介入

循环教育构建的最终目标就是提高教育资源的利用效率，建立一种节约型、共享型、生态型的教育环境，促进中国教育的良性循环与发展。因此，循环教育的实现离不开市场机制的有效介入与创新，市场的良性竞争是促进教育产业发展的重要保障。

改革开放以后，中国在世界大市场的推动下，逐步走向市场并初步建立起市场的概念。市场是公平、自由、开放的竞争，民众可以有自由选择的权利。同时市场又是服务于社会需要的，所有竞争者必须具备最佳服务社会的能力。教育领域中，市场倡导的是在法规约束和政府指导下的自由办学，而不是无政府的完全放任自流的教育行为。

冯增俊教授认为，市场介入是推进我国教育管理体制变革的根本，市场是实现有效管理的灵魂①。在我国，引入市场机制有利于打破以往教育上严重的官本位的弊端，实现教育模式的革命性变革。引入市场机制将有力地促进教育管理理念的创新，可以变"唯上""唯官"为"顾客至上"的理念，变"唯书""唯制"为"需求至上"的理念，变"唯计划是瞻"为"市场至上"的理念。建立市场机制的教育管理体制主要有以下几个方面：建立新型的教育市场；实施董事会下的校长负责制；实施全面市场竞争下的教育运作体系；创建法治型的教育管理体制。

前面我们从宏观的层面分析了如何将市场引入到我国的教育领域中，以及如何更好地发挥市场在教育产业中的积极作用。接下来，我们从微观的层面来分析如何利用市场手段来实现教育资源配置效率的提高和有效循环。

1. 学校体育场所的有偿开放

随着人们健身意识的增强，经济的跨越式的发展，参与健身的人口与日俱增，对体育场所的需求日益增加，体育运动的场所已经达不到需求的数量，影响很多人参与运动的积极性。而学校拥有大量的体育场所，属于公共资源，学校在平时的周末和寒暑两大长假都处于闲置状态。1995年，国家体委下发了《关于公共体育场所向群众开放的通知》，鼓励、倡导有条件的学校向社会开放体育场地让学校体育场所资源在社区得到共享，以

---

① 冯增俊：《市场机制引入与教育管理体制创新》，《比较教育研究》2005年第3期。

满足百姓日益增长的健身需要。学校体育场所的对外开放具有优势和重要的社会功能。

第一，带动全民健身运动。1995 年《全民健身计划实施纲要》颁布以来，全民健身运动不断走向深入，全民健身工程（点）建设逐渐铺开。但由于受到场地限制，全民健身设施种类单一，使用对象多为少年儿童，把全民健身点建设规划与充分利用学校体育设施结合起来，有利于整合体育资源，避免重复建设，可以提高政府投资的效益；有利于创造更便利的健身环境。调动各年龄层次群众的健身积极性，掀起全民健身运动的新高潮。

第二，额外的收入。学校体育场所适当地收取费用，相比其他高消费的体育场馆而言具有很强的市场竞争力。

第三，提供更多的公共空间，有利于社区和谐。目前，有关中老年妇女广场舞扰民的报道层出不穷，许多年轻市民投诉无门从而引发了一系列冲突。其实，这恰恰反映了我国目前公共空间的匮乏，并且这种匮乏已经严重影响到了人们的文化娱乐生活。单纯地制止显然是暂时的也是不可行的，政府应该创造更多的公开空间来满足人们的业余生活，尤其是中老年人的生活。那么，与拥挤的社区、街道、公园相比，放假中的作为公共资源的学校体育场所则被闲置了。因此，将这些体育场所对外开放，对于目前存在的公共娱乐空间不足是一个很好的解决方案。

然而，由于许多学校的封闭或半封闭式管理导致许多的运动场所及设施不能对社会开放，从而造成了公共资源的闲置和浪费。除此之外，管理问题、经费问题、意外事故问题、治安问题、场地设施维修问题等一些因素也导致了学校不愿意甚至拒绝对公众开放体育场所。学校体育场所对外开放的制约因素主要有管理比较松散、支出负担加重、安全隐患等。①

针对这些存在的问题，解决的关键在于政府。政府应该出台相关政策法规，加强学校体育场所的对外开放，鼓励甚至强制实行。对于开放过程中的人身安全问题，为了避免不必要的纠纷，也应该出台相关的法律法规以明确责任。同时，学校作为教育事业的主要载体，不仅要以学生为中心，更应该发扬全民教育精神，不应畏首畏尾，担心承担管理风险，同时，学校作为公共资源也应该为大众服务。

---

① 翁国玖等：《学校体育设施对外开放的可行性论证》，《南京社会科学报》2003 年第 5 期。

2. 教育资源的"二手市场"

循环教育除了倡导纵向的和时间上的教育循环互补，同时也强调横向的和空间上的教育资源再利用。提高教育资源的利用率是提高教育配置效率的关键所在。教育资源利用率的提高，倡导的是一种绿色的、可持续的、可循环的类似"生态环境"的"生态教育环境"，倡导教育资源的共享、传递和互利，从而促进教育资源的有效利用，减少教育资源的浪费现象。

教材作为知识传递的主要载体，教材的有效循环再利用是提高教育资源有效利用的主力和基础。我国目前教材的循环利用机制尚不成熟，以下是《法制晚报》有关大学生毕业季卖书[①]的一则报道：

> 近日，记者走访了海淀的几所大学，在学生宿舍楼下，都能看到有两三个收废品点"驻扎"。
>
> "纸箱便宜，6 毛钱一公斤，书最贵，8 毛钱一公斤。"在地质大学的宿舍楼下，一位收废品的大叔说，"要是看什么书喜欢，就拿走吧，一本两元钱。过两天外边的书贩来我这收，你再从他们手里买就贵了，卖给你们就是按标价打个七八折。"记者了解到，废品回收者从学生手中收的书一般是 8 毛钱一公斤，其中的一些英文原版、文学书等，他们再卖给书贩，收购价一般在 4 元到 5 元一公斤，如果卖到废品回收站则大多在 1 元一公斤左右。
>
> 对此，卖书的同学表示很心痛但却无奈。"几百元的书最后只卖了四元钱，家不在北京，书又很重，总不能都寄回去。"大四学生小琼说道。而小于则表示，自己宁愿把书全送人，也不想低价卖出。"送给谁呢，兴许别人不想要呢。很无奈，也只能卖了。"一位做二手书回收 11 年的商贩说，临近毕业到校园里收书的书贩子大多都是以四五元一公斤的价格收购，"然后自己摆摊卖，或者卖给规模更大的书贩子"。大书贩子一个月能稳收 2000 本，而直接到学校收书的小书贩也能收两三百本，"单纯倒书也差不多能赚两三千元，更别说他们还回收其他的东西，一个月赚五六千不成问题。"

---

① 《毕业卖书，名著不如白菜价》，《法制晚报》2013 年 6 月 19 日 A9 版。

由此可见，二手书交易市场的建立是有着广大的市场需求的。由于回收旧书的价格低，因而大多数高校学生把书当废纸卖实际上是无奈之举。建立成熟而完善的二手书交易市场是广大学生所期盼的。二手书市场的构建策略主要有传统广告媒体的宣传，通过张贴海报、散发宣传单、各学校的校报宣传二手书交易市场及运营模式，传统广告是比较有效和成熟的方式；开辟校园专门网站，建立二手书交易平台。一方面，通过网上的"二手书"交易市场，开展网上"求购""销售"，让买卖双方自行交易。同时，学生也可以在网上登录，发布求购或销售二手书的信息，留下联系电话、Email、QQ 号等。另一方面，就是仿效时下的商业网站进行广告招标，通过提高网站的点击量来获得广告费用；网络广告宣传二手书交易市场。网络广告是网络媒体中形式最多、效果最好、表现最丰富、互动性最强的，但价格远远低于传统广告的形式；定期、不定期组织校园二手书市场交易活动，指定固定场所、固定时间、自由交易；二手书统一回收，由后勤统一保管。开设固定的二手书商店和二手书阅览室，可提供勤工助学的岗位，让贫困生负责交易活动，二手书市场经营公司同时采取租赁和购买的方式，学生使用时到书店购买和租借。这种二手书交易活动，方便了广大学子以较低廉的价格就可以购买到自己需要的书；另外也解决了贫困生的勤工俭学问题，一举多得。①

二手书的这种"资源再利用"不仅能达到赢利的目的，而且响应了低碳生活的号召：符合国家建设资源节约型和环境友好型社会的理念；符合科学发展观的要求：符合经济发展的趋势。并且对二手书和物品的循环再利用的发展可以给高校建立循环再利用的经济模式提供可行性参考。

三 循环教育的社会机制

推进循环教育是一项需要社会各方配合协作、共同努力的系统工程。只有充分发挥社会各界参与教育的积极性、主动性，使社会各个部门、各个组织和机构、各社会团体都履行各自的教育职责，推进循环教育才有可能具有坚实而广泛的社会基础。循环教育需要社会各界的全力支持，社会各界都是循环教育的参与者。循环教育的实现需要社会各界给予支持。发达国家的经验也表明，创造机会鼓励社会参与有关教育资源的决策活动，

---

① 黄月等：《高校二手书交易市场的构建策略》，《商情》2013 年第 46 期。

可有效地促进循环教育模式的形成。在发展循环教育的过程中，社会机制具有以下三方面的作用。

1. 社会机制是解决政府失灵的有效途径。政府在推进循环教育过程中，可能会出现决策失误、违犯相关法律法规、损害有关利益等情况，社会主体的广泛参与不仅能群策群力，为政府决策提供必要的信息，降低政府的运行成本，同时又可以形成有效的监督机制，制约政府权力的滥用。

2. 社会机制是引导企业实施循环教育的重要因素。社会公众转变教育观念，不仅倾向于循环使用教育资源和产品，而且注重自身的素质培养，有不断的教育需求，这种教育需求会有效地引导作为卖方企业的行政管理。企业要获得人才效益，就必须按照循环教育模式组织生产并提供服务。

3. 社会机制可以加快建立终身学习型社会的步伐。近年来，我国居民的受教育意识在逐步提高，但离建立终身学习型社会的要求还有很大的差距。发展循环教育，提高循环教育政策的实施效果，最终要落脚于公众和社会团体教育意识的提高和参与能力的增强。当社会各界能够自觉地把循环教育的理念贯穿到自己的日常学习生活当中，我国距离建立终身学习型社会就为时不远了。

（一）公众在循环教育发展中的作用

公众是循环教育消费环节的支持性力量，也是一般意义上的循环教育社会机制的主体性因素。一方面，应通过立法明确公民在循环教育中的责任与义务；另一方面，应通过宣传教育推动公民在循环教育中参与监督的作用。国家应鼓励和支持开展循环教育科学技术的研究、开发和推广，鼓励开展对循环教育的宣传、教育、科学知识普及和国际合作。公民应当增强节约教育资源意识，建立循环教育的教育观。国家鼓励和引导公民使用旧的教育产品及再生产品，减少教育资源的废弃量。公民有权举报浪费教育资源、教育不公平不合理配置的行为，有权了解政府发展循环教育的信息并提出意见和建议。国家鼓励和支持非营利组织以及社会团体在循环教育发展中发挥技术指导和服务作用。县级以上人民政府可以委托有条件的非营利组织等社会组织开展促进循环教育发展的公共服务。国家鼓励和支持中介机构、学会和其他社会组织开展循环教育宣传、技术推广和咨询服务，促进循环教育的发展。法律权利和义务内容的规定，必须为公众掌握才能起到现实的作用，这就要求我们要加强宣传，做到"家喻户晓""人人皆知"，一方面要从娃娃抓起，面向未来，和体系性组织性强的学校教育结合起来，在各级各类学校（含中小学）教育中加入环境、资源、人口、企业和社会协调发展的知识内容、法律规定和个体行为引导规范，培养学生（公众的重要部分）环保节约的意识和行为习惯，同时在社区宣传中也要以大家喜闻乐见的形式进行同样的工作，并渗透循环教育发展的相关知识。

（二）社会组织在循环教育中的作用

教育作为政府的一项职能服务，不可避免地渗透进政府体制改革之中。在市场经济、市民社会的形成和发展为公众让渡出教育管理空间的同时，教育社会组织应运而生。教育社会组织也称为非政府组织、第三部门、非营利组织等，包括各种教育咨询服务机构、各种教育学会、教育协会、教育评估事务所、教育基金会以及各种各样的代理机构等。这些在发达国家数量繁多、形式多样、功能发达且覆盖面广、渗透性强的社会中介组织，已经成为成熟的市场经济的重要组成部分。它们不属于教育行政部门，但却在教育行政部门与学校或学生之间发挥着沟通协调、承上启下的作用。它们的存在使教育行政功能效应得以放大，促使教育行政部门的宏观管理措施在微观层面得以贯彻。①

90 年代中后期，随着希望工程的传播效应，把公众的眼光引向了农村和贫困地区。这一时期第一批教育类公益组织出现；2000 年左右，随着互联网的出现和普及，网络上的支教平台逐渐形成，最早的网络支教平台在2001 年左右出现；2003 年以后，就有一批相对成型的教育类公益组织出现；2004 年，非公募基金会出现；其后几年，中国教育公益事业的格局在发生着一些变化。2007 年以后，随着国家教育政策和大环境的变化，教育公益组织的工作方向和工作手法，以及很多的思考都在相应的调整之中。

教育类公益组织大致分成七大类，这七大类组织是：第一，公众倡导和政策影响的组织；第二，多元教育资源开发和提供的组织；第三，教育专业发展与技术支持类组织；第四，支教助学的志愿者组织，其中又分两

---

① 胡伶：《教育社会组织发展与教育行政职能转变》，《国家教育行政学院学报》2009 年 3 期，第 47 ~ 50 页。

类，一类是地域性的在本地区做支持的组织，有的在周边地区的农村做支持，另外一类是跨地域的以互联网为平台的组织；第五，是各类公益学校；第六，是社会化学习组织，社区发展、生计改善、继续教育、特殊教育这些领域跟教育类公益组织有相关性和相容性；第七类是非公募基金会。①

第一类，公共政策和政策影响类的组织。它们主要关注教育政策和公众话题，通过调查研究，传播带动行动，促进社会参与，致力于改善教育的宏观环境。这类组织刚刚萌芽，近三四年间才刚刚出现，能力尚不足。但这类组织潜在需求巨大，因为中国的教育处在一个呼唤变革的时代，需要很多政策支持、公众倡导、社会参与，公益组织能够起到很大作用。这类组织主要的薄弱点是独立调研和发布显得不足，影响它发声的质量和呈现的民意基础，需要更多地发展它的专业。这类组织对从业人员的素质要求高，但现在来源不畅，这也是现在这些组织发展的重要瓶颈。

第二类，开发和提供多元教育资源的公共教育组织。它们的方向是关注和实践教育的多元价值，从不同的知识、学科、关怀，以及从不同的背景出发，提供多元的教育资源。比如，在已有的公益组织中，关注内容有：传统经典文化传承；乡土文化与地方性知识、社会意识与公民精神、艺术欣赏与体验，开发教育的艺术价值；人格养成与心理健康；阅读与自主学习；还有一个非常有意思的内容近期已经出现：经济自立、生活自立的常识、科学兴趣与尝试；生命教育与性别意识。

第三类，教育专业发展与技术支持类组织。它们进入学校教育的主题过程，致力教师培训、新技术应用、教学改善、管理提升等，对这样的工作进行支持。内容有关于校长和管理者的培训，有教师的培训，有教师激励与心理帮助，有远程培训，有学校、家长互动。做这些的组织目前不多。但现在教育的大背景正从原来教育短缺向追求教育品质的方向改变，对这一类组织的需求越来越强烈。而且未来的发展空间也会越来越大。

第四类，支教助学的志愿者组织。这个群体非常庞大，也是中国公益组织发展中的一大亮点。有两个类型，一是以实体性网络或公民结社形成

---

① 梁晓燕：《中国教育 NGO 现状扫描》，http://learning.sohu.com/20091127/n268549653.shtml。

的地域性志愿者团体，它们有的在支持城市中的流动儿童教育，有的在支持周边贫困农村学校的教育，这是实体性的；二是以互联网为工作平台的支持性的工作组织。这两类志愿者组织都是以资金、物资的资助、短期支教、家庭访问、基层调研为主要工作内容，工作内容五花八门，甚至和多元教育资源有重合。这类组织的特点是，为全民投入教育支持与创造了一些渠道和平台。广泛动员社会的爱心资源，为学校的贫困学生和教师提供物质化和精神的多样援助。现在已经逐渐往教育品质的改善方向转换，因为我们的城市教育也面临着巨大的品质改善的需求。

第五类，各类公益学校，是以公益组织为办学主体，以社会慈善公益资金为主要来源，以贫困、弱势儿童为教育对象的学校。这种学校有各种不同类型，比如普通高中现在也有，职业中学现在逐渐在出现，总体来说这类学校非常少，数量不多，经验不足，但是社会需求巨大，亟待发展。除了在济弱助困方面的价值之外，在教育改革的探索方面，它们有着相当大的空间和潜力。举办公益学校的人相对来说都是具有教育理想的人，这些人一旦获得一个教育平台，会更多地在教育本身下功夫，因此，会给那些受助儿童带来更优质的教育。

第六类，社会化学习类组织。社会化学习是新兴的教育发展趋势，也是未来教育变革的亮点，随着互联网的普及和教育技术的进步，这方面的公益组织已出现，虽然数量很少，但会活跃起来。例如社会化科学实验站、科学松鼠会、达尔问求知社、学会做家长、品书社等很多。

第七类，非公募基金会。非公募基金会有一些有利的条件：合法性相对完备。要知道，困扰着中国公益组织发展的一个重大障碍就是合法性障碍。非公募基金会在这方面相对其他公益组织是最好的；有相对充裕的资金；有相对较高的社会位势。这些特点给了它异军突起的条件。

希望工程（Project Hope）是团中央、中国青少年发展基金会以救助贫困地区失学少年儿童为目的，于1989年发起的一项公益事业。其宗旨是建设希望小学，资助贫困地区失学儿童重返校园，改善农村办学条件。援建希望小学与资助贫困学生是希望工程实施的两大主要公益项目。希望工程的实施，改变了一大批失学儿童的命运，改善了贫困地区的办学条件，唤起了全社会的重教意识，促进了基础教育的发展；弘扬了扶贫济困、助人为乐的优良传统，推动了社会主义精神文明建设。中国青基会发起并组织实施的希望工程，已经成为我国20世纪90年代社会参与最广泛、最富影响力的民间社会事业。希望工程实施以来，以协助政府普及九年制义务教育和扶贫攻坚为宗旨，坚持"雪中送炭"的原则，通过救助因家庭贫困而失学的儿童继续小学学业，建设希望小学等措施，提高了贫困地区小学适龄儿童的入学率、巩固率、升学率，降低了辍学率，改善了办学条件，提高了办学质量，成效显著。希望工程促进了我国农村贫困地区基础教育事业的发展，开辟了一条动员社会力量协助政府办教育的新路。

以 1996 年为例，希望工程在 695 个实施县中安排的受助生数量占当年失学儿童总数的 30.9%，希望工程的救助已经成为保障贫困地区儿童得以继续学业的重要方式。希望工程救助失学儿童的覆盖面广，县覆盖率达到 74.7%。对 734 所希望小学抽样调查结果显示：校均危房面积平均减少 79.5%，校舍面积增加 47.2%，操场面积增加 75.4%，图书数量增加 234.4。截至 2001 年 12 月 31 日，全国希望工程累计资助建设希望小学 8890 所；累计资助失学儿童 2474342 名；累计资助"希望之星"20543 名；累计援建希望网校 130 所；累计培训希望小学教师 15898 名；累计捐赠 1 万套希望书库和 3000 套三辰影库。[①] 希望工程对贫困地区提供的教育支持，是广义上的教育资源支持，是中国民间社会力量参与循环教育事业的典范。

第二节 循环教育的支撑体系

一 国家政策和法律法规的支撑

立法保障教育机会的均等和教育的民主化。从我国目前状况看，国土幅员辽阔，经济发展不平衡，地区教育水平有很大的差异；多元经济体制的共存，使保障不同经济主体每一个员工学习的权力成为比较突出的问题；对各种类型教育重要性认识不足，对教育未来的发展前景不明，都影响每一个国民受教育机会的均等和教育的民主化进程。因而，要通过立法来保障我国国民终生学习的权利。特别要关注贫困地区人民和社会处境不利群体的教育和学习，力求实现教育的公平和公正，这也是实现循环教育的前提保障。

---

① 希望工程，百度百科，http://baike.baidu.com/view/6016.htm？fr＝aladdin#4。

(一) 法律制度建设的重要性和必要性

就当今世界教育发展的整体趋势来看，各发达国家纷纷推行作为循环教育的一大分支的终身教育思想，并以立法的手段来推进本国循环教育体系的构建。如法国早在 1972 年就通过了终身教育法，1989 年的《关于教育的附加报告草案》更是明确指出："终身教育是学校、大学及工作人员的一项使命"；1976 年美国国会通过了《终身学习法》，规定在联邦教育部设立终身教育局，随后在 1994 年签署的《目标 2000：美国教育法案》第五条中强调并鼓励为公民提供终身学习的机会；日本于 1988 年将社会教育局改名为终身学习局，并发表白皮书《日本文教政策：终身学习最新发展》，1990 年又颁布了《关于完善振兴终身学习政策措施的推进体制的法律》（简称《终身学习振兴法》）。显然任何一项教育政策或制度的建立最终都离不开法律的健全与完善。① 从国际社会的发展趋势来看，这些先进国家正是通过立法途径来推进循环教育体系的构建，并从法律制度的健全上来确立循环教育理念在本国教育发展与改革方面的指导地位。再从教育体系本身所具有的特性来看，由于一国的教育体系的形成其中大都蕴含着长久的历史积淀和文化传统，为了保持一定的稳定性和持续性，教育体系也大都具有保守性和滞后性的特征。因此任何企图对教育体系进行改革的思想和举措一旦落到实处就往往难以深入推进。从我国社会的现实状况来看也是如此，由于历史对教育造成的欠账过多，以致社会上的大多数人仍热衷于功利性的应试教育，过分推崇文凭的现象亦普遍存在，无疑这些对教育的理解误区都会对循环教育体系的构建形成很大的阻力和障碍。因此要切实推广终身教育思想，加大循环教育体系构建的力度，就不仅需要人们进一步转变观念，营造健康的循环教育氛围，而且更为重要的是，通过国家行政力量的推动，尤其是立法制度的建立来对已有的国民教育体系实行整体性的宏观改革。国外许多先进国家的实践业已证明，这一自上而下的整体推动不仅重要而且必需，因为它不仅可以扭转我国社会普遍存在的重文凭、轻能力的短视意识，而且对增强循环教育的全民意识及形成循环教育体系构建的社会基础也可发挥重要的作用。在上述国际背景之下，我

---

① 吴遵民、黄欣、刘雪莲：《建立和完善终身教育体系的法律制度研究》，《继续教育研究》2006 年第 6 期。

国建立与完善循环教育体系无疑已具备了一定的法律基础。

就我国教育法制的建设而言，迄今业已制定并颁布了《教育法》《义务教育法》《职业教育法》《高等教育法》《教师法》《学位条例》等重要法律，初步建立起以教育专门法和行政法规为骨干，以教育规章和地方性法规为补充的具有中国特色的社会主义教育法律体系，同时教育督导制度也得到了不断地完善。一言以蔽之，我国教育法律制度的建设及已取得的成绩为建立和完善我国终身教育体系提供了不可或缺的法律基础。

但需要特别指出的是，虽然我国目前已经出台了一些与终身教育相关的法律法规，但是存在的问题仍然不少。其一是这些法律条款的内容大都过于原则性和抽象化，其二是法律制定与实际的贯彻落实之间仍存在非常大的落差。基于上述这样一些原因，制定一部既能整合各种教育形态和教育活动又能对全体公民的终身学习权利予以切实保障的循环教育法确实已经迫在眉睫。因为唯有通过法律制度的构建，才有可能借助于法律的强制性、规范性和权威性，来率先启动并建立这一对我国未来发展起引领和奠基作用的终身教育体系，而社会和个人才有可能依据法律的前瞻性和权威性逐步地形成循环教育意识、自觉地投入基于自身可持续发展的终身学习活动中去。

（二）建立与完善循环教育法律制度的支撑体系

1. 尝试地方性循环教育法规的率先制定与实施。我国是一个幅员辽阔的国家，我国各地社会发展的特殊历史渊源及现实条件决定了其在社会、经济和文化领域都存在着较大的差异，因而在循环教育这样一个尚未建立起法律体系的空白领域，如果一开始就从国家层面要求以统一标准整齐划一地制定出一部全国适用的循环教育法，显然是不现实的。因此，在各方面条件比较具备的地区率先尝试制定适合当地发展的地方性循环教育法规，以规范和促进当地循环教育的完善和发展则是一项行之有效的举措。这样做会产生两方面的好处：一是有利于促进条件具备的地区尽快建立和发展循环教育体系，并以此促进当地经济和社会的迅速发展；二是有利于为其他地区及最终在国家层面制定循环教育法律，提供经验和借鉴的基础。目前福建省已率先在全国为终身教育立法，出台了《福建省终身教育促进条例》，这无疑是一件具有开创意义的举措。地方性循环教育法规的制定，可以更加贴近地方的实际和特点，使立法原则和精神进一步落到实处，从而促进国家相关法律与地方性法律的不断健全和完善并最终促成两者之间的良性互动。

2. 对现行相关法律法规进行适当的修正和完善，以增加和充实有关循环教育的法律法规内容。在我国现行的有关各类教育法的具体内容中，已或多或少地涉及循环教育的发展问题，只是以循环教育为主题的单行法尚未制定。为此，能否在已有法律法规的基础上进行适当的修正和完善，以突出规范循环教育的具体内容，甚至把一些相近领域的法规或条例，如有关成人教育、职业教育或社区教育的法律法规结合在一起至关重要。

3. 在地方立法及修订立法的基础上，一旦时机成熟即可制定国家层面的"终身教育法"。国家层面"终身教育法"的制定原则，一是要突出全体公民的学习权保障；二是要对各级各类教育，尤其是对包括学校在内的终身教育的推行及终身教育体系的建立进行法律上的明确规定和合理调整。需要强调指出的是，国家层面上的终身教育立法必须明确构建终身教育体系的指导思想、发展目标、法律地位、服务对象、实施方式、责任权益、运作机制、实施途径、监督评估以及终身教育的范围和机构等，同时还需要制定相应的配套政策和法规以保障终身教育法的贯彻实行，以增强终身教育法律法规的系统性、导向性和可操作性。

二 非营利组织的支撑作用

非营利组织（NPO），是指不以营利为目的的组织，它的目标通常是支持或处理个人关心或者公众关注的议题或事件。非营利组织所涉及的领域非常广，包括艺术、慈善、教育、学术、环保等。它的运作并不是为了产生利益，这一点通常被视为这类组织的主要特性，同时具有非营利性、民间性、自治性、志愿性、非政治性、非宗教性等重要特征。非营利组织通过举办公益事业，在满足困难群体的公共需求、解决社会问题方面发挥着重要的作用。因此，循环教育的发展离不开非营利组织的支撑与发展。

非营利组织的触角所及很广，其发挥的作用非常可观。具体到教育领域，非营利组织的影响也非常大。"全球教育运动"所发起的"同一目标"倡议，短时间内就得到国际社会方方面面的热烈响应和支持，影响面涉及政府首脑、其他非营利组织、私人公司、足球明星以及普通大众等各个阶层。该倡议发起的 7 个月之后，已经得到全球 800 万个签名支持。可以预见，该倡议必将在促进全民教育方面发挥重要作用。再如，美国有一家非营利组织叫作"任教美国"，它的组织目标是，通过各种途径提高欠发达地区学生的学业成绩和受教育机会，招募精英大学生并培养其成为关心社会公平的领导者。每年该组织都招聘大量毕业生，通过培训后安排到美国郊区或乡村的学校里任教。绝大多数校长反映，"任教美国"的教师为学校带来"显著的正面影响"，对美国欠发达地区的教育事业已做出很大贡献。

与国外的非营利组织不同，中国的非营利组织虽然是在政府无法满足公众需求的条件下产生，但在资金来源方面，主要依靠政府资助，而不是来源于民间社会；在服务配送方式上，中国并没有出现由政府委托非营利组织给需要者配送服务的情形，绝大多数社会服务仍然是由政府部门来完成的，政府并没有由于非营利组织的出现而发生服务配送方式上的改变；而且，政府不仅仅是"资金和指导的提供者"，它在很大程度上控制了非营利组织的人事任免权和较大资金的运用权力。但这一切，并不能掩盖非营利组织发挥的重大作用。

在我国，改革开放以来，尤其是实行社会主义市场经济体制以来，劳动生产的效率得到了极大的提高，但也导致了一些社会不公正的现象。完全通过市场来解决这些问题显然是不可能的，而完全通过政府来解决这些问题也是不现实的。经验表明，非营利组织在满足困难群体的社会需求、解决一些长期性的社会问题方面具有独特的优势。非营利组织具有创新性、灵活性的优势，具有与基层联系密切、了解基层实际情况的优势，具有成本低、效率高的优势等。这些优势使非营利组织在满足困难群体的需求、解决社会问题方面具有政府与市场不可替代的作用，人们也寄希望于非营利组织在消除贫困、解决就业、增进社会融合方面做出应有的贡献。在赈灾救灾、扶贫济困、帮助妇女儿童和老弱贫残等方面，诸如中华慈善总会、宋庆龄基金会、中国青少年基金会这些非政府公共组织在帮助失学儿童、救济灾民和"希望工程""扶贫工程"中发挥了极大的作用。数据显示，从1978年到2006年的28年间，中国农村贫困人口由2.5亿人减少到2300万人，这其中除政府的主导作用外，非营利组织也功不可没，为帮助贫困地区小学生就学的"希望工程"、私营企业家支持贫困地区发展的"光彩事业"、帮助残疾人的"康复扶贫"、扶助贫困母亲的"幸福工程"、资助女童完成义务教育的"春蕾计划"、"青年志愿者支教扶贫接力计划""贫困农户自立工程"等项目都做出了重大贡献。非营利组织得到了社会民众的认可，在社会中的影响力日益扩大。

截至2013年底，全国共有社会组织54.8万个，比上年增长8.8%；

吸纳社会各类人员就业 636.6 万人，比上年增加 3.8%；形成固定资产 1496.6 亿元；社会组织增加值为 571.1 亿元，比上年增长 8.7%，占第三产业增加值比重为 0.22%；接收各类社会捐赠 458.8 亿元。

2013 年全国共有社会团体 28.9 万个，其中：工商服务业类 31031 个，科技研究类 17399 个，教育类 11753 个，卫生类 9953 个，社会服务类 41777 个，文化类 27115 个，体育类 17869 个，生态环境类 6636 个，法律类 3264 个，宗教类 4801 个，农业及农村发展类 58825 个，职业及从业组织类 19743 个，国际及其他涉外组织类 481 个，其他 38379 个。教育类社会团体占社会团体总数的 4.1%。从近三年的数据看，教育类的社会团体增长速度较缓慢。

2013 年全国共有民办非企业单位 25.5 万个，其中：科技服务类 13729 个，生态环境类 377 个，教育类 145210 个，卫生类 21234 个，社会服务类 36698 个，文化类 11694 个，体育类 10353 个，商务服务类 5625 个，宗教类 94 个，国际及其他涉外组织类 4 个，其他 9652 个。教育类民办非企业单位占民办非企业单位总数的 56.9%，比一半还多；从近三年的数据看，教育类民办非企业单位增长速度较快。

2013 年全国共有基金会 3549 个，其中：公募基金会 1378 个，非公募基金会 2137 个，涉外基金会 8 个，境外基金会代表机构 26 个。民政部登记的基金会 216 个。公募基金会和非公募基金会共接收社会各界捐赠 302.9 亿元。中国许多基金会是支持文化教育事业发展的，如中国青少年发展基金会、中国教育基金会、中国教师发展基金会等，以及各大学办的基金会也都是以支持教育为主要目的（见表 9 - 1）。

表 9 - 1　2013 年中国社会组织总量统计

单位：个

年份 指标	2011 年			2012 年			2013 年		
	总数	教育类	百分比 （%）	总数	教育类	百分比 （%）	总数	教育类	百分比 （%）
社会团体	25.5 万	12491	4.9	27.1 万	11654	4.3	28.9 万	11753	4.1
民办非企业单位	20.4 万	104894	51.4	22.5 万	117015	52.0	25.5 万	145210	56.9
基金会	2614			3029			3549		

资料来源：民政部社会组织发展统计报告，2014 年。

三　技术手段的支撑与实现

推进循环教育的一个重要目标就是要突破学习的时空限制，为人们随时随地地学习创造便利条件。如果缺少现代技术的强大支持，要构建一个跨越时空的开放学习体系几乎是不可能的。在国外，如芬兰、瑞典等国家都非常注重建立循环教育的技术推进机制。建立循环教育的技术推进机制有利于拓展学习的时空范围，有利于实现优质教育和教育资源的共享，有利于满足学习者的个性化学习需求，有利于促进不同学习者之间的交流与互动。信息和通信技术（ICT）的发展打破了学习的时空限制，为循环教育奠定了技术基础。进入 20 世纪 90 年代后，信息和通信技术的飞速发展使得许多国家重新思考发展或开放远程教育的可能以及挖掘终身学习的技术潜力，多样的技术手段才能满足个体与社会的需求。信息和通信技术在教育领域中的运用，其作用非常明显：可以安排灵活的、学习者自我导向的培训；可以提供新的学习与评估形式；可以保障学习困难者或身体残疾者有平等机会改善他们的生活质量。

（一）国外循环教育的技术支撑

1. 挪威循环教育的技术支撑

为了推动循环教育，第一，挪威教育部制定了一系列有关教育领域开发利用信息和通信技术的政策。第二，挪威致力于循环教育网站的建设，目前已建成的学习网站有挪威终身大学网（Norges Universitetet）、能力网络（Kompetansenetettet）、开放学习挪威网（NITOL）等。第三，挪威也强调信息和通信技术与学校学科教育的整合。信息和通信技术与学科教育的整合有三种情况：信息和通信技术作为一种日常教学的工具；信息和通信技术作为一门单独的学科；信息和通信技术作为应用于其他学科的一种工具。挪威大部分工作集中于第一项。第四，培养教师的信息和通信技术。挪威成功地将信息和通信技术有机融入教育领域很大程度上依赖于教师的技能。假如一个教师自身缺乏必要的信息和通信技术技能，就很难培养学生的相关能力。可以说，这对于教师而言既是机遇也是挑战。挪威新的教师培训国家框架中，师范生必须接受在教学中使用信息和通信技术的培训，对现有的从业教师也要进行技能更新培训。

2. 瑞典循环教育的技术支撑

瑞典主要通过发展成人教育、发展远程高等教育的形式为全民的终身学习提供技术支撑。首先，瑞典于 1998 年开始推行通过信息和通信技术为成人提供远程学习的一系列举措。其次，为了使更多的人获得接受高等教育的机会，瑞典政府于 2001 年向议会提交了《开放的高等教育体系》议案，提出了应扩大高等教育规模，力争一半以上的年轻人在 25 岁之前能够接受高等教育。源于此，瑞典大力发展网络高等教育，使高等教育能够超越时空限制，为每个学习者提供服务。

3. 芬兰循环教育的技术支撑

芬兰主要是通过在学校中应用信息和通信技术，利用 ICT 创设新的学习环境、培养公民基本的 ICT 技能等途径为全民的学习提供技术支撑。第一，在学校中应用 ICT。芬兰教育制定了相应的政策，发展基于网络的学习。使 ICT 成为学校日常生活的一部分，主要的实现途径与挪威一样，即融入学校课程中并对教师的 ICT 能力进行培训。第二，利用 ICT 创设新的学习环境。通过建立虚拟学校、拓展广播公司功能等途径和方法来创设循环教育的新环境，为广大的学习者提供多个跨越时空限制的学习机会。第三，培养公民基本的 ICT 技能。ICT 为公民的学习创造了很多新的学习环境和学习工具，与此同时，公民也需要掌握基本的 ICT 技能才有可能充分利用这些新的学习环境与工具。

综上所述，我们可以看到挪威、瑞典、芬兰三国都建立了较为完善的循环教育技术支撑机制。其特点主要体现在注重创设新的虚拟的学习环境、注重开发网络学资源、注重培养信息和通信技术这三个方面。注重创设新的虚拟的学习环境保证了学习时空范围的拓展和学习机会的扩大；注重开发网络学资源保证了优质教育和学习资源的共享与利用；注重培养信息和通信技术保证了个人利用现代技术进行学习的基本能力。

（二）现代信息技术在循环教育中的实现

信息技术在迅速改变社会的同时，也给教育以更大的发展空间。微电子技术、通信技术、计算机技术和网络技术是信息技术的核心，它们为教育和学习突破时空的限制，为教育大众化的同时更加个别化和个性化提供了日益先进的技术支撑。教育观念和教育手段都在发生着前所未有的变化，尤其是教育手段的变化使得传统教育正在面临着根本性变革。在教育部发表的《面向 21 世纪教育振兴行动计划》中，将发展远程教育，构建终生学习体系作为其中的一项重要内容。循环教育的实现有赖于社会整体的发展与进步，即循环教育的实现是在对人的生存和发展权力的认识，社会高科技的进步、经济的飞速发展、政治和教育思想的民主化、文化价值的不断提升、法治建设更为完善的基础上的。现代信息技术对循环教育的实现有着不可替代的关键意义，尤其是远程教育。

1. 远程教育发展的历史进程和特征

我国远程教育技术的发展与科技进步相适应，经历了三个阶段。第一阶段是函授教育。函授是以学生自学和老师助学相结合的方式完成教学任务，通信和面授辅导是师生间主要的联系方式。第二阶段是广播、电视等手段被应用于教育。60 年代初，特别是在"文革"以后，广播、电视、录音、录像等手段的运用使远程教育在函授的基础上有了质的飞跃。函授教育也在原来通信联系的基础上配合集中面授和自觉辅导为主的教学环节，编制音像辅助教材，供函授生使用，改变了文字教材的单一性，扩大了课堂授课的空间和信息量。第三阶段是通过计算机网络等多媒体手段进行教学和学习。一般来说有四种媒体：印刷媒体、音像媒体、计算机网络媒体、教学光盘。六种交互辅助手段：面授辅导、电话答疑、电子语言信箱、电子邮件、双向电视、电子公告板网上讨论。这四种媒体、六种手段在远程教育和学习中进行最佳的优选和组合，以在条件许可的情况下达到其综合效益。

现代远程教育是以学习者为主体，运用多种媒体和多种交互手段帮助学习者更方便更有效学习的一种教育形态。远程教育没有固定的形式，往往是学习者根据要学习的内容、自己所处的学习环境、可以利用的学习条件进行多种的选择和组合。今后这些形式发展的可能是：多种教学内容传授和呈现方式可以相互结合融为一体；多种感官教学可以得到大力发展；交互的数量可以进一步增多，并改进交互的质量；学习辅助系统可以进一步得到扩展和改善。

既然远程教育是以学习者为主体，教育技术为手段的教育，宜从这两点出发，分析其与传统教育的区别，来认识远程教育的特征。

（1）远程教育以学习者为主体

长期以来，人们认识到在教学活动中建立学生主体地位的重要性，于是在教育理论中不断探索，提出在教学活动中以学生为主体的观念，然而在传统教育的实践中，受其形式和方法的束缚，却无法充分体现。现代教育技术的发展，改变了传统教育的模式和观念。在远程教育中师生处于分离或准分离状态，教师角色出现了明显的转换，由传统教育中的主导者变为可以利用的教育资源，成了音像教材中的一个组合因素；学习者也从教育的对象变为教育资源的选择者、利用者。教育技术的介入，使得学习者的主体地位真正得到确立。当今世界信息量激增，信息传输更为便捷，远程教育可以使全球的学习资源共享，学习资源极大地丰富了，在人们多种多样的学习中，学习更是学习者主动的选择。现代教育技术的发展，历史地把人推到学习活动的主体地位上，人必须学会学习，在社会生活中主动地选择学习，否则就无法生存。

（2）多媒体远程学习材料的设计是凭借多媒体技术更为个性化的设计

既然远程教育是以学习者为主体，那么远程学习材料的设计就应充分利用教育技术手段之所能，从人的学习需求和学习特征出发，考虑下述因素：学习主体的多元化、多样化、多层次化需求；不同学习主体对学习时空的特殊要求，人的生理发展、老化程度和认知特点对学习材料演示的方法、演示时间的要求；学习内容对虚拟学习环境的要求；学习内容、学习过程对学习媒体的选择与综合应用；人的认知、能力、情感的发展特征与远程学习形式、过程的相适应，以及学习效果的综合评价等等。这种强调个性化、个别化的学习材料设计要达到的目标是，任何人只要有学习需求，就可以在任何时间、任何地点获得学习材料，选择适合个人学习习惯的方式，进行最有效的学习，从而使个性、潜能得到充分的发展。

（3）远程教育注重对学习者的学习支助

远程教育有别于传统教育，更具有学习个别化的特征，学习由学习者控制，因此，学习过程的设计要特别注重帮助学习者。对学习者学习的支持和帮助要贯穿学习的全过程。对学习者的支持和帮助，不只是狭义的答疑和批改作业，还包含对他们学习全过程的多方面的指导。一是要有比较详细的对个人进行指导的学习指南。突出学习目标、学习的重点和难点，指导如何控制学习过程，有效地分配学习资源。二是要有对学习能力的培养。对不同的学习内容宜采用不同的学习技巧，学会如何有效地进行自我学习、小组学习和以教师为资源的学习。这要求学习过程有师生之间、学习者之间多种途径的交流。三是要帮助学习者学会自我调节。学习者要学会自我评价，并根据反馈，及时调整目标、内容、方法和进度，才能使学习更符合个体的特征。这样，才能使每个学习者学会学习，对学习过程的选择能达到整体的最优化。

2. 现代远程教育在终身学习中的作用

倡导终身学习，推动循环教育，建立学习型社会涉及众多因素，诸如，经济发展的程度、政治民主化的进程，文化价值的取向，法律保障体系的建立，等等。终身学习被普遍认为是社会发展的综合结果，而现代远程教育的发展对终身学习的实践所起的推动作用不容忽视。

（1）现代远程教育是每个人终身学习的最佳选择

学习有许多的途径和方法，现代远程教育是利用不断发展的信息技术进行的十分个性化的教育。因现代远程教育能打破时空的局限，教育学习资源的丰富，个性化的学习材料设计，有效的学习支助系统，费用相对比较低廉，使终身学习成为可能；现代远程教育还因其与现代社会信息技术的发展同步，人们选择远程的方式进行学习，能极大地提高人们的学习能力，学会在不断变化的社会环境中不断学习，从而利于人们在信息社会中生存和发展。这些优势成为人们终身学习的最佳选择。

（2）远程教育促进了终身学习体系的构建

终身学习体系要求各级各类教育打破隔离、分割的状态，互相衔接沟通和扩展延伸，以适应人们终身学习的需要。远程教育的发展正在使各级各类教育的功能不断扩大，彼此互相衔接沟通。扩展延伸的途径是打破各类教育相互隔离的状况，以逐步做到相互沟通，使建立终身学习体系的目标能够成为现实。

（3）远程教育推进了学习的个别化和个性化

"因材施教"的教育主张提出已有 2000 余年，这一直是教育工作者为之努力的目标。现在联合国教科文组织将每个人的潜能得到充分的发展作为人的基本权利。从古到今，这些观念反映到教学和学习上是学习者学习的个别化和个性化。实现了学习的个别化和个性化才能真正体现终生学习的要义。远程教育因其教育目的、内容、方法的极大丰富和多重组合，学习手段的多元选择、支持学习的日趋完善，在为学习者提供更多选择的同时，大大推进了学习的个别化和个性化。

（4）现代教育技术的应用实现了教育和学习资源的共享

信息技术的进步使信息在瞬间可以流遍全球，凭借信息技术，教育和信息资源可以全球共享。由于语言的障碍，至少可以做到用同一语言制作的学习材料在使用这一语言的人群中共享。中国人口众多，地区之间的差异比较大，教育和学习资源分布不均衡，而远程教育让经济、教育落后地区的人们也能和发达地区的人们一样享有最好的教育和学习资源，得到最好的学习支持服务。

借鉴国外的技术支撑，我们应该注重创设新的虚拟的学习环境、注重开发网络学习资源、注重培养信息和通信技术这三个方面。因为注重创设新的虚拟的学习环境可以保证学习时空范围的拓展和学习机会的扩大；注重开发网络学习资源可以保证优质教育和学习资源的共享与利用；注重培养信息和通信技术可以保证个人利用现代技术进行学习的基本能力。信息技术的不断发展和应用于教育实践，给超越时空的远程教育以发展和壮大的空间。现代远程教育正迅速地改变着传统的教育形态，促进教育整体的改革。现代远程教育为学习者终生学习开辟了通途。

四　管理与监督系统的支撑

监督机制是法治社会必不可少的关键组成部分。依法律法规建立起来的循环教育体系，只有依靠强有力的监督，才能不断得以完善和发展。借鉴国外行之有效的监督机制，结合我国构建循环教育体系的具体特点，我国循环教育体系的监督机制可采取以下措施。

（一）依法制定科学而又切实的评估指标体系，作为实施监督的客观依据。循环教育体系的评估不同于一般的学校教育评估。它不仅要体现对教育内容、教育方式、教育设施、教育手段、教育组织形式等的规定，而且要体现对教育者、受教育者尤其是成年人、社会流动人员及弱势群体的关注；不仅要规定社会群体终身接受教育和学习的具体指标，而且要规定个体成员接受循环教育和学习的指标；不仅要体现历史、地域、文化传统等方面的差异，而且要体现社会经济、文明程度等方面的差异；不仅要有总体指标，而且要有分阶段实施的指标；等等。总之，构建这样一个指标体系，要有全面性、全局性、可行性。为此，可分为几个不同的下位指标体系来操作，如可先建立个人指标、团体指标，然后再综括出更大范围的社会指标；也可先分为硬指标、软指标分别构建，然后再综合成总体指标。

（二）发挥执法机关和行政机构的监督作用，做到以法治教。执法机关和行政机构不仅是国家法令、政策的执行者，而且是国家法令、政策的有力监督者。它们对循环教育体系的监督因为带有国家的意志而更具效力。同时，执法机关和行政机构可以直接对一些违规、违章事件或当事人进行惩处，更能显示出国家的政策、法规在构建循环教育体系中的威力和作用，同时也更能规范和约束社会团体和个人的循环教育行为。

（三）积极倡导社会公众的监督意识，充分调动社会公众参与监督的积极性。社会公众监督是各种监督机制不可缺少的，而且有时是起决定作用的监督力量。在构建循环教育体系过程中，建立举报措施和保护、奖励举报人制度，是吸引公众积极投身监督的有效措施。公众对循环教育体系的监督涉及各方面的问题，如政府构建循环教育体系的工作进度、工作力度、工作质量，循环教育经费的使用，循环教育设施的建设与使用等方面。

（四）加强新闻舆论监督，发挥新闻舆论强大的监督功能。随着新闻媒体社会影响力的加大，其强劲的监督作用亦日益凸显。这种强有力的监督工具对各种社会行为（当然包括循环教育体系的构建）均会起到巨大的监督与促进作用。利用新闻舆论对循环教育体系中存在的问题和缺点进行曝光和批评，对其中的积极行为进行倡导和颂扬，能使人们了解工作中的失误和不足，从而采取有力措施进行矫治和改进，以确保循环教育体系的构建沿着预定的目标前进。

参考文献

［1］崔振凤：《继续教育学概论》，兵器工业出版社，1987。

［2］冯增俊：《教育创新与民族创新精神》，福建教育出版社，2002。

［3］马丁·特罗：《美国高等教育——过去、现在、未来》，沉思、辛志译，高等教育论坛，1989。

［4］郭静、傅泽强：《循环经济模式：国际经验及我国策略》，《生态经济》2009 年第 1 期，第 113～116 页。

［5］郭国庆：《国外非营利组织的界定与分类研究》，《市场与人口分析》1999 年第 6 期，第 5～8 页。

［6］何齐宗：《教育的新时代——终身教育的理论与实践》，人民出版社，2008。

［7］江明：《关于教科书循环使用制度的思考》，《科学与决策》2005 年第 19 期，第 6～14 页。

［8］吴雪萍：《终身学习的推进机制比较研究》，浙江大学出版社，2010。

［9］李玉基、俞金香：《循环经济基本法律制度研究——基于我国〈循环经济促进法〉的思考》，法律出版社，2012。

［10］李云燕：《循环经济运行机制——市场机制与政府行为》，科学出版社，2008。

［11］柳海民：《现代教育学原理》，东北师范大学出版社，2002。

［12］袁锐锷：《外国教育管理史》，广东高等教育出版社，1999。

［13］叶鉴铭、徐建华、丁学恭：《校企共同体——校企一体化机制创新与实践》，上海三联书店，2009。

［14］W. F. 康奈尔：《二十世纪世界教育史》，张法琨等译，人民教育出版社，1990。

［15］吴遵民、黄欣：《实践终身教育论：上海市推进终身教育的路径与机制研究》，上海教育出版社，2008。

图书在版编目（CIP）数据

循环教育/施祖美著. —北京:社会科学文献出版社,2015.1
ISBN 978 - 7 - 5097 - 6875 - 4

Ⅰ.①循…　Ⅱ.①施…　Ⅲ.①教育理论－研究　Ⅳ.①G40

中国版本图书馆 CIP 数据核字（2014）第 289554 号

循环教育

著　　者/施祖美

出 版 人/谢寿光
项目统筹/王　绯
责任编辑/孙燕生

出　　版/社会科学文献出版社·社会政法分社（010）59367156
　　　　　　地址：北京市北三环中路甲 29 号院华龙大厦　邮编：100029
　　　　　　网址：www. ssap. com. cn
发　　行/市场营销中心（010）59367081　　59367090
　　　　　　读者服务中心（010）59367028
印　　装/三河市东方印刷有限公司

规　　格/开　本：787mm × 1092mm　1/16
　　　　　　印　张：12.75　字　数：215 千字
版　　次/2015 年 1 月第 1 版　2015 年 1 月第 1 次印刷
书　　号/ISBN 978 - 7 - 5097 - 6875 - 4
定　　价/49.00 元